그림 끌레몽
1974년 춘천에서 태어나 프랑스에서 자랐습니다. 전문 일러스트레이터로 활동하고 있습니다. 《새의 조상을 찾아 나서다》《한자만 좀 알면 과학도 참 쉬워》《자석과 전자석, 춘천 가는 기차를 타다》에 그림을 그렸습니다.

감수 방지원
한국교원대에서 역사교육 전공으로 박사 학위를 받았고, 2007 새 교육 과정 연구진으로 참가했습니다. 서울 대영고등학교에서 역사를 가르치다가 지금은 신라대학교 사범대 역사교육과 교수로 재직 중입니다.

감수 신지승
교육학으로 박사 학위를 받았으며, 2007 개정 교육 과정에 초등 통합교과 교과서 집필 위원으로 참여했습니다. 지은 책으로는《흙으로 빚은 역사, 도자기》《달콤함 속에 숨겨진 진실, 초콜릿》《이야기 교과서 인물 : 김홍도》등이 있습니다.

일러두기

＊이 책은 초등 사회 교과서에 나오는 용어는 물론, 교과서에는 나오지 않지만 세계사 공부를 할 때 꼭 알아야 하는 용어, 그리고 누구나 '세계사' 하면 떠올리는 기본 용어들을 실었습니다.

＊가나다 차례로 되어 있어서 모르는 세계사 용어를 쉽게 찾을 수 있습니다.

＊용어의 개념을 쉽게 알 수 있도록 여러 가지 예시와 함께 그림으로도 설명하고 있습니다.

＊역사 용어에 대해, 한자 언어권은 한자로 그 외에는 영어 표기를 했습니다.

＊'➧'는 관련 용어의 표시로, 이 기호 뒤의 용어를 찾아가 보면 관계되는 설명을 확인할 수 있습니다.

＊띄어쓰기와 맞춤법은 국립국어원의 기준을 따랐습니다.

＊찾아보기는 차례를 이용하면 편리합니다.

＊중국·일본·아시아는 김선옥 선생님, 아프리카·아랍은 남정란 선생님, 유럽과 아메리카는 박선희 선생님이 집필하셨습니다.

교과서 옆 개념 잡는 초등세계사 사전

1판 1쇄 인쇄 | 2020. 9. 17.
1판 1쇄 발행 | 2020. 9. 24.

김선옥·남정란·박선희 글 | 클레몽 그림 | 방지원·신지승 감수

발행처 김영사
발행인 고세규
편집 김지아 | 디자인 윤소라 | 마케팅 곽희은 | 홍보 박은경, 길보경
등록번호 제 406-2003-036호
등록일자 1979. 5. 17.
주   소 경기도 파주시 문발로 197(우10881)
전   화 마케팅부 031-955-3100 편집부 031-955-3113~20
팩   스 031-955-3111

ⓒ 김선옥·남정란·박선희
이 책의 저작권은 저자에게 있습니다.
저자와 출판사의 허락 없이 내용의 일부를 인용하거나 발췌하는 것을 금합니다.

값은 표지에 있습니다.
ISBN 978-89-349-9196-0 (74030)
      978-89-349-9038-3 (세트)

좋은 독자가 좋은 책을 만듭니다. 김영사는 독자 여러분의 의견에 항상 귀 기울이고 있습니다.
전자우편 book@gimmyoung.com | 홈페이지 www.gimmyoungjr.com

이 도서의 국립중앙도서관 출판시도서목록(CIP)은 서지정보유통지원시스템 홈페이지(http://seoji.nl.go.kr)와
국가자료공동목록시스템(http://www.nl.go.kr/kolisnet)에서 이용하실 수 있습니다.
(CIP제어번호 : CIP2020032417)

어린이제품 안전특별법에 의한 표시사항

제품명 도서 제조년월일 2020년 9월 24일 제조사명 김영사 주소 10881 경기도 파주시 문발로 197
전화번호 031-955-3100 제조국명 대한민국 ⚠주의 책 모서리에 찍히거나 책장에 베이지 않게 조심하세요.

교과서 옆

개념 잡는
초등세계사
사전

방지원·신지승 감수
김선옥·남정란·박선희 글ㅣ클레몽 그림

주니어김영사

머리말

세계를 향해
활짝 열린 마음으로!

지구에는 많은 사람이 살고 있습니다. 피부색이 다르고 쓰는 말도 다르고 생활 습관도 다릅니다. 무엇보다 역사와 전통이 다른 사람들이 지구촌에서 함께 살고 있습니다.

아주 옛날, 교통이 발달하지 않았던 시절에는 대부분의 사람이 평생 자기가 태어난 고장 밖으로 나가지 않았습니다. 그래서 나와 다른 역사와 전통을 가진 사람을 만날 기회가 드물었죠. 하지만 교통과 통신이 점점 발달하고 지구가 하나의 마을처럼 가까워지면서 나와 다른 고장에 사는 사람을 만날 기회가 많아졌습니다. 그래서 우리는 세계화 시대라는 말을 많이 쓰고 있지요.

우리는 다른 나라 사람이 우리나라 역사를 잘 모르거나, 심지어 왜곡하는 것을 보면 서운하기도 하고 화가 나기도 합니다. 반대로 우리나라 역사에 관심을 가지고 바르게 알고자 노력하는 외국인을 만나면 반가워서 더 빨리 친해지지요. 다른 나라 사람들도 마찬가지일 것입니다. 우리가 어떤 나라의 역사를 올바르게 잘 알고 있다면, 그 나라 사람을 더 잘 이해할 수 있습니다.

다른 나라의 역사를 공부하는 것이 바로 세계사입니다. 여러 나라의 역사를 단순히 합쳐 놓은 것이 아니라, 세계를 어떤 눈으로 바라보아야 하는지, 더 나아가서 앞으로 어떤 미래를 만들어야 하는지 공부하는 것이 바로 세계사입니다. 세계를 무대로 살아갈 우리 어린이들에게 꼭 필요한 공부이지요.

나와 다른 사람들이 어떻게 살았는지 알아보는 것은 재미있습니다. 위대한 사람, 신기한 이야기, 삶의 지혜가 가득 들어 있는 것이 바로 세계사이지요. 하지만 그만큼 어렵기도 합니다. 기나긴 세월 동안 전 세계에서 살았던 수많은 사람들의 이야기가 모두 모여 있으니 얼마나 알아야 할 것이 많겠어요? 그중에서 아주 중요한 것만 간추리고 간추린다 해도 말이죠.

세계사 공부를 어렵게 만드는 또 하나는 모르는 낱말이 많이 나온다는 점이지요. 외국 사람 이름, 외국의 지명, 그리고 발음하기 힘들 만큼 낯선 말도 있습니다. 인터넷으로 낱말을 검색해 보면 아주 긴 설명이 나오는데, 그 설명이 더 어려울 때가 많지요. 부모님께 여쭈어 보아도 시원한 답변을 얻기가 쉽지 않고요. 그래서 세계사 사전이 나오게 된 것입니다.

이제 세계사와 관련된 책을 읽다가 모르는 낱말이 나오면 세계사 사전을 찾아보세요. 낯선 이름을 가진 사람이 인류를 위기에서 구해 낸 영웅일 수도 있어요. 처음 본 나라 이름이 여러분이 몇 년 뒤에 방문할 나라일 수도 있어요. 이해하기 어려운 낱말이 오늘날 우리 생활을 편리하게 만들어 준 발명품일 수도 있고, 인류의 생활을 확 바꾸어 버린 위대한 사건일 수도 있어요. 그리고 무엇보다 여러분에게 앞으로 어떻게 살아야 하는지 알려 주는 소중한 나침반이 될 수도 있어요.

이 세계사 사전에는 초등학교뿐 아니라 중학교, 고등학교에서 배우는 세계사의 중요한 단어, 지명, 사람 이름을 모두 모아 두었습니다. 그리고 그 단어들이 왜 중요한지, 세계적으로 어떤 영향을 끼쳤는지 알기 쉽게 설명했습니다. 서로서로 연관을 맺고 있는 단어는 따로 표시를 해 두어 찾기 쉽도록 했습니다. 사전을 모두 읽고 나면 여러분은 부모님보다, 선생님보다 더 많은 세계사 지식을 가지게 될지도 모릅니다. 세계사 지식을 얻는 데 그치지 말고 세계를 바라보는 넓은 시야를 갖는 여러분이 되었으면 합니다. 부디 이 책이 여러분이 세계를 향해 마음을 활짝 열고 세계인으로 살아가는 데 도움이 되길 바랍니다.

김선옥 · 남정란 · 박선희

추천글

낯선 사람, 제도, 사건, 사물을
조금 더 재미있게, 의미 있게!

　우리가 살고 있는 세상의 모습이 변하면 학교에서 배우는 내용도 달라집니다. 또는 어린이들이 무엇을 배우고 탐구하는가에 따라 앞으로 열릴 세상의 모습이 달라집니다. 그래서일까요? 요즘 어린이들에게 '세계'를 향한 눈을 열어 주려는 노력이 봇물처럼 쏟아져 나오고 있습니다.

　세계를 바꾼 위인 이야기, 세계 지리 이야기, 특히 낯선 문화와 전통, 다채로운 역사를 발전시켜 온 사람들의 이야기 등 세계 역사에 대한 책이 참 많아졌습니다. 책에 담긴 세계의 역사를 통해 다른 나라 사람들을 만나고 그들을 진심으로 이해하게 되면, 미래 세대가 살아갈 지구촌이 훨씬 평화롭고 아름다운 곳이 되겠지요.

　역사, 세계사는 참 재미있습니다. 아득한 옛날 사람들의 삶에 대한 이야기니까요. 하지만 역사책을 읽는 것이 때로는 참 어렵게 느껴질 수도 있습니다. 왜일까요? 옛날 일을 설명하다 보면 요즘에는 잘 쓰지 않는 낯설고 어려운 말이 필요할 때가 많습니다. 다른 나라 역사에서는 더욱 더 그렇지요.

　게다가 역사책에 쓰이는 낱말에는 한자어가 많아서 글자의 뜻을 하나하나 풀어내야 할 때도 적지 않답니다. 요즘에는 역사를 쉬운 말로 풀어서 이야기처럼 들려주는 책도 많지만, 여전히 낯선 사람의 이름, 낯선 제도, 낯선 사건, 낯선 사물에 대한 내용을 피해 갈 수는 없지요. 역사책은 옛날에 일어난 사건이나 사람들의 행동, 여러 가지 문화유산에 담긴 '뜻'을 읽을 수 있을 때 정말 재미있어집니다. "아하, 그렇구나." 하고 무릎을 치고 감동을 느낄 수 있으려면 뜻을 읽을 수 있어야 하지요.

이 책은 여러분이 세계사의 무대에 등장하는 낯선 사람, 제도, 사건, 사물 등을 조금 더 재미있고 의미 있게 만나도록 하기 위해 만들어졌습니다. 옛날 다른 나라 사람들의 삶과 역사가 들어 있는 사전이라고 하면 될까요? 사전이라 하면 두툼한 두께에 딱딱한 말뜻 풀이가 잔뜩 들어 있다고 생각하겠지만, 이 사전에는 친근하고 즐거운 역사가 빼곡하게 들어 있습니다.

이 책은 중·고등학교에서 역사를 가르치면서 아이를 키우는 '엄마 선생님들'이 썼습니다. 여러분이 꼭 알아야 하지만 혼자서는 이해하기 어려운 것, 잘 풀어내 주어야 할 내용을 잘 골라서 눈에 쏙 들어오도록 설명해 주었습니다. 어려운 한자로 된 내용도 쉽게 풀어냈고, 지도와 사진, 그림이 책을 즐겁게 읽을 수 있도록 도와줄 것입니다.

이 책은 처음부터 읽을 필요는 없습니다. 차례를 주욱 훑어보다가 눈에 익은 이름이나 사건부터 찾아서 읽어 보는 것도 재미있을 것입니다. 이 책은 때로 학교 숙제에 큰 도움을 주고 잘못 알고 있었던 역사 지식을 바로잡아 주는 길잡이 구실도 할 것입니다. 역사 속에 등장하는 수많은 이름과 사건을 일부러 외우지 않아도 이 책과 친해질수록 여러분은 풍부한 역사 지식을 갖게 될 것입니다. 아무쪼록 여러분이 이 책과 함께 세계사와 친해지기를 바랍니다. 그리고 세계를 향해 활짝 열린 눈과 마음, 지혜를 가진 다음 세대의 주인공으로 성장하기를 바랍니다.

방지원

차례

머리말
추천글

ㄱ

가나 문자 • 18
가리발디 • 19
가부키 • 20
간다라 미술 • 21
간디 • 21
간석기(마제석기) • 22
갈리아 전쟁 • 23
갈릴레이 • 24
갑골 문자 • 25
강남 • 25
강희제 • 26
갠지스강 • 27
걸프 전쟁 • 29
게르만족 • 29
계몽 사상 • 30
고딕 양식 • 31
고증학 • 32
곤여만국전도 • 33
공납 • 34
공포 정치 • 35
공화정 • 36
과거제 • 36
과학 혁명 • 37
관개 농업 • 38
관료 제도 • 38
교황 • 39
9·11 테러 • 40
구석기 시대 • 40
구텐베르크 • 41

국제 연합 • 42
군현제 • 43
굽타 왕조 • 43
균전제 • 44
글라디아토르 • 45
그리스 정교 • 46
금 • 46
기원 • 47
길드 • 48

ㄴ

나라 시대 • 49
나일강 • 50
나치스 • 51
나침반 • 52
나폴레옹 • 52
남북 전쟁 • 54
낭만주의 • 55
낭트 칙령 • 55
냉전 • 56
네루 • 57
넬슨 만델라 • 57
노동 운동 • 58
노르만족 • 59
노르망디 상륙 작전 • 60
노예 무역 • 61
누르하치 • 62
뉴딜 정책 • 63
뉴턴 • 64

ㄷ

다리우스 1세 • 65
달마 • 66

당 • 66
당삼채 • 67
당 태종 • 67
당 현종 • 68
대공황 • 69
대륙 봉쇄령(베를린 칙령) • 70
대상(카라반) • 71
대운하 • 72
대헌장(마그나 카르타) • 73
델로스 동맹 • 73
도량형 • 74
도요토미 히데요시 • 74
도편 추방제 • 75
동방 무역 • 75
동방견문록 • 76
동인도 회사 • 76
둔황 석굴 • 77
뗀석기(타제석기) • 78

ㄹ

라마교 • 79
라스코 동굴 벽화 • 80
라틴 아메리카 • 81
라파엘로 • 82
람세스 2세 • 83
러시아 혁명 • 84
러일 전쟁 • 85
레닌 • 86
레오나르도 다 빈치 • 87
로마 가톨릭 교회 • 88
로베스피에르 • 88
로제타석 • 89
로코코 • 90

로크・90
루소・91
루이 14세・92
루터・93
르네상스・94
링컨・95

마녀 사냥・96
마니교・97
마라톤 전투・97
마르크스・98
마셜 플랜・99
마야 문명・99
마우리아 왕조・100
마젤란・101
마추픽추・102
마키아벨리・103
마흐디 항쟁・103
막부・104
만리장성・105
만주족・106
말라카 왕국・106
매뉴팩처・107
매카시즘・107
메디치가・108
메소포타미아 문명・108
메이지 유신・109
메카・110
메콩 강・111
명・111
명예혁명・112
모스크・113

몽골 제국・113
무굴 제국・115
무로마치 막부・116
무스타파 케말・116
무적 함대・117
무함마드(마호메트)・118
문화 대혁명・119
미국 독립 선언서・120
미국 독립 혁명・121
미라・122
미켈란젤로・123
민족 자결주의・123

바닷길・124
바로크・125
바티칸・126
반둥 회의・127
발칸 전쟁・128
백년 전쟁・129
밸푸어 선언・130
베르됭 조약・130
베르사유 궁전・131
베르사유 체제・132
베트남 전쟁・133
변발・134
보로부두르 사원・134
보스턴 차 사건・135
봉건 제도・136
부동항・137
부르주아지・137
북방 민족・138
분서갱유・138

불교・139
브라만교(바라문교)・140
비단길(실크로드)・141
비스마르크・142
비잔티움 제국・143
빌렌도르프의 비너스・144

사기・145
사라예보 사건・146
사마르칸트・146
사무라이・147
사산 왕조 페르시아・148
사자의 서・148
사파비 왕조・149
사하라 사막・150
사회 계약설・151
사회주의・151
산업 혁명・152
산킨코타이・152
살라딘・153
삼각 무역・153
삼국 동맹・154
삼국지・155
삼국 협상・155
삼두 정치・156
삼부회・156
30년 전쟁・157
삼포제・158
상・158
상비군・159
상앙・159
상업 혁명・160

석가모니(싯다르타) • 160
선사 시대 • 161
성리학 • 161
성배 • 162
성상 숭배 금지령 • 162
성 소피아 성당 • 163
세기 • 164
세포이 항쟁 • 164
셀주크 투르크조 • 165
셰익스피어 • 166
소림사 • 166
소비에트 • 167
소크라테스 • 168
소피스트 • 169
손자병법 • 170
송 • 170
쇼토쿠 태자 • 171
수 • 172
수도원 • 173
수메르 문명 • 173
수에즈 운하 • 174
순장 • 175
술탄 • 176
스와라지 스와데시 • 176
스탈린그라드 전투 • 176
스톤헨지 • 177
스파르타 • 178
스파르타쿠스의 반란 • 179
스핑크스 • 180
슬라브족 • 181
시바 • 182
시아파 • 183
시암 • 183

시크교 • 184
시황제 • 185
신석기 시대 • 186
신성 로마 제국 • 186
신성 문자 • 187
신항로 개척(지리상의 발견) • 187
신해혁명 • 189
쐐기 문자(설형 문자) • 190
쑨원(손문) • 190
십이표법 • 191
십자군 전쟁 • 192

아라비안나이트 • 193
아리스토텔레스 • 194
아리아인 • 194
아메리카 • 195
아바스 왕조 • 195
아비뇽 유수 • 196
아스카 시대 • 197
아즈텍 문명 • 198
아시리아 • 199
아우구스투스 • 199
아우슈비츠 수용소 • 200
아잔타 석굴 • 201
아테네 • 202
아편 전쟁 • 203
아피아 가도 • 204
악바르 • 205
안녹산의 난 • 206
알라 • 207
알렉산드로스 대왕 • 208
알리 • 208

앙시앵 레짐(구제도의 모순) • 209
앙코르 • 210
애덤 스미스 • 211
야마토 정권 • 211
양귀비 • 212
양명학 • 213
양무 운동 • 213
에게 문명 • 214
에도 막부 • 215
에디슨 • 216
엘리자베스 1세 • 217
여와 • 218
역법 • 219
역참제 • 220
연금술 • 221
연방 제도 • 222
연호 • 222
영국 국교회 • 223
영락제 • 224
영일 동맹 • 225
예루살렘 • 226
오다 노부나가 • 227
5대 10국 • 228
오리엔트 • 228
오스만 투르크 제국 • 229
오스트랄로피테쿠스 • 230
오시리스 • 231
오아시스 • 232
5호 16국 • 232
올림피아 제전 • 233
왕가의 계곡 • 234
왕권신수설 • 234
왕안석 • 235

왕희지 · 235
요 · 236
우르남무 법전 · 236
우마이야 왕조 · 237
우키요에 · 238
움집 · 238
워털루 전투 · 239
원 · 240
원자 폭탄 · 240
위진 남북조 시대 · 241
유대교 · 242
유방 · 243
유럽 연합 · 243
유스티니아누스 대제 · 244
율령 · 245
의화단 운동 · 245
이백 · 246
이란 혁명 · 247
이븐 바투타 · 248
이븐 시나 · 249
이슬람교 · 250
이오니아 학파 · 251
이자성의 난 · 252
이콘 · 252
인권 선언 · 253
인더스 문명 · 254
인도 국민 회의 · 255
인도차이나 전쟁 · 256
인디오 · 257
인클로저 운동
(울타리 치기 운동) · 258
일본서기 · 259
일조편법 · 259

입헌 군주제 · 260
잉카 제국 · 261

ㅈ

자금성 · 262
자본주의 · 263
자위대 · 263
자유의 여신상 · 264
자유주의 · 264
잔 다르크 · 265
장건 · 266
장미 전쟁 · 267
장원 · 268
장제스 · 269
적벽대전 · 270
전제 정치 · 270
전체주의 · 271
절대주의 · 271
정통 칼리프 시대 · 272
정한론 · 273
정화 · 274
제갈량 · 275
제1차 세계 대전 · 276
제2차 세계 대전 · 277
제3세계 · 278
제자백가 · 279
젠트리 · 280
조공 무역 · 280
조로아스터교 · 281
주 · 282
주종 관계 · 282
중동 전쟁 · 283
중상주의 · 284

중일 전쟁 · 284
중화 사상 · 285
증기 기관 · 285
지동설 · 286

ㅊ

차티스트 운동 · 287
채륜 · 288
천부 인권 · 288
천안문 사건 · 289
천주실의 · 290
천황(텐노) · 290
청 · 291
청교도 혁명 · 292
청년 투르크 당 · 293
청동기 · 293
청일 전쟁 · 294
체르노빌 원자력 발전소 사고 · 295
초원길 · 295
춘추 전국 시대 · 296
측천무후 · 297
치외법권 · 298
7월 혁명 · 299
칭기즈 칸 · 300

ㅋ

카노사의 굴욕 · 301
카롤루스 대제 · 302
카스트 · 303
카이사르 · 304
칼리프 · 305
칼뱅 · 305
KKK단 · 306

코란(꾸란) · 307
코민테른 · 308
콘스탄티누스 대제 · 308
콜럼버스 · 309
콜로세움(원형 경기장) · 310
쿠데타 · 310
쿠바 혁명 · 311
쿠샨 왕조 · 312
크로마뇽인 · 313
크리스트교 · 313
크림 전쟁 · 314
클레오파트라 7세 · 315

타지마할 · 316
태평천국 운동 · 317
투탕카멘 · 318
트루먼 선언 · 319
티무르 제국 · 319
티토 · 320

파나마 운하 · 321
파라오 · 322
파리 코뮌 · 322
파시즘 · 323
파피루스 · 324
팔레비 왕조 · 324
팔레스타인 해방 기구 · 325
페니키아 · 326
페르시아 · 327
페리클레스 · 328

포에니 전쟁 · 328
폴리스 · 329
표트르 대제 · 330
프라하의 봄 · 330
프랑스 혁명 · 331
프랑크 왕국 · 332
프로테스탄트 · 333
프롤레타리아트 · 334
플라톤 · 335
피라미드 · 335

하렘 · 336
한 · 336
한 무제 · 337
한자 동맹 · 337
함무라비 법전 · 338
항우 · 338
향료 무역 · 339
헤이마켓 사건 · 340
헤이안 시대 · 341
헤이지의 난 · 341
헤지라 · 342
헬레니즘 · 343
현장 · 344
호모 · 344
호메로스 · 345
호족 · 345
호찌민 · 345
홍건적 · 346
홍콩 · 347
환관 · 348

활판 인쇄 · 348
황건적의 난 · 349
황소의 난 · 350
황허 문명 · 350
후우마이야 왕조 · 351
후쿠자와 유키치 · 352
훈고학 · 352
훈족 · 353
휴머니즘 · 354
흑사병(페스트) · 354
희망봉 · 355
히잡 · 356
히타이트 · 356
힌두교 · 357

한눈에 보는 세계사 연표
한눈에 보는 세계의 국기

모든 사람의 눈에서 흐르는 온갖 눈물을 닦아 내는 것이 내 바람이다.
_ 간디

가나 문자

히라가나와 가타카나를 이르는 일본 문자의 이름

가나 문자에는 히라가나(平仮名)와 가타카나(片仮名)의 두 가지가 있으며 중국의 한자를 간략하게 만든 것입니다.

히라가나는 한자 전체를 초서로 흘려 써서 간단하게 쓴 것으로, 히라가나에서 히라(平)는 쉽다는 뜻이에요. 가타카나의 가타(片)는 불완전하다는 뜻인데, 곧 한자를 생략해서 썼다는 것을 의미합니다.

가나 문자는 헤이안 시대에 승려들 사이에서 발달하기 시작했어요. 9~10세기 사이에 일본에서는 당나라의 문화를 바탕으로 일본 고유의 문화를 발달시킨 '국풍 문화'가 유행했어요. 말을 소리 나는 대로 적는 가나 문자는 일본인의 감정을 표현하기 좋았어요. 일본인들은 가나 문자를 이용해 자신들의 정서를 담은 소설이나 와카(和歌, 일본 전통 시조)를 발달시켰어요.

	아	이	우	에	오
히라가나	あ	い	う	え	お
가타카나	ア	イ	ウ	エ	オ

➜ 당, 헤이안 시대

가리발디 Giuseppe Garibaldi 1807~1882

이탈리아 통일에 큰 업적을 세운 장군

프랑스나 에스파냐 같은 유럽의 여러 나라가 작은 도시 국가를 한 나라로 통합해 통일 국가를 만들어 발전하고 있을 때, 이탈리아 반도에는 여전히 작은 도시 국가들이 흩어져 있었어요.

이때 이탈리아 남부에 있는 시칠리아 왕국이 세금을 너무 많이 걷고 사람들의 자유를 억누르자, 군인이었던 가리발디가 뜻 맞는 사람들을 모아 시칠리아 왕국을 무너뜨렸어요.

사람들은 가리발디에게 새로운 나라를 세우고 지도자가 되어 달라고 했지만, 가리발디는 북부 이탈리아를 통일한 사르데냐 왕에게 자신이 통일한 남부 이탈리아를 바쳤어요. 그렇게 해서 1860년에 이탈리아 반도에도 통일 국가인 '이탈리아 왕국'이 생겼습니다.

가부키 歌舞伎 16세기~현대

에도 막부 때부터 유행하던 일본 고전 연극

음악과 무용, 기예가 어우러진 일본의 전통 연극으로 16~17세기 에도 시대에 서민 예술로 시작되어 오늘날까지 이어지고 있어요. 처음에는 여성이 분장을 하고 춤추고 노래하는 연극이었어요. 그런데 연극의 내용과 분장이 풍속을 어지럽힌다고 에도 막부 시절에는 여성에게 연극을 못하게 했어요. 그 뒤로는 남성이 여성 분장을 하고 나와 오로지 대사만 하는 연극이 되었어요. 그렇지만 가부키는 여장 남자의 뛰어난 연기와 깊이 있는 내용으로 지금까지 일본 사람들에게 많은 인기를 누리고 있답니다.

1965년 일본의 중요 무형 문화재로 지정되었으며 2008년에는 유네스코 세계 무형 유산으로 지정되었어요.

가부키 공연 장면

일본의 전통 예술은 가부키 외에도 가면극인 노, 교겐, 인형극인 분라쿠가 있어요.

가부키 전용 극장 가부키자

➡ 에도 막부

간다라 미술 Gandhara art 기원전 2세기~기원후 5세기

간다라 지방에서 발달한 불교 미술 양식

간다라 지방은 지금의 파키스탄 북부에 있어요. 그래서 동양과 서양의 문화가 하나로 합쳐지기 쉬웠습니다.

기원전 4세기에 이곳을 침략한 알렉산드로스는 그리스 문화를 간다라에 전파했고, 이것이 불교와 만나 간다라 미술이 태어났어요. 우리가 흔히 절에서 보는 불상이 이때 처음 나타난 것인데, 그리스의 조각상을 본떠 석가모니의 모습을 조각하거나 빚었습니다. 간다라의 불상 만드는 기술이 인도에 전해졌고, 비단길을 거쳐 중국과 우리나라, 일본에도 널리 퍼지게 되었습니다.

➔ 비단길, 석가모니, 알렉산드로스 대왕

간다라 양식 불상

간디 Gandhi 1869~1948

비폭력주의를 주장한 인도의 민족 해방 운동 지도자

간디가 살던 시대에 인도는 영국의 식민지였어요. 영국 사람들은 인도 사람들을 노예로 부려 먹기도 하고 차별도 많이 했지요. 인도 사람인 간디는 영국에서 변호사 자격을 얻고 남아프리카로 건너갔어요. 거기서 간디는 인도인에 대한 인종 차별에 충격을 받았고 인도로 돌아와 영국의 지배에서 벗어날 수 있도록 독립운동을 했습니다.

간디의 독립 운동 방식은 '비폭력 불복종'이었는데, 이것은 영국 사람들에게 저항을 하더라도 폭력은 쓰지 말고, 영국 사람들이 시키는 대로 하지 말자는 운동입니다. 그리고 영국의 지배에서 벗어나려면 인도 사람들이 영국 제품을 쓰지 말아야 한다고 주장했습니다.

그래서 먼저 영국 사람이 만든 옷을 사 입지 말고 인도 사람들 스스로 옷을 지어 입자는 뜻으로, 간디는 손수 물레를 돌려서 실을 뽑고 옷을 만들어 입었습니다. 수많은 인도 사람들은 그런 간디를 지도자로 삼고 따랐습니다. 영국 사람들은 노인이 된 간디를 감옥에 가두며 괴롭혔지만, 간디는 영국 사람들이 주는 음식을 먹지 않으며 저항했습니다.

여러 가지 종교와 여러 민족으로 나뉘어 있던 인도에서 간디는 종교와 민족을 따지지 않고 인도 사람 모두가 영국의 지배에서 독립하도록 애썼습니다. 인도가 독립한 뒤에는 힌두교와 이슬람교의 대립 속에서 인도의 통일을 위해 힘을 썼지요. 그러다가 79세 때 이슬람교도 청년에게 암살당했습니다.

간디

➜ 힌두교, 이슬람교

간석기(마제석기) polished stone tool

돌을 갈아서 만든 신석기 시대의 도구

사람들은 약 1만 년 전쯤부터 간석기를 만들어 썼습니다. 간석기는 돌을 깨서 대강의 모양을 만들고, 날이 서는 부분을 곱게 갈아 만듭니다. 뗀석기보다 만드는 시간이 더 걸리지만, 원하는 모양의 석기를 훨씬 날카롭게 만들 수 있었습니다.

간석기 유물

➜ 뗀석기, 신석기 시대

갈리아 전쟁 Gallic Wars 기원전 58~기원전 51

로마의 장군 카이사르가 갈리아 지방을 차지한 전쟁

갈리아는 라인강과 알프스산맥, 피레네산맥으로 둘러싸인 곳입니다. 지금의 프랑스와 벨기에, 북이탈리아 지역이지요. 카이사르는 갈리아 전쟁을 치르면서 권력을 키웠어요. 이 전쟁으로 그리스·로마 문화가 서유럽에 전파되었습니다.

➔ 카이사르

갈릴레이 Galileo Galilei 1564~1642

지동설을 주장한 이탈리아의 천문학자이자 물리학자, 수학자

갈릴레이는 망원경을 발명해 별의 움직임을 관찰했습니다. 달 표면에 산과 계곡이 있다는 것과 목성에 위성이 네 개 있다는 것과 태양의 흑점도 발견했어요. 갈릴레이는 지구를 중심으로 천체가 움직인다는 천동설에 반대하고, 코페르니쿠스의 지동설을 옹호하여 교황청 종교 재판에서 유죄 선고를 받았어요. 이후 350여 년이 지나서야 교황청에 의해 공식 복권되었답니다.

갈릴레이(왼쪽)
갈릴레이가 사용한 망원경(오른쪽)

➜ 지동설

갑골 문자 甲骨文字

거북의 등껍질이나 동물의 뼈에 새긴 문자

1899년에 중국 은허에서 발견된 고대 문자입니다. 한자의 뿌리라고 할 수 있는데, 약 3500년 전 고대 중국의 상나라에서 주로 점을 칠 때 사용한 것으로 보입니다.

동물의 뼈에 문자를 새겨 불에 구우면 뼈가 갈라지는데, 그 갈라진 모양을 보고 하늘의 뜻을 추측한 것이지요. 오늘날 그 문자를 해독해 보니 주로 정치, 농사, 전쟁에 관련된 것이었어요. 갑골 문자를 사용하던 때는 왕이 하늘의 뜻을 물어 정치를 했다는 걸 알 수 있어요.

갑골 문자가 새겨진
중국 상나라 거북의 등껍질

➔ 상

강남 江南

중국 양쯔강(양자강, 장강) 이남 지방을 가리키는 말

중국에는 큰 강이 두 개 있어요. 황허(黃河)강과 양쯔강입니다. 양쯔강의 남쪽을 강남이라 해요. 이곳은 일년 내내 날씨가 따뜻하고 땅이 기름져서 농사가 아주 잘되는 곳이지요. 중국의 북쪽 지방에 살던 유목 민족들이 황허강 유역을 차지하고 나라를 세우면, 그곳에 살던 한족들은 양쯔강 남쪽으로 피난을 갔습니다. 피난 간 한족들이 살기 시작하면서 강남이 발달했어요. 벼농사가 잘되었던 덕에 넉넉한 생활을 누리며, 화려하고 여유로운 남조 문화도 발달시킬 수 있었답니다. 지금까지도 강남은 중국 경제를 떠받치는 중요한 지역이에요.

강희제 康熙帝 1654~1722

중국 청나라의 제4대 황제

강희제는 8세에 황제 자리에 올라 14세 때부터 나라를 다스렸어요.
중국 남부 지방의 세 지배자들이 일으킨 '삼번의 난'을 평정해 청나라의 지배력을 더 튼튼하게 한 황제입니다. 낭비되던 세금을 아껴 나라 살림을 알뜰하게 하고 백성들의 세금을 줄이고 관리들의 부정을 막아 칭송을 받았어요. 또 외몽골과 티베트를 침략해 중국의 영토를 많이 넓혔어요. 뒤를 이은 옹정제, 건륭제와 함께 청의 전성기를 이끌었습니다.
만주족이었으나 중국 역사상 가장 위대한 황제로 손꼽히며 가장 긴 기간 동안 재위한 황제였습니다. 또한 1689년 중국 사상 최초의 국제 조약인 네르친스크 조약을 맺었습니다.

➜ 청, 티베트

갠지스강 Ganges River

히말라야에서 시작되어 인도의 힌두스탄 평야로 흐르는 강으로, 힌두교의 성지

힌두교에서는 모든 생명이 갠지스강에서 시작되었다고 믿어요. 그래서 이 강에서 목욕을 하면 모든 죄를 씻을 수 있고, 죽어서 화장한 뼈를 이곳에 뿌리면 극락에 갈 수 있다고 믿습니다. 강 가까이에는 바라나시를 비롯한 힌두교 성지가 많이 있어요. 갠지스강 근처에는 오래전부터 기름진 평야가 발달해서 문명이 꽃피었고, 지금도 인도 사람들은 갠지스강을 널리 이용하고 있습니다.

인도 바라나시의
갠지스강 풍경

➜ 힌두교

걸프 전쟁 Gulf War 1990. 8. 2~1991. 2. 28

미국·영국·프랑스를 비롯한 33개 다국적군이 이라크를 공격한 전쟁

1990년에 이라크 대통령 사담 후세인은 쿠웨이트를 공격했어요. 쿠웨이트가 석유를 너무 많이 생산해 전 세계의 석유 값이 떨어져, 이라크 경제가 어려워졌다는 핑계를 대면서요. 게다가 사담 후세인은 쿠웨이트가 원래 이라크 영토였다고 주장했습니다.

석유 값이 오르는 것을 싫어했던 미국은 이라크를 비난하면서 사담 후세인에게 쿠웨이트에서 나가라고 했어요. 하지만 이라크는 쿠웨이트에서 꿈쩍도 하지 않았고, 결국 국제 연합에서는 이라크를 공격하려고 미국을 중심으로 한 다국적군을 결성해 이라크에 전투기를 출동시켰습니다. 미국은 '침략을 응징하고 자유를 옹호하기 위해 전쟁이 필요하다'고 주장했어요. 한 달 동안 10만 번이 넘는 공중 폭격을 퍼부어 이라크의 중요한 시설은 거의 파괴되었고, 이라크 군인 15만 명이 죽었어요. 이 전쟁으로 이라크를 비롯한 중동 지역은 미국의 영향을 많이 받게 되었답니다.

> **왜 걸프 전쟁이라고 했나요?**
>
> 걸프(gulf)는 '만'이라는 뜻입니다. 사우디아라비아와 이란 사이에 만이 하나 있는데, 원래는 '페르시아만'이라고 하다가 아랍 여러 나라들이 영국 식민지에서 독립한 이후로 '아라비아만', '호메아니만' 등 여러 이름을 붙이게 되었지요. 그러다가 영어로 '걸프(만)'라고 하기로 했습니다. 쿠웨이트와 이라크가 전쟁을 시작하면서 '걸프 전쟁'이라는 이름이 붙었습니다.

➜ 국제 연합

게르만족 Germanic peoples

발트해 근처에 살던 민족. 이들의 대이동으로 서로마 제국이 멸망함

게르만족은 금발에 파란 눈이 특징입니다. 원래 발트해 근처의 삼림 지역에서 사냥을 하거나 가축을 기르며 살았어요. 게르만족 안에는 고트족, 반달족, 프랑크족, 앵글로족, 색슨족 같은 여러 민족이 있었어요.

이들은 4세기 후반, 아시아에 침입해 온 훈족을 피해 서로마 제국의 땅으로 들어갔어요. 게르만족이 대규모로 이동하면서 라틴족이 지배했던 서로마 제국은 멸망했습니다. 그 뒤 게르만족이 세운 여러 나라는 대부분 금방 망하고 프랑크 왕국으로 통합되었어요.

➔ 프랑크 왕국, 훈족

계몽 사상 啓蒙思想 enlightenment 18세기

프랑스를 중심으로 발전한, 인간의 이성을 중요시한 사상

계몽 사상은 17세기 후반에 시작되어 18세기 프랑스에서 전성기를 이룬 사조입니다. 신이 아닌 인간의 이성에 의해 의식이 형성되어야 한다는 사상이며, 프랑스 혁명의 사상적 배경이 되었지요.

계몽 사상가들은 우주 전체가 자연 법칙에 따라 움직이며, 과학적 방법을 통해 모든 문제를 해결할 수 있다고 생각했어요. 또 인간의 이성을 통해 인간 사회는 끊임없이 진보할 수 있다고 믿었지요. 프랑스 혁명에 큰 영향을 주었으며, 몽테스키외, 루소가 대표적인 계몽 사상가입니다.

《백과전서》란 책이 있나요?
이 책은 계몽 사상가들이 대부분 참가하여 만든 책들로 당시 가장 앞선 철학, 과학, 기술 지식이 모두 포함되어 있어요. 17권의 대형 책자와 11권의 도판으로 구성되었는데, 무려 21년 만에 완간되었어요. 오늘날 백과사전의 효시가 됩니다.

➔ 루소

고딕 양식 Gothic art 12세기 중반~15세기

뾰족한 탑과 색유리가 특징인 중세 유럽의 건축 양식

12세기에는 '하느님의 집'인 성당을 지으면서, 하느님이 있는 하늘에 좀 더 가깝게 가고자 천장이 높은 건물과 높은 탑을 만들었어요. 또 건물 안에 좁고 긴 창문을 많이 만들었는데, 여기에 색유리(스테인드글라스)를 달았습니다. 검은 테두리 사이에 여러 가지 색유리 조각을 끼워 그림을 그린 것입니다. 고딕 양식은 16세기 르네상스가 일어나기 전까지 유행한 건축 양식으로 프랑스의 샤르트르 대성당, 노트르담 성당, 독일의 쾰른 성당이 유명합니다.

고딕 양식의 대표 건축물인 노트르담 성당

➡ 르네상스

고증학 考證學 명나라 말~청나라 초

실증적 고전 연구로 증거와 글자의 뜻을 중시하던 유학의 한 갈래

주자학(성리학)에 반발하여 일어난 새로운 학문 경향입니다. 성리학은 눈에 보이지 않는 이치나 심성을 연구했는데, 그러다 보니 현실의 삶은 무시하고 뜬구름 잡는 이야기를 하게 되었어요. 고증학은 이런 성리학을 비판하면서, 옛날 책을 두루 참고하여 글자 하나하나의 뜻을 정확히 밝히며 경서를 연구하는 학문이에요.

증거를 중요하게 생각했기 때문에 허황된 이론보다는 백성의 실제 삶이 더 중요하다고 믿는 태도에 영향을 주기도 했습니다. 하지만 글자의 뜻에 지나치게 얽매이고 그 의미를 따지다 보니, 오히려 현실을 무시하는 방향으로 흘러가 버렸습니다.

역시, 진리는 옛 조상들의 경서에 다 들어 있어!

〈유교는 시대에 따라 어떻게 변화하나요?〉

진	유교 탄압	분서갱유
한~당	훈고학	경전 해석
송	성리학(주자학)	우주의 원리와 인간의 본성 탐구
원	유교 탄압	
명	양명학	지행합일
청	고증학	실증적 고전 연구

➜ 성리학

곤여만국전도 坤輿萬國全圖 1602

이탈리아 선교사 마테오리치와 명나라 학자 이지조가 만든 세계 지도

예수회 선교사 마테오리치는 크리스트교를 중국에 전파하려고 명나라에 머무르던 중 나무에 세계 지도를 새겨 찍었습니다. 커다란 타원의 중앙에는 중국을, 그 왼쪽에는 아시아, 유럽, 아프리카를, 아시아의 아래쪽에는 오스트레일리아를 아시아의 오른쪽에 아메리카를 그려 넣었어요. 그때까지 중국 사람들은 하늘은 둥글고 땅은 네모나다고 생각하고 있었어요. 세계를 둥글게 그린 이 지도를 보고는 그 시대 사람들은 충격을 받았겠지요? 또 중국이 세계의 대부분을 차지하는 중심 국가라는 생각도 깨지게 되었습니다.

우리나라에서도 이 세계 지도를 1708년(숙종 34년)에 모사하였습니다. 현재 서울대학교 박물관에 소장되어 있어요.

곤여만국지도의 뜻은?
곤(坤)은 '땅', 여(輿)는 '～와'라는 뜻이고, 만국(萬國)은 '모든 나라'라는 뜻이지요. 그래서 곤여만국전도는 '땅 위에 있는 모든 나라를 그린 지도'란 뜻입니다.

➡ 명, 크리스트교

공납 貢納

지방에서 나는 특산물을 지배자에게 바치는 세금 제도

중국의 당나라에는 곡식과 노동력, 특산물을 바치는 조용조 제도가 있었습니다. 이 제도를 일본과 우리나라도 받아들여 시행했어요. 그중 각 지역에서 나는 특산물을 바치는 것을 공납이라고 합니다. 유럽 중세 시대의 농노들도 공납의 의무가 있어서 닭이나 돼지, 달걀, 포도 같은 생산물을 영주에게 바쳤습니다.

조·용·조 제도는 무엇인가요?
농사지은 곡식의 일부를 세금으로 걷고(租, 조), 농민들을 데려가 일을 시키고(庸, 용), 마을의 특산물을 걷어가는 것(調, 조)을 말합니다.

➜ 당

공포 정치 恐怖政治 Reign of Terror 1793~1794

프랑스 혁명 중 로베스피에르와 자코뱅 당이 펼쳤던 정치

공포 정치란 권력을 지키기 위해 사람들에게 공포감을 주는 정치입니다. 프랑스 혁명 기간 중에 권력을 잡은 자코뱅 당의 로베스피에르는 개혁을 펼칩니다. 귀족과 성직자의 특권을 없애고, 모든 성인 남자가 선거권을 갖는 새로운 헌법도 만들었어요. 그리고 혁명을 방해하는 외국 군대를 물리쳤습니다.

로베스피에르는 혁명을 반대하는 세력을 무자비하게 처형했는데, 이 기간 중에 약 30만 명이 체포되었고, 약 1만 5천 명이 단두대에서 처형되었어요. 계속되는 공포 정치와 독재 정치에 많은 사람이 반발했고, 결국 로베스피에르가 처형되어 공포 정치는 끝났습니다.

자크 루이 다비드가 그린 〈마라의 죽음〉

➡ 로베스피에르, 프랑스 혁명

공화정 共和政 Republic

세습되는 통치자 없이 여러 사람이 통치하는 정치 체제

왕이 아니라 국민이 통치하는 것으로, 군주정에 반대되는 정치 제도입니다. 오늘날 세계 대부분의 나라는 왕이 없는 공화정 국가이고, 우리나라도 공화정 국가입니다.

고대 로마의 공화정은 오늘날의 대통령과 비슷한 통령 두 명이 행정을 담당하고, 귀족 300명이 원로원에서 정책을 결정하며, 평민회를 통해 평민이 정치에 참여할 수 있도록 했습니다.

18세기에 미국의 독립 혁명과 프랑스 혁명을 거치며 전 세계의 정치 체제는 공화정으로 바뀌어 갑니다. 오늘날 영국이나 일본은 왕이 있긴 하지만, 주권은 국민에게 있으므로 실질적으로는 공화정이라고 할 수 있습니다.

대한민국 헌법 제1조, "대한민국은 민주공화국이다."

➜ 미국 독립혁명, 프랑스 혁명

과거제 科擧制 기원전 3세기~기원후 19세기

중국 수나라 때 시작된 관리를 뽑는 시험 제도

옛날 중국에서는 벼슬을 얻으려면 권력 있는 집안에서 태어나야 했습니다. 집안의 권력에 따라 자신의 벼슬 높낮이가 결정되었거든요. 능력은 있는데 집안이 좋지 않았던 사람은 많이 억울했지요. 그리고 몇몇 집안에서 관직을 모두 차지하다 보니 비리가 생겨 정치가 엉망이 되었습니다. 그래서 한나라에서는 지방에서 추천받은 사람을 관리로 채용하는 제도를 시행했고, 이 제도를 이어

받아 수나라에서 처음으로 시험을 쳐서 관리를 뽑는 과거제를 시작했습니다. 당나라 때도 이어진 과거제는 송나라 때가 되면 가문이 얼마나 좋으냐와는 상관없이 개인의 실력만으로 관리를 뽑았습니다. 과거제는 청나라 때까지 계속 이어지다가 1905년에 폐지되었습니다.

우리나라에는 788년(신라 원성왕 4년)에 '독서삼품과'라는 형식으로 전래되었어요. 이후 고려, 조선 시대까지 이어지다가 1894년 갑오개혁 때 폐지되었어요.

과학 혁명 科學革命 Scientific Revolution 17세기

근대 과학이 확립되면서 나타난 세계관의 변화

르네상스가 일어난 뒤로 유럽 사람들은 점차 신학적인 사고방식을 버리고 과학적으로 생각하게 되었습니다. 17세기에 이르러 갈릴레이, 뉴턴과 같은 위대한 과학자들이 활동하면서 근대 과학이 세워졌어요. 이들은 자연법칙을 발견하고 그것을 인간 사회에 적용했어요. 그래서 세계를 신의 뜻으로 설명하고 이해하던 신학적 사고방식에서 벗어나, 자연법칙에 따라 생각하게 되었습니다.

➔ 갈릴레이, 뉴턴, 르네상스

관개 농업 灌漑農業 irrigation cultivation

물을 관리하는 시설을 만들어 곡식을 키우는 농업 방식

곡식이 자라는 데 필요한 물을 대 주는 것을 '관개'라고 합니다. 인류가 처음 농사를 지을 때는 비가 지나치게 많이 오거나 적게 오면 농사를 망칠 수밖에 없었습니다. 인류의 지혜가 발달하면서 물을 관리하기 위해 관개 시설을 만들었습니다. 저수지, 댐, 수로 같은 관개 시설을 만들려면 많은 사람이 힘을 합쳐 일해야 해요. 이 과정에서 문명이 생겨났습니다. 그래서 인류 최초의 4대 문명은 관개 농업을 하기 편리한 큰 강가에서 탄생했습니다. 오늘날에도 큰 저수지나 댐을 만들어 홍수와 가뭄에 대비하고 있습니다.

➡ 메소포타미아 문명, 인더스 문명, 황허 문명

관료 제도 官僚制度 Bureaucracy

관리가 행정을 맡아 하는 제도

유럽에서는 십자군 전쟁이 끝난 13세기 말부터 교황의 권위와 영주의 세력이 약해지고 왕의 권력이 강해졌습니다. 왕은 넓어진 영토를 좀 더 잘 다스리기 위해 관료 제도를 실시했어요. 관료 제도를 실시하면 왕의 명령을 빠르게 전달하고 세금을 잘 걷을 수 있기 때문이지요. 그 뒤로 절대주의 시대(17세기~18세기)에 관료 제도는 더욱 발달했습니다.

중국에서는 진나라와 한나라 때부터 군현제를 실시하고 황제가 지방에 관리를 보냈어요. 기원전 2세기 무렵인 당나라 때 관리의 등급과 등급에 따라 입을 수 있는 옷 색깔, 급료 같은 것을 법으로 모두 정했습니다. 서아시아에서도 일찍부터 관료 제도가 발달했어요.

관료제는 사회적 업무를 수행하기 위하여 수많은 사람의 활동을 체계적으로 조직할 수 있는 가장 효율적인 제도로 현재까지도 이어져 내려오고 있어요.

➡ 교황, 군현제, 당, 십자군, 절대주의, 한

교황 教皇 Pope

로마 가톨릭 교회의 최고 지도자

예수의 열두 제자 가운데 한 사람이었던 베드로는 예수가 죽은 뒤에 로마에 교회를 세워 교황이 되었습니다. 그 뒤로 로마의 주교는 베드로의 후계자로서 교황의 자리를 이어 갔습니다. 중세 시대에는 거의 모든 서유럽 사람이 로마 가톨릭을 믿었기 때문에 교황의 권력은 왕이나 황제보다 훨씬 컸어요.

교황은 어떻게 뽑나요?

교황이 죽으면 80세 이하의 추기경들이 바티칸 궁전 내 시스티나 성당에 모여 다음 교황을 뽑습니다. 투표는 후보자가 따로 없이 각자 교황에 적합한 인물의 이름을 적는 방식으로 진행됩니다. 전체의 ⅔이상의 표를 얻은 사람이 새 교황이 되지요. 이 비밀회의를 '콘클라베'라고 하는데, '열쇠로 잠근다'는 뜻의 라틴어입니다. 예전에는 교황이 뽑힐 때까지 추기경들이 모인 건물 문을 봉쇄하고 모든 문과 창문도 막았기 때문에 붙여진 이름입니다.

➔ 로마 가톨릭 교회

9·11 테러 2001. 9. 11

2001년 9월 11일 미국에서 일어난 동시다발적 테러 사건

한 이슬람 단체가 미국이 석유가 많이 나는 중동 국가의 정치에 간섭하는 것에 항의해 미국의 비행기 넉 대를 납치했어요. 이들은 비행기를 몰고 미국의 중요한 건물로 날아갔습니다. 비행기 두 대가 뉴욕의 110층짜리 세계무역센터 건물과 부딪쳐서 건물이 무너졌어요. 또 다른 한 대는 워싱턴에 있는 국방부 청사(펜타곤) 건물과 충돌했습니다. 다른 한 대는 성공하지 못했지만 미국인들은 큰 충격을 받았습니다. 이 사건에 때문에 미국은 아프가니스탄과 이라크에서 전쟁을 일으켰어요.

구석기 시대 舊石器時代 Paleolithic Age
인류 출현 ~ 약 1만 년 전

인류가 뗀석기를 만들어 쓰던 시기

처음 지구상에 나타난 인류는 맨몸이나 마찬가지였어요. 그래서 맹수를 물리치고 먹을 것을 구하려고 뗀석기를 만들었습니다. 이 시기 인류는 동굴에서 살았으며, 열매나 곡식을 따 먹거나 사냥한 짐승을 먹고 살았어요. 먹을 것이 다 떨어지면, 먹을 것을 찾아서 이리저리 옮겨 다니며 살았지요. 이 시기를 구석기 시대라고 합니다.

➔ 뗀석기

구텐베르크 Johannes Gutenberg 1397~1468

활자를 사용해 책을 찍어 내는 기술을 발명한 사람

르네상스가 시작되자 책을 펴내는 사람도 많아졌고, 책을 읽고 싶어 하는 사람도 많아졌습니다. 1445년에 독일의 구텐베르크는 금속으로 글자를 만들고, 포도 짜는 기계를 응용해서 인쇄기를 만들었어요.

처음에는 주로 성경책을 인쇄했습니다. 그때까지 성경은 어려운 라틴어로 쓰여 있어서 성직자나 왕족들만 읽을 수 있었어요. 게다가 양가죽에 손으로 한 글자 한 글자 써서 만들었기 때문에 값이 비싸고 구하기도 어려웠지요. 구텐베르크가 금속 활자를 발명해 독일어로 번역된 성경을 판화처럼 많이 찍어 내자, 보통 독일 사람들도 성경책을 구해서 읽을 수 있게 되었습니다. 그래서 루터가 종교 개혁을 하는 데 도움이 되었답니다.

하지만 한국의 인쇄 문화는 구텐베르크를 이미 앞질러 있었어요. 1377년에 간행된 '직지심체요절'은 세계 최초의 금속활자 인쇄본으로 인정받았는데, 구텐베르크의 '성서'보다 무려 80년 앞선 것이랍니다.

➔ 루터, 르네상스

국제 연합 國際聯合 United Nations 1945~

세계의 전쟁을 막고 평화를 유지하기 위해 정치·경제·사회·문화 모든 분야에서 여러 나라가 협력하고자 만든 기구

뉴욕 국제 연합 본부

제 1, 2차 세계 대전으로 많은 사람이 다치거나 죽고 전쟁에 참여한 나라들은 큰 피해를 입었어요. 이를 계기로 세계는 평화로운 방법으로 갈등을 해결하는 것이 중요하다는 점을 깨닫고, 다시는 세계에 불행한 전쟁이 일어나지 않도록 모두가 노력할 것을 약속하며 국제 연합을 만들었어요. 보통 유엔(UN)이라고 하며 본부는 미국 뉴욕에 있어요. 국제 연합 산하의 전문 기구로는 국제 노동기구(ILO), 유엔난민기구(UNHCR), 유네스코(UNESCO), 국제원자력기구(IAEA)가 있어요.

➜ 제2차 세계 대전

군현제 郡縣制 기원전 5세기~기원후 19세기

춘추 시대가 지난 뒤에 중국에서 만든 지방 제도

춘추 시대가 끝나 갈 즈음, 나라 사이에 전쟁이 더욱 자주 일어났어요. 왕들은 더 많은 군인이 필요해 농민을 군인으로 데려가기로 했답니다. 농민들이 군인이 되길 싫어하자 왕은 관리를 뽑아 각 지역에 보내 지배를 강화했어요. 지방을 나눈 단위가 바로 군, 현이에요. 관리는 자신이 지배하는 군과 현에서 군인을 뽑고 세금을 걷었습니다. 춘추 전국 시대를 끝내고 진나라를 세워 중국을 통일한 시황제는 전국에 군과 현을 설치해 다스렸고, 이 제도는 중국의 마지막 왕조인 청나라까지 이어졌습니다.

> 군은 오늘날의 도, 현은 시와 비슷하다고 할 수 있어요.

➜ 시황제, 청, 춘추 전국 시대

굽타 왕조 Gupta Dynasty 320~550

인도 북부에서 발달했던 왕조

강력한 힘을 자랑하던 쿠샨 왕조(기원전 2세기~기원후 6세기)가 쇠퇴하면서 그 지배에서 벗어나 지금의 비하르 지방에서 발달했던 왕조입니다. 찬드라굽타 1세는 왕이 되자 갠지스강 중류 지역으로 영토를 넓혀 갔고, 사무드라굽타의 뒤를 이은 찬드라굽타 2세는 왕조의 최전성기를 이루었습니다.

굽타 왕조 때는 왕권을 강화하고 정치를 안정시켜 상업, 문화, 종교를 비롯해 많은 분야가 발달했습니다. 브라만교가 인도의 특색을 더욱 강화하면서 힌두교로 발전한 것도 이때였어요. 건축이나 미술에서도 인도 고유의 양식이 나타납니다. 간다라 양식에서 벗어나, 인도 사람의 얼굴과 몸에 밀착된 얇은 옷을 통해 신체의 윤곽을 드러내는 것으로 인물을 표현했어요. 이것을 굽타 양식이라고 하지요. 수학도 발달해서 세계에서 처음으로 '0'이나 '마이너스'의 개념이 나타났습니다.

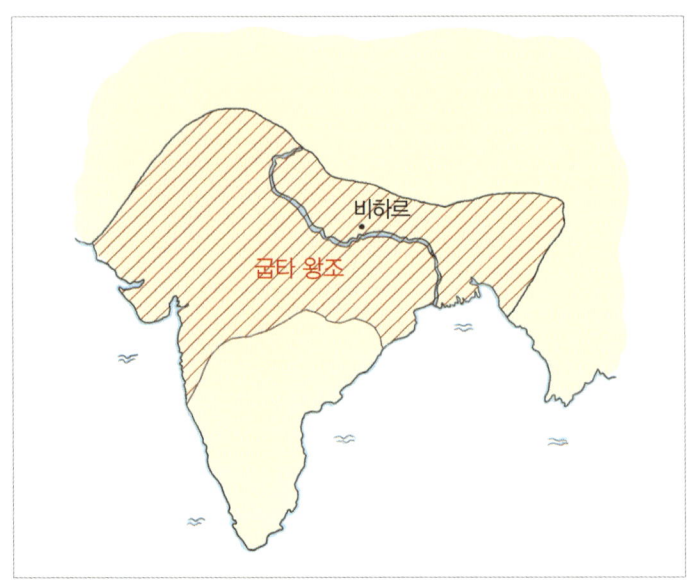

➜ 간다라 미술, 브라만교, 쿠샨 왕조, 힌두교

균전제 均田制 485~780

중국 북위에서 시작되어 수·당나라까지 실시한 토지 제도

나라가 혼란스러우면 농민은 살기가 힘들어져 떠돌아다니게 됩니다. 그 틈에 귀족이나 호족들이 농민의 땅을 빼앗아 자신의 땅으로 삼았고, 떠돌다 돌아온 농민은 더욱 살기 힘들어졌어요. 그래서 국가는 농민을 보호하려고 토지 제도를 개혁합니다.

북위에서는 15세 이상의 남녀 모두에게 농사지을 수 있는 땅을 똑같이 나눠 주고 70세가 되면 땅을 국가에 내도록 했습니다. 그러자 농민의 삶이 안정되어 국가에 세금도 꼬박꼬박 낼 수 있었습니다. 북위가 멸망한 뒤에도 균전제는 당나라까지 이어졌어요. 땅을 받은 농민은 일정 기간 동안 군인으로 근무해야 했으니 나라의 군사력도 강해졌습니다.

➜ 당, 수, 호족

글라디아토르 gladiator 기원전 3세기~기원후 4세기

고대 로마 시대의 검투사

고대 로마에서는 사람과 사람, 또는 사람과 맹수를 싸우게 하는 경기가 있었어요. 이때 싸운 사람들을 글라디아토르(검투사)라고 합니다. 로마의 권력자들은 끊이지 않는 전쟁 때문에 시민들의 불만이 쌓이자 시민들의 마음을 다른 곳으로 돌리려고, 원형 경기장(콜로세움)을 만들고 검투사들의 경기를 열었어요. 검투사는 전쟁 포로나 노예, 또는 범죄인이었는데, 나중에는 자유인도 참가했습니다.

➡ 콜로세움

그리스 정교 Greek Orthodox Church

그리스와 동유럽, 러시아 쪽에서 발전한 크리스트교

726년 비잔티움 제국의 황제는 성상 숭배 금지령을 내렸어요. 이를 계기로 크리스트교는 로마 가톨릭과 그리스 정교로 나뉩니다. 로마 가톨릭은 교황이, 그리스 정교는 비잔티움 제국의 황제가 종교 지도자가 되었습니다. 그리스 정교는 슬라브족에게 전파되어 동유럽 문화의 중요한 바탕이 되었어요. 비잔티움 제국이 멸망한 뒤에는 러시아가 그리스 정교의 중심지가 되었습니다.

➜ 교황, 비잔티움 제국, 로마 가톨릭 교회, 성상 숭배 금지령, 슬라브족

금 金 1115~1234

여진족이 세운 중국의 왕조

거란족이 세운 요나라의 지배를 받던 여진족의 아구다가 요를 치고 세운 나라입니다. 금은 여진족이 모여 살던 지역에 황금이 많이 나온다고 해서 붙은 이름입니다. 금이 송을 공격해 중국 북부를 차지하자 송은 강남 지역으로 피했

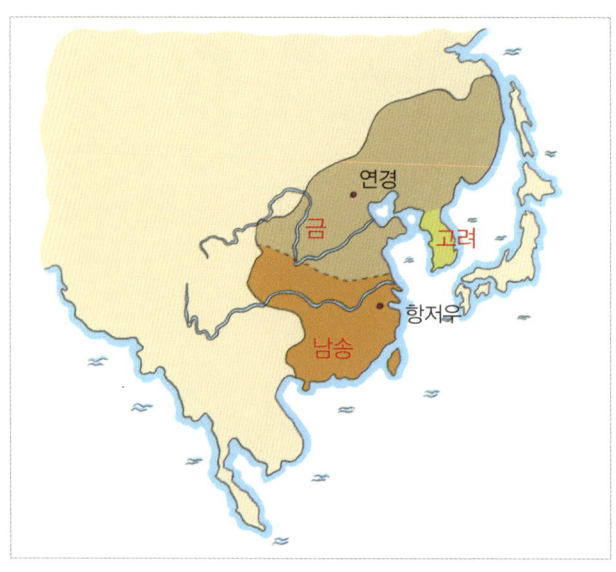

습니다. 금은 송을 굴복시켜 동맹을 맺고, 요를 멸망시켜 거란족을 만주에서 완전히 몰아냈습니다. 동맹을 맺고 있던 송의 영향을 많이 받아 나중에는 수도를 연경으로 옮겼고, 한자를 사용하고 한족의 옷을 입게 되었어요. 남송의 세종은 여진의 세력이 약해진 틈을 타서 힘과 문화를 다시 굳건히 세우고자 했지만, 군사력을 발달시킨 몽골의 공격에 힘없이 무너지고 말았습니다.

➜ 몽골 제국, 송, 요

기원 紀元 era

역사에서 햇수를 세는 기준이 되는 해

우리가 보통 사용하는 것은 '서력 기원'(서기, 서양 달력에서 정한 날짜)입니다. 서기는 '예수의 탄생'을 시작점으로 삼는데, 예수가 태어난 해를 '기원후(A.D.) 1년'으로 삼아서 계산하는 방법입니다. 예수 탄생 이전은 '기원전'(B.C.)이라고 해요. 서기 말고도 단군이 고조선을 세운 해를 기준으로 하는 '단기'(B.C.2333), 불교에서 사용하는 '불기'(B.C. 544)가 있습니다.

- **B.C.** (Before Christ)
  영어로 '예수 이전'이라는 뜻으로, '기원전'을 표시하는 약자
- **A.D.** (Anno Domini)
  라틴어로 '하나님의 나라'라는 뜻으로 '기원후'를 표시하는 약자

길드 guild

중세 서유럽의 도시에 생긴 상인과 수공업자들의 동업자 조합

11세기에 들어와 상업이 활발해지면서 서유럽의 각 지역에 도시가 생겨납니다. 도시에는 주로 상인과 수공업자가 살았어요. 그들은 같은 직업을 가진 사람들끼리 길드를 만들어 경쟁을 금지하고 서로 도왔습니다. 길드에 소속된 사람들만 장사를 할 수 있었는데, 길드에서 영업 시간과 장소, 가격, 제품의 양과 질 등을 결정했어요. 좋은 품질을 유지하고 가격을 맞추며, 지나치게 많이 일하는 것을 막기 위해서죠. 그러나 나중에는 자유로운 상공업의 발전을 가로막게 됩니다.

중세 길드의 모습

길드는 중세 도시가 만들어지고 발전하는 데 중요한 역할을 했어요.

> 역사는 항상 새롭게 다시 쓰여지며, 따라서 모든 역사는 현재의 역사이다.
> _ 칼 베커

나라 시대 奈良時代 710~794

일본의 나라를 수도로 삼았던 시대

8세기 초에 일본의 겐메이 천황은 중국 당나라의 율령을 일본에서도 똑같이 시행하기로 했습니다. 율령제에 따라 일본의 제도를 정비하려고 세운 도시가 헤이조쿄(平城京, 지금의 나라 시)입니다. 이곳에 당나라의 수도 장안을 본떠 건물과 거리를 만들고 수도로 삼았던 약 80년 동안을 나라 시대라고 합니다. 당에 여러 차례 사신을 보내 제도를 수입하고 불교를 발전시켜서, 일본 고유의 문화보다는 대륙과 한반도의 영향을 많이 받았던 시대입니다. 이 시대의 유명한 문화재는 거대한 절 도다이지(東大寺, 동대사)와 천황의 보물 창고인 쇼소인(正

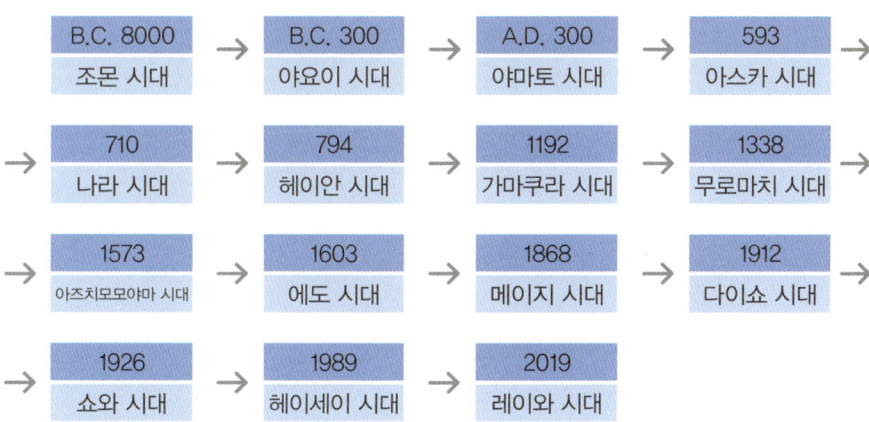

倉院, 정창원)입니다. 794년에 수도를 헤이안쿄(平安京, 지금의 교토 시)로 옮기면서 나라 시대는 끝나고 헤이안 시대가 열립니다.

➜ 당, 율령, 천황, 헤이안 시대

나일강 Nile River

중앙 아프리카에서 발원하여 에티오피아, 수단, 이집트 등을 거쳐 지중해로 흐르는 아프리카 최대의 강

고대 이집트 문명을 탄생시킨 강입니다. 해마다 비슷한 때 강이 넘쳐 농사에 필요한 흙과 물을 공급해 주기 때문이 나일강을 중심으로 마을과 도시, 국가가 생겨났습니다. 또한 나일강은 옛날부터 사하라 사막을 넘어 북아프리카와 남아프리카를 연결하는 유일한 교통로이기도 했습니다. 지금은 댐을 여러 개 만들어 홍수 피해도 막고, 농사짓는 데 물도 대고, 수력 발전에도 이용하고 있지요.

➜ 사하라 사막

나치스 Nazis

히틀러를 중심으로 한 독일의 독재 정당

정식 이름은 국가사회주의 독일 노동자당(NSDAP)입니다. 그러나 사회주의와는 상관이 없고, 오히려 반사회주의, 반유대주의, 반민주주의를 따랐습니다.

대공황으로 경제와 정치가 혼란해지면서 실업자가 늘어나고 노동자들 사이에서 사회주의가 유행했습니다. 재산을 좀 가진 사람들은 두려움을 느끼고 반사회주의를 외치는 나치스를 지지했습니다. 그래서 1933년 나치스가 권력을 잡을 수 있었지요. 히틀러가 이끄는 나치스는 일당 독재를 실시하고, 비밀경찰 제도를 만들어 국민을 감시했습니다. 유대인과 사회주의자를 강제 수용소로 보내어 학대하거나 죽였지요. 나치스에 반대하는 모든 사람이 괴롭힘을 당했습니다.

나치스 군대 행렬 장면

나치스는 히틀러 유겐트(나치스 청년당), 나치스 학생동맹, 나치스 돌격대 같은 단체를 만들어서 히틀러를 찬양하도록 했고, 이웃 나라를 침략해서 강력한 독일을 만들자고 주장했습니다. 독일은 오스트리아, 체코, 폴란드를 차례로 공격했으며, 영국과 프랑스가 이에 대항해 제2차 세계 대전이 일어난 것이지요. 1945년 제2차 세계 대전에서 독일이 지면서 연합군은 나치스를 금지했고, 그 금지 조처는 지금까지도 계속되고 있습니다.

➡ 대공황, 사회주의, 제2차 세계 대전

나침반 羅針盤 compass

종이, 화약과 함께 중국의 3대 발명품 중 하나

220년쯤 중국에서 발명했어요. 후한 시대(25년~220년)의 왕충이 쓴 책 《논형》(論衡)에는 '자석이 바늘을 끌어당긴다'거나 '남쪽을 가리키는 국자'라는 기록이 있습니다. 천연 자석을 국자 모양으로 만들어 두면 그 머리가 남쪽을 향한다고 씌어 있어요. 이런 기록에 비추어 보면, 자석을 나침반으로 이용한 것은 중국인이 처음이라는 것을 알 수 있어요. 나침반은 서양으로 전해져서 14세기 이후에는 세계를 항해하는 데 크게 이바지했습니다.

나폴레옹 Napleon 1769~1821

프랑스의 장군으로 황제가 된 사람

1789년 프랑스에서 혁명이 일어나자 주변 여러 나라의 왕들은 혁명이 퍼지는 것을 막기 위해 프랑스를 공격했어요. 나폴레옹은 그 전쟁을 승리로 이끌면서 프랑스의 영웅이 됩니다. 그 후 쿠데타를 일으켜 권력을 차지했고 여러 개혁

이집트에서 피라미드 전투를 치르는 나폴레옹

정치를 추진하면서 평등과 자유를 기본 원칙으로 하여 세계의 근대적인 시민법에 큰 영향을 미친 나폴레옹 법전도 제정했어요. "법 앞에서는 누구나 평등하다. 종교를 선택할 자유와 양심의 자유를 가지며, 재산을 소유하고 보호할 수 있다. 농노 제도는 폐지한다."라는 내용이 들어 있어요.

1804년 황제가 된 나폴레옹은 유럽 대륙은 정복했지만 영국을 차지하지는 못했어요. 영국을 위협하고자 대륙 봉쇄령을 내렸는데, 이것을 어긴 러시아를 정복하려다 실패했어요. 이 소식을 들은 유럽의 여러 나라 왕들은 연합군을 만들어 나폴레옹 군대를 공격했습니다. 패배한 나폴레옹은 엘바 섬으로 유배를 갔어요. 나폴레옹은 황제가 된 독재자였지만, 유럽에 자유와 평등이라는 프랑스 혁명의 정신을 퍼뜨리기도 했습니다.

자크 루이 다비드가 그린 〈알프스를 넘는 나폴레옹〉

➜ **대륙 봉쇄령, 쿠데타, 프랑스 혁명**

남북 전쟁 南北戰爭 American Civil War 1861~1865

미국의 북부 지방과 남부 지방이 벌인 내전

미국은 영국에게서 독립한 뒤 서부를 개척해 영토를 넓혔어요. 그러나 그 과정에서 남부 지방과 북부 지방의 대립이 커져 갔습니다. 평야가 많은 남부에는 면화나 담배를 재배하는 대농장이 많았어요. 이들은 영국과 자유롭게 무역하기를 원했습니다. 그러나 철과 석탄이 풍부했던 북부에는 공장이 늘어났습니다. 북부 사람들은 북부의 공장에서 생산되는 물건이 많이 팔리게 하려고 영국 제품 수입을 제한하자고 주장했습니다.

이러한 대립은 노예 제도를 둘러싸고 더욱 심해졌는데, 흑인 노예를 이용해 농사를 지었던 남부에서는 노예 제도가 필요했고, 북부는 이를 반대했어요. 북부에서는 공장에서 일할 노동자와 공장에서 만든 물건을 사서 쓸 소비자가 필요했기 때문이에요. 이때 북부를 대표하는 링컨이 대통령이 되자, 남부의 일곱 주가 연방을 탈퇴하면서 남북 전쟁이 시작되었어요. 처음에는 남부가 이기는 듯 보였지만, 결국 북부가 승리했습니다. 이 전쟁으로 흑인 노예가 해방되었고 미국은 하나의 나라로 통합되어 경제가 빠르게 발전했습니다.

전쟁이 4년간 계속되면서 60여 만 명의 군인과 수백만 명의 사람들이 죽었습니다.

→ 링컨

낭만주의 浪漫主義 romanticism 18세기 말~19세기 중엽

유럽에서 일어난 개인의 감정을 중시하는 예술 경향

18세기 초에 유럽에서 유행했던 계몽 사상은 인간의 이성을 지나치게 강조한다는 비판을 받습니다. 18세기 말에는 인간의 감정과 상상력을 중시하는 낭만주의가 널리 퍼졌어요. 낭만주의 철학자로는 피히테와 헤겔, 문학가는 그림 형제와 바이런과 위고, 화가로는 들라크루아, 음악가로는 슈베르트와 쇼팽이 있습니다.

들라크루아가 그린 〈알제의 여인들〉

➜ 계몽 사상

낭트 칙령 1598

프랑스의 왕 앙리 4세가 신교도들에게 신앙의 자유를 허락한 칙령

종교 개혁 이후 프랑스에도 칼뱅의 교리를 믿는 사람들이 늘어났어요. 이들을 '위그노'라고 합니다. 가톨릭(구교)을 믿는 사람들과 위그노 사이에 싸움이 일어났어요(위그노 전쟁, 1562~1598). 30년이나 전쟁이 계속되면서 프랑스는 매우 혼란스러웠습니다. 신교를 믿던 앙리 4세는 왕이 되어 가톨릭으로 개종을 하고, 1598년에 낭트 칙령을 발표합니다. 위그노에게 종교의 자유를 준 것이지요. 1685년 루이 14세가 낭트 칙령을 폐지하자, 40만 명의 위그노가 자유를 찾아 영국, 네덜란드, 프로이센으로 옮겨 갔어요. 위그노의 대부분은 상인이나 수공업자였기 때문에 프랑스의 경제가 크게 위축되었습니다.

➜ 루이 14세, 칼뱅

냉전 冷戰 Cold War

자본주의 체제와 사회주의 체제가 서로 대립하는 것

제2차 세계 대전이 끝나고 미국과 소련은 팽팽하게 대립했어요. 두 나라를 중심으로 많은 나라가 자본주의와 사회주의로 나뉘어 세계 곳곳에서 대립했지요. 미국이 서유럽 국가들을 중심으로 북대서양 조약기구(NATO)를 결성해서 군사 동맹을 만들자, 소련도 동유럽 국가들과 바르샤바 조약기구(WTO)를 만들었어요. 6·25전쟁이나 베트남 전쟁처럼 전쟁이 벌어진 지역도 있었지만, 미국과 소련이 직접 전쟁을 하지는 않았기 때문에 냉전(차가운 전쟁)이라고 합니다.

➡ 베트남 전쟁, 사회주의, 자본주의

네루 Nehru 1889~1964

인도의 민족 지도자이자 정치가

네루

네루는 북인도의 브라만 가문에서 태어나 영국 케임브리지 대학에서 공부하고 변호사가 되었습니다. 1916년에 간디를 만나 감명을 받고 영국의 식민지였던 인도의 독립 운동에 참여했습니다. 간디와 함께 인도의 국민 회의파를 이끌면서 대표적인 인도의 민족 지도자가 되었습니다. 영국 경찰들에게 붙잡혀 9년 동안 감옥 생활도 했지요. 간디는 비폭력 불복종을 주장했지만, 네루는 폭력을 사용해서라도 인도가 완전히 독립해야 한다고 생각했어요. 제2차 세계 대전이 끝나고 인도가 독립하면서 인도의 총리가 되었습니다. 1955년에 열린 반둥 회의에서 평화 공존 5원칙을 내걸고 평화 지역을 확대하기 위해 노력했어요.

➔ 간디, 반둥 회의, 인도 국민 회의

넬슨 만델라 Nelson Mandela 1918~2013

남아프리카 공화국 최초의 흑인 대통령이자 흑인 인권 운동가

유럽의 식민지였던 아프리카는 독립이 된 뒤에도 백인이 흑인을 차별하거나 학대하는 분위기가 남아 있었습니다. 남아프리카 공화국은 인종 차별에 대한 내용이 버젓이 법전에도 적혀 있을 정도였어요. 만델라는 흑백 차별을 반대하는 여러 활동을 했습니다. 그때마다 체포당해 징역을 살았고, 결국에는 죽을 때까지 감옥살이를 하라는 벌을 받았어요.

감옥 안에서 만델라는 세계 각국과 여러 단체에서 주는 상을 받으며 세계 인권 운동의 상징이 되었습니다. 세계인의 존경을 받은 만델라는 감옥살이 27년 만에 석방되었어요. 1991년에는 350년 만에 인종 차별을 철폐하는 데 성공했으며, 1994년에 흑인으로서는 처음으로 남아프리카 공화국의 대통령이 되었습니다.

한·남아공 정상회담 중 넬슨 만델라(왼쪽), 전 김영삼 대통령(오른쪽)

> 만델라 대통령은 1993년에 노벨평화상도 받았어요.

노동 운동 勞動運動 19세기 후반~

노동자들의 경제적, 사회적 지위를 안정시키고 향상시키기 위해 벌이는 조직적인 운동

산업 혁명을 거치면서 노동자들의 처지는 아주 나빠졌어요. 임금은 적었고 일하는 시간은 아주 길었습니다. 어둡고 더럽고 좁은 공장에서 일했고, 늘 직장을 잃을까 봐 걱정해야 했습니다. 노동자들은 단체를 만들어 자본가나 정부에 맞서 정치적인 권리와 경제적인 권리를 얻으려 노력했습니다. 이러한 움직임을 노동 운동이라고 합니다.

➔ 산업 혁명

노르만족 Norman peoples

스칸디나비아 지방에 살다가 9세기~10세기에 유럽 전 지역으로 이동한 민족

게르만족의 한 갈래로 '북방인'이라는 뜻이며, 흔히 바이킹이라고 합니다. 좁고 긴 배를 타고 유럽을 휩쓸며 장사를 하거나 약탈을 했습니다. 이들은 유럽 여러 지역으로 옮겨 가 프랑스 북부에 노르망디 공국, 영국에 노르만 왕조, 러시아에 노브고로트 공국을 세웠어요. 노르만족이 이동하면서 서유럽에서는 빠르게 봉건 사회가 성립되었습니다.

바이킹은 '바이크(좁은 강)에서 온 사람'이라는 뜻이에요.

놀이 공원의 '바이킹'이 노르만족과 관계가 있나요?

놀이 공원에 가면 '바이킹'이라는 놀이 기구가 있지요. 노르만족(바이킹)이 타고 다녔던 배의 생김새를 본떠서 만들었기 때문에 '바이킹'이라는 이름이 붙었대요.

➜ 게르만족, 봉건 제도

노르망디 상륙 작전 Normandy Invasion 1944. 6.

제2차 세계 대전 때 미국·영국 연합군이 북프랑스의 노르망디 해안에 상륙한 군사 작전

제2차 세계 대전 중에 독일은 프랑스를 점령하고 소련과 치열한 전쟁을 계속하고 있었습니다. 유럽 동쪽에서 독일과 싸우던 소련은 연합군에게 서쪽을 공격해 달라고 했습니다. 미군, 영국군, 캐나다군으로 이루어진 연합군은 북프랑스의 노르망디 해안에 상륙해서 독일을 공격했습니다. 미국의 아이젠하워 장군을 총사령관으로 삼아 100만 명의 군인과 1만 3천 대의 항공기, 6천여 척의 함선, 17만 대의 각종 차량이 동원된 상륙 작전이었습니다. 많은 사람이 희생되었지만, 이 작전이 성공해 연합군은 독일에게 점령당했던 땅을 많이 되찾아 제2차 세계 대전에서 승리할 발판을 마련했습니다.

노르망디 상륙 작전 장면

➜ 제2차 세계 대전

노예 무역 奴隷貿易 16세기~19세기

아프리카 흑인을 아메리카에 노예로 팔아넘긴 유럽의 무역 형태

콜럼버스가 아메리카 대륙을 발견하자 에스파냐를 비롯한 유럽인은 아메리카를 침략해 그곳에 살고 있던 원주민을 노예로 부렸습니다. 원주민은 은을 캐는 광산이나 사탕수수 농장에서 강제로 일을 해야 했어요. 일이 너무 힘든 데다가 유럽 사람들이 전염병을 옮겨서 많은 원주민이 죽었어요. 아메리카 대륙에 유럽인이 들어온 지 100년 만에 원주민의 인구는 무려 95%가 줄어들어 5%밖에 남지 않았습니다.

노예로 부릴 원주민의 수가 부족해지자 유럽 사람들은 튼튼한 아프리카 흑인을 잡아오기로 했습니다. 유럽 사람들은 술이나 총을 싣고 아프리카 서해안으로 갔습니다. 가져간 물건을 노예 사냥꾼에게 주고 그들이 사냥하듯 그물을 던져 잡아온 아프리카 사람들과 바꾸었지요. 노예 상인들은 이들을 싣고 대서양을 건너서 아메리카에 가서 팔고, 그 돈으로 다시 유럽에 팔 설탕 같은 물건을 샀습니다. 잔인한 노예 무역으로 아프리카에서 잡혀 팔려 나간 흑인의 수는 1500만 명이나 됩니다.

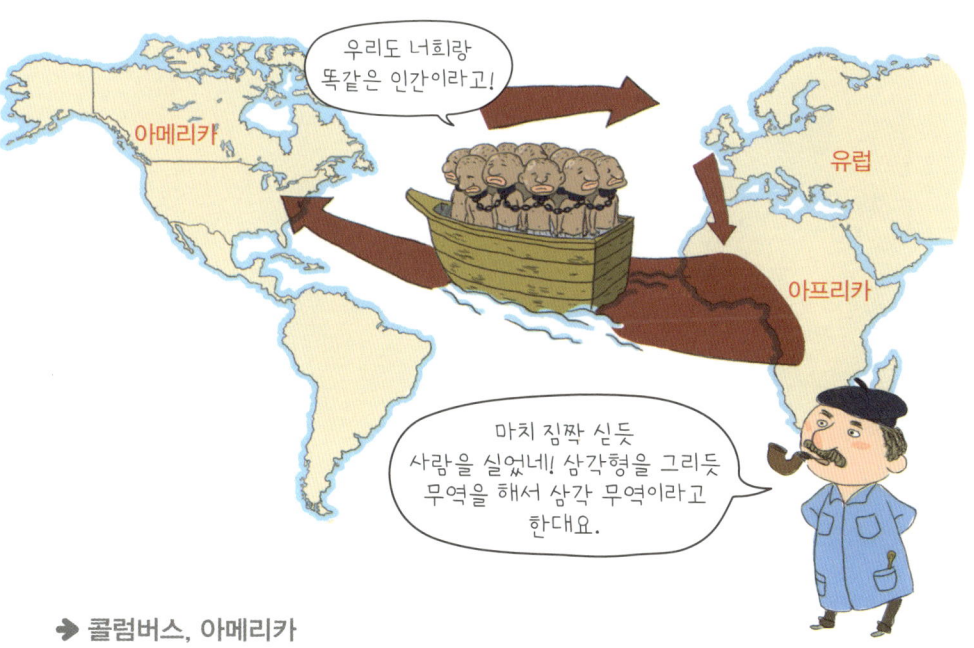

➜ 콜럼버스, 아메리카

누르하치 재위:1616~1626

청나라의 첫 번째 황제

원래는 여진족의 추장이었는데, 군사를 일으켜 다양한 여진의 부족을 통일해 나갔어요. 당시 중국을 통일하고 있었던 명나라에게는 저항하지 않아서, 여진족이 사는 곳을 다스리는 지방 관리로 임명되기도 했습니다. 차근차근 세력을 넓히다가 1616년에는 여진 전체를 다스리는 칸(汗)의 자리에 올랐고, 여진족의 나라인 후금(後金)을 세웠어요. 1619년부터는 명나라와 전쟁을 시작했고, 1621년에는 만주 지역을 지배했어요. 그래서 여진족을 '만주족'이라고도 합니다. 누르하치는 1626년에 몽골의 파림부를 공격하다 다쳐서 병들어 죽었습니다. 누르하치의 뒤를 이은 태종이 후금이라는 나라 이름을 '청'으로 고치고 누르하치를 청의 제1대 황제로 칭했습니다.

누르하치 초상화

➡ 금, 명, 청

뉴딜 정책 New Deal Policy 1933~1940

미국 루스벨트 대통령이 대공황 극복을 위해 추진했던 정책

1929년 미국에서 시작된 대공황으로 세계의 경제와 사회가 심각한 혼란에 빠졌습니다. 미국의 루스벨트 대통령은 경제를 되살리기 위해 뉴딜 정책을 내세웠어요. 이전까지는 정부가 경제에 간섭하지 않는다는 것을 원칙으로 삼았는데, 이때부터 경제를 발전시키기 위해 국가의 간섭이 필요하다는 케인스의 주장을 받아들여 국가가 경제 정책을 주도했습니다. 이것을 수정 자본주의라고 합니다. 망해 가는 은행에 정부가 돈을 빌려 주어 살려 내고, 농산물의 생산량을 미리 정해 적당한 값을 유지하게 했습니다. 또 노동조합을 인정하고, 노동자가 안정되게 살 수 있게 해 주었지요. 실업자에게 일거리를 주기 위해 테네시 강에 다목적 댐을 만들고 정부의 자금으로 실업자와 가난한 사람을 구하는 방법도 마련했습니다. 이러한 정책에 힘입어 미국은 대공황을 극복하고 경제 발전의 기틀을 마련했어요.

부유한 사람을 더욱 부유하게 하는 것이 아니라, 가난한 사람을 풍요롭게 하는 것이야말로 진보의 기준이다.

루스벨트 대통령

➜ 대공황, 자본주의

뉴턴 Isaac Newton 1642~1727

영국의 수학자이며 물리학자로 근대 과학의 선구자

뉴턴은 '우주의 모든 물체 사이에는 서로 끌어당기는 힘이 있다'는 만유인력의 법칙과 '자연은 일정한 법칙에 따라 움직인다'는 뉴턴 운동 법칙을 발견하여 고전 물리학을 확립하였고 계몽 사상에도 영향을 주었어요. 또한 미적분학을 창시하였으며 반사 망원경을 최초로 만들기도 했어요. 뉴턴의 저서인 《자연철학의 수학적 원리(프린키피아)》는 과학사에서 가장 유명한 책 중 하나입니다.

뉴턴 초상화

뉴턴의 운동 법칙이란?

- **관성의 법칙** : 물체는 자신의 운동 상태(빠르기와 방향)를 유지하려는 성질이 있다. 이 성질(관성)은 질량이 클수록 강하다.
- **가속도의 법칙** : 가속도는 힘에 비례하고 질량에 반비례한다.
- **작용·반작용의 법칙** : A물체가 B물체에 힘을 가하면(작용), B물체도 A물체에게 똑같은 크기의 힘을 가한다(반작용).

➜ 계몽 사상

아는 자는 말하지 않고, 지껄이는 자는 알지 못한다.
_ 노자

다리우스 1세 Darius I 재위 : 기원전 522~기원전 486

페르시아 제국의 아케메네스 왕조 전성기 때의 왕

지중해 지역에서 인더스강까지 이르는 넓은 영토를 통일하고, 스스로를 '왕 중의 왕', 즉 '대왕'이라고 했습니다. 수도인 페르세폴리스와 수사를 중심으로 페르시아를 20개의 주로 나누고 '사트라프'라는 주지사를 임명했으며, '왕의 길'이라는 도로를 닦아 제국의 통일성을 키웠습니다. 스물여덟 민족을 정복하고 다스렸지만 각 민족의 고유 풍습과 종교를 인정해 주는 정책으로 칭송을 받았지요. 넓은 제국을 다스리는 방법을 보여 준 모범적인 왕입니다.

페르세폴리스 유적지의 조공행렬(이란)

달마 達磨 ?~528?

중국 남북조 시대에 중국 선종 불교를 창시한 승려

달마는 남인도 출신으로 중국으로 건너가 중국 선종을 창시했어요. 달마는 개인의 해탈보다는 여러 사람의 구원을 중시하는 대승 불교의 승려였어요. 6세기 초에 중국 북위 소림사에서 9년 동안 벽을 맞대고 참선한 뒤, 사람의 마음은 본래 맑고 선하다는 이치를 깨달았어요. 그러니까 불교의 경전을 읽지 않고도, 또 다른 사람의 강의를 듣지 않아도 깨달음을 얻을 수 있다고 했습니다. 열심히 참선하고 수행하면 자기 마음속에 있는 부처님의 선한 마음을 깨달을 수 있을 테니까요. 이를 '선종 불교'라고 해요.

➔ 불교, 소림사, 위진 남북조 시대

당 唐 618~907

수나라의 뒤를 이은 중국의 통일 왕조

중국의 통일 제국 중에서는 한나라에 이어 두 번째로 번성한 나라입니다. 수도는 장안(지금의 시안)이었습니다. 전성기 때는 돌궐을 지배하고 서역에 이르는 넓은 영토를 차지했고, 아라비아와 지중해 지역과 활발하게 교역을 했습니다. 당에서 발달한 정치 체제와 불교 미술은 동아시아 여러 나라에 영향을 미쳤어요. 대표적인 것이 균전제, 율령제, 부병제입니다.

➔ 균전제, 수, 율령, 한

당삼채 唐三彩 7세기~8세기

주로 세 가지 색깔로 칠한 당나라의 도자기

당에서는 사람이 죽으면 그들이 쓰던 물건이나 귀한 보물을 항아리에 담고 시신과 함께 묻어 장사 지내는 풍습이 있었습니다. 항아리는 흰 흙을 이용해 만들었고, 그 위에 녹색, 갈색, 남색 유약으로 그림을 그렸습니다. 세 가지 색을 썼다고 해서 '삼채'(세 가지 색채)라고 하지요. 도자기에 표현된 것은 수호신인 동물이나 사람들이 좋아하던 물건이 대부분이어서, 그 시대 사람들의 취미나 풍속을 알 수 있어요.

당삼채 도기

➜ 당

당 태종 唐太宗 재위 : 626~649

중국 최전성기를 이끈 당나라의 제2대 황제

무술과 병법이 뛰어나서 아버지 이연과 함께 당을 세우는 데 가장 큰 역할을 했어요. 황제가 된 뒤에는 주변의 이민족을 물리친 뒤 그들을 처벌하지 않고 백성으로 받아들였지요. 학문과 문화를 발달시키며 중국의 역사를 기록했고, 중앙 집권을 강화하고 율령 체제를 확립했습니다. 또한 왕실의 이익에 집착하지 않고 공정한 정치를 하여 '정관의 치'라고 칭송받았습니다. '정관'은 당 태종 시대의 연호입니다. 중국 역대 황제 가운데 최고 성군으로 불리며 중국 최전성기를 이끌었어요. 하지만 고구려를 정복하기 위해 여러 번 침입했고 안시성 전투 등에서 패하면서 실패했습니다.

➜ 당, 연호, 율령

당 현종 唐玄宗 재위 : 712~756

태평성대를 누린 당나라의 제6대 황제

측천무후가 중국을 통치하던 때 태어났습니다. 어른이 된 뒤 자신의 반대 세력을 죽이고 아버지를 황제로 세우고 자신은 황태자가 되어 실권을 잡았습니다. 28세에 황제가 된 후 나라 안에서는 세금을 공정히 거두고 토지를 개발해 백성들의 삶을 편안하게 했어요. 나라 밖으로는 돌궐, 티베트, 거란을 막아 내어 전쟁이 없게 하였지요. 현종이 다스리던 태평성대를 '개원의 치'라고 칭송합니다. 하지만 말년에 자기보다 35세 어린 양귀비를 아내로 맞아들이고 놀이에 빠져 정치를 제대로 돌보지 않았어요. 755년에 '안녹산의 난'이 일어나자 균전제, 부병제가 무너졌습니다. 난리가 난 가운데 현종은 피난을 갔다가 양귀비를 잃게 되지요. 그 뒤 아들에게 황제 자리를 물려주고 숨어 살다가 죽었어요.

당 현종의 초상화

당 태종과 현종 시기가 당나라 역사뿐 아니라 과거 중국 역사에서 가장 번영을 누리던 시기였어요.

➔ 균전제, 당 태종, 안녹산의 난, 양귀비, 측천무후, 티베트

대공황 Great Depression 1929

제2차 세계 대전의 배경이 된 사상 최대의 공황

공황은 공장과 은행이 망하고 실업자가 늘어나며, 사회 전체가 경제 위기에 빠지는 것이라 할 수 있어요. 원래 자본주의는 정부가 경제에 간섭하지 않는 것을 바람직하게 생각했습니다. 하지만 그렇게 했더니 공황이 반복되면서 경제 위기가 심각해졌습니다.

1929년에는 미국의 증권이 폭락하면서 이전보다 훨씬 큰 규모의 공황이 시작되었어요. 그때는 미국이 세계 경제를 이끌고 있었기 때문에 세계 경제 전체가 어려움에 빠졌습니다. 미국은 뉴딜 정책으로 공황을 극복했지만 독일과 이탈리아, 일본에서는 전체주의와 군국주의가 나타나 제2차 세계 대전을 일으켰습니다. 지금은 자본주의 국가도 정부가 경제 정책에 깊이 간섭하면서 공황이 일어나지 않도록 노력하고 있습니다.

➜ 뉴딜 정책, 자본주의, 제2차 세계 대전

대륙 봉쇄령 (베를린 칙령)

大陸封鎖令
Cotinental Blockade 1806

프랑스의 나폴레옹이 영국을 경제적으로 고립시키 위해 만든 정책

나폴레옹은 트라팔가르 해전에서 넬슨이 이끄는 영국 해군에게 패했어요. 그러자 나폴레옹은 유럽 대륙의 모든 나라에 영국과 무역을 하지 말라는 대륙 봉쇄령을 내렸어요. '베를린 칙령'이라고도 해요. 영국 경제를 어렵게 하고 프랑스의 물건을 더 많이 팔려는 목적이었어요.

그러나 산업이 가장 발달했던 영국은 별로 영향을 받지 않았는데, 유럽의 여러 나라들은 어려움이 많았어요. 영국에 농산물을 팔고 영국에서 만든 물건을 사 갔던 러시아는 대륙 봉쇄령을 어기고 몰래 영국과 무역을 했어요. 나폴레옹은 군대를 이끌고 러시아를 공격하러 갔습니다. 모스크바까지 갔지만 추위와 식량 부족으로 되돌아오고 말았어요. 그 뒤로 나폴레옹은 다른 나라들의 공격을 받아 몰락했습니다.

➜ 나폴레옹

대상(카라반) 隊商 Caravan

사막이나 초원에서 낙타나 말에 짐을 싣고 특산물을 교역하는 상인의 집단

아시아나 아프리카의 사막과 황야를 지나가는 상인에게는 갖가지 위험이 따랐어요. 물이 모자랄 수도 있고, 동물의 습격이나 도적떼의 공격을 만나면 꼼짝없이 당해야 했으니까요. 사람들이 살지 않는 이런 곳을 지나려면 반드시 여러 사람이 힘을 합쳐야 했습니다. 그래서 그들은 낙타나 말, 양의 등에 짐을 싣고 무리를 지어 다녔지요. 대상이 다니는 길 근처에는 여관이나 식당이 생겨나기도 했어요. 이곳에서 대상은 여러 지방의 물건이나 정보를 서로 나누었습니다. 그래서 이들이 지나다니던 초원길이나 비단길은 동양과 서양이 만나는 길이 되었어요. 이 길을 통해 중국의 비단, 도자기, 종이와 서아시아의 옥, 로마의 유리 등이 오고 갔고 동서양의 문명은 더욱 풍요로워졌습니다. 이후 바닷길이 생기면서 초원길과 비단길은 쇠퇴했고 대상의 수도 급격히 줄었습니다.

➔ 비단길, 이슬람교, 초원길

대운하 大運河

중국 베이징에서 시작해 항저우에 이르기까지 중국의 남북을 잇는 운하

운하란 육지에서도 배가 다닐 수 있도록 사람들이 만든 물길을 말해요. 중국은 서쪽에서 동쪽으로 흐르는 강은 많은데 남과 북을 이어주는 강은 별로 없어요. 그래서 정치 중심지인 북쪽과 경제 중심지인 남쪽이 서로 교류하는 데 어려움이 있었어요. 중국의 여러 나라는 이런 어려움을 극복하려고 여러 차례 운하를 만들었지만 작은 규모에 그쳤습니다.

그러다가 수나라가 중국을 통일하고 장안(지금의 시안)에 도읍을 정하고는, 큰 공사를 벌여 베이징과 항저우를 잇는 대운하를 만들었어요. 그리고 강남의 풍부한 자원을 화북 지방으로 나르거나 사람들이 이동하는 데 이 운하를 사용했습니다. 이 대운하는 허베이성, 산둥성, 장쑤성, 저장성 등 4개 성을 남북으로 흐르는 운하로 길이가 무려 1515km에 이릅니다.

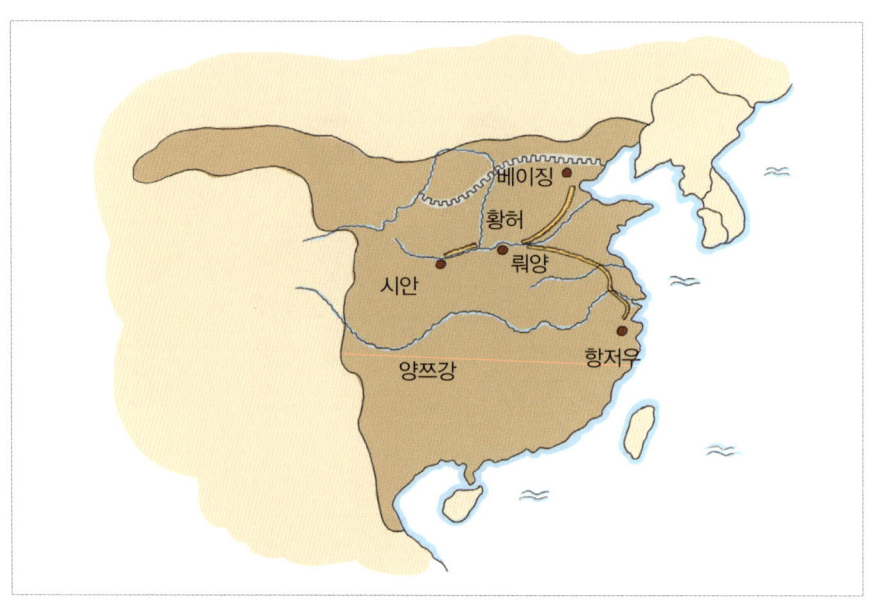

➜ 강남, 수

대헌장(마그나 카르타) Magna Carta 1215

영국 존 왕이 귀족들의 특권을 인정해 준 문서

존 왕은 프랑스 왕과 싸워 땅을 잃어버리기도 하고 교황에 맞섰다가 굴복하는가 하면서도 백성에게는 세금을 많이 걷었습니다. 이에 반발해 귀족과 성직자들은 자신들이 원하는 내용을 써서 왕에게 강제로 서명하게 했습니다. '세금을 거둘 때는 귀족과 성직자의 동의를 받아야 한다'는 내용이 들어 있었어요. 이것은 귀족과 성직자의 특권을 확인한 것으로 백성과는 관계가 없는 것이지만, 처음으로 왕의 절대 권력을 제어하고 영국의 입헌주의를 정착시켰다는 점에서 의미가 있습니다.

➜ 교황

델로스 동맹 Delian League 기원전 478~기원전 477

아테네가 중심이 되었던 그리스 도시 국가들의 해군 동맹

페르시아 전쟁이 끝나자, 그리스 도시 국가들은 페르시아가 다시 쳐들어올 것에 대비해 동맹을 맺었어요. 동맹국들은 그리스를 지킬 해군을 키우기 위해 배를 내놓거나 돈을 냈습니다. 아테네는 이 델로스 동맹을 이끌면서 다른 도시 국가들을 지배했어요. 이때 아테네는 델로스 동맹의 돈을 가져다가 아테네를 위해 쓰면서 민주 정치와 문화가 발달했지요. 아테네의 세력이 커지면서 다른 도시 국가들의 불만도 커졌어요. 결국 스파르타가 이끄는 도시 국가들과 전쟁을 하게 됩니다(펠로폰네소스 전쟁, 기원전 431~기원전 404). 그 뒤로 도시 국가들 사이에 전쟁이 계속되면서 그리스 사회는 쇠퇴했어요.

➜ 스파르타, 아테네, 페르시아

도량형 度量衡

길이, 부피, 무게를 재는 기구 또는 단위

도량형의 '도'는 길이를 재는 자, '양'은 부피를 되는 되, '형'은 무게를 다는 저울을 말합니다. 각각을 재는 단위나 기준을 말하기도 해요. 옛날에는 각 지방마다 이 단위가 달랐습니다. 그러다 보니 세금을 걷거나 장사를 할 때 불편이 많았어요. 그래서 국가에서 전국이 동일한 단위를 가진 기구를 사용하도록 했어요. 그래야 세금을 정확히 걷을 수 있을 테니까요. 중국에서 가장 먼저 도량형을 통일한 나라는 진나라였습니다.

도요토미 히데요시 豊臣秀吉 1537~1598

일본을 통일한 무인 정치가

오와리국에서 태어나 18세에 일본에서 가장 뛰어난 무인이었던 오다 노부나가의 부하가 되었어요. 일본 전체의 통일을 추진하던 오다 노부나가가 부하의 배신으로 자살한 뒤, 그의 뒤를 이어 전국 시대를 마감하고 일본 전체를 통일했습니다. 통일한 뒤에 농민을 보호하고 정치 체제를 정비해 자신의 권력을 강화했어요.

그 뒤 조선을 침략해 임진왜란을 일으켰지만 조선에게 패하고 맙니다. 두 번의 조선 침략으로 군사를 많이 잃은 도요토미 히데요시는 병을 얻어 죽었습니다. 그의 뒤를 이어 권력을 차지한 것이 에도 막부를 세운 도쿠가와 이에야스입니다.

도요토미 히데요시의 초상화

➜ 에도 막부, 오다 노부나가

도편 추방제 陶片追放制 기원전 485~기원전 417

아테네에서 독재자가 될 가능성이 있는 사람을 투표로 가려내 추방하던 제도

기원전 5세기에 아테네의 클레이스테네스가 독재자가 나타나는 것을 막기 위해 만든 제도입니다. 해마다 시민들이 모여 독재자가 될 가능성이 있는 사람의 이름을 도자기 그릇 조각에 적어 투표를 했어요. 6천 표 이상 이름이 적힌 사람 중에 이름이 가장 많이 나온 사람은 10년 동안 외국으로 추방되었습니다.

독재자가 될 가능성이 있는 사람의 이름이 적힌 도자기 조각이에요.

➔ 아테네

동방 무역 東方貿易 11세기~15세기

십자군 전쟁 이후 이탈리아 상인이 독점한 서유럽과 동방(오리엔트)의 무역

십자군 전쟁을 하면서 이탈리아 상인들은 지중해를 거쳐 아라비아 상인들과 무역을 했어요. 이탈리아 상인들은 인도나 동남아시아, 중국에서 온 향료나 보석, 비단, 도자기 같은 물건을 유럽 사람들에게 비싸게 팔았습니다. 이탈리아 상인들은 돈을 많이 벌었지요. 이에 유럽의 다른 나라들은 이탈리아 상인을 거치지 않고 자신들도 인도로 곧바로 갈 수 있는 길을 찾게 되었고, 이것이 대항해 시대를 여는 계기가 됩니다.

➔ 신항로 개척, 십자군

동방견문록 東方見聞錄 1296

이탈리아 사람 마르코 폴로의 아시아 여행기

마르코 폴로는 1271년부터 1295까지 동양의 여러 나라를 여행했습니다. 그는 1275년에 원나라의 쿠빌라이 칸을 만나 벼슬을 얻고 중국 각지를 여행하며 17년 동안 원나라에서 살았어요. 1290년에 시집가는 왕녀를 모시고 지금의 이란 지역에 있던 몽골족의 나라 일한국에 가게 되었는데, 그길로 마르코 폴로는 고국인 이탈리아로 돌아옵니다.

《동방견문록》내용 일부

귀국한 뒤 베네치아와 제노바의 전쟁에 참가했다가 포로로 잡힌 그는 감옥에서 이야기 작가 루스티첼로를 만나 자신의 체험을 모두 들려주었어요. 루스티첼로는 그 이야기를 기록해 나중에《동방견문록》으로 출판합니다. 이 책을 읽은 유럽인들은 동양의 신기한 이야기에 매력을 느껴 동양을 찾아가는 대항해를 시작합니다.

➡ 원

동인도 회사 東印度會社 The East India Company 17세기~20세기

유럽의 강대국들이 동방 진출을 목적으로 세운 회사

네덜란드, 영국, 프랑스는 자기 나라의 물건을 팔고 아시아의 자원을 사들이기 위해 동인도 회사를 세웠습니다. 이 회사는 정부로부터 아시아 나라들과 무역을 독점할 수 있는 권리를 받았어요. 아시아의 자원을 싼값에 사들이고 자기들의 상품은 비싼 값에 팔아 남는 이익의 일부를 국가에 바쳤으니, 유럽의 강대국들은 많은 자본을 모을 수 있었지요. 그럴수록 아시아의 여러 나라는 유럽의 식민지가 되어 갔어요.

→ 제국주의

둔황 석굴 敦煌石窟 4세기~13세기 제작

중국 둔황에 있는 불교 석굴 유적

둔황의 명사산 동쪽 절벽에 판 석굴로, 막고굴이라고도 해요. 4세기 중국 전진 시대부터 약 1000년 동안에 만들어진 1000여 개의 석굴을 불교 사원처럼 꾸며 놓은 것인데, 이곳에 있는 불상과 벽화를 보면 불교의 발달을 짐작할 수 있어요. 또 석굴을 꾸미던 천 년 동안의 옛날 문서들도 발굴되었는데, 그 시대의 상황을 밝혀 내는 데 아주 중요한 구실을 하고 있습니다. 무엇보다 비단길로 이루어지던 동서 문화 교류에 대한 정보를 주고 있어요. 신라 승려 혜초의 인도 여행기 《왕오천축국전》이 발견된 곳이기도 합니다.

둔황 석굴(중국 간쑤성 둔황현)

→ 비단길

뗀석기 (타제석기) Chipped stone implement 인류 출현~약 1만 년 전

구석기 시대에 사용한, 돌을 깨뜨려서 만든 도구

처음 인류는 짐승의 뼈나 나뭇가지, 굴러 다니는 돌을 주워 그대로 사용했어요. 시간이 흐르면서 좀 더 날카롭고 편리한 도구를 만들려고 돌을 깨거나 떼어 내어 주먹도끼, 긁개, 찌르개 따위를 만들었습니다.

뗀석기 유물

이걸로 오늘 사냥을 해 보자!

➜ 구석기 시대

인간의 죽음은 패배했을 때가 아니라 포기했을 때 온다.
_ 닉슨(미국 37대 대통령)

라마교 Lamaism

티베트를 중심으로 발전한 불교의 한 갈래

티베트의 송첸감포 왕에게는 당나라와 네팔에서 온 왕비가 있었습니다. 두 왕비는 각각 중국과 인도의 불교를 티베트에 전해 주었지요. 양쪽의 불교는 티베트에서 하나로 합쳐졌고, 나중에는 인도의 밀교(주문을 외거나 관상을 보는 등, 신비롭고 세속적인 것을 인정하고 중시하는 불교의 한 갈래)와 힌두교, 티베트의 전통 사상인 본(bon)교까지 융합되어 라마교가 탄생했습니다. '라마'는 스승이 될 만한 뛰어난 승려를 이르는 말입니다.

라마교 승려

라마교에서 중요하게 생각하는 부처는 관음보살입니다. 관음보살은 이 세상에 사람으로 태어나 살아간다고 믿는데, 그가 바로 '달라이 라마'입니다. 그래서 라마교 신도들은 달라이 라마를 살아 있는 부처로 믿고 따르지요. '달라이'는 '바다'라는 뜻입니다. 바다같이 깊고 넓은 뜻을 지닌 분이 달라이 라마가 됩니다. 티베트어로 세상의 시작과 끝을 뜻하는 '옴마니 반메홈'은 라마교를 대표하는 기도 주문입니다. 라마교는 중국 원나라에 전파되어 크게 발달했고, 지금도 몽골인의 90% 정도가 라마교를 믿습니다.

➜ 불교, 원, 티베트, 힌두교

라스코 동굴 벽화 Cave of Lascaux

프랑스 라스코 동굴에 그려진 구석기 시대의 벽화

1940년에 발견한 라스코 동굴에는 들소, 야생마, 사슴, 염소 같은 동물 그림과 주술사 같은 사람 그림이 800개가 넘게 그려져 있습니다. 스페인의 알타미라 동굴 벽화와 함께 가장 유명한 구석기 시대 벽화예요. 크게 그려진 동물들은 마치 살아 있는 것처럼 보인다고 해요. 지금까지 발견된 선사 시대 예술품 중 가장 뛰어나다는 평가를 받고 있어요.

라스코 동굴 벽화

➜ 구석기 시대

라틴 아메리카 Latin America

아메리카 대륙에서 포르투갈과 에스파냐의 지배를 받아 공통점이 나타나는 지역

앵글로 아메리카와 대비하여 부르는 호칭으로, 리오그란데강 이남의 아메리카를 말합니다. 북아메리카의 멕시코에서 남아메리카의 칠레에 이르는 지역과 카리브해의 서인도 제도를 포함하고 있어요. 에스파냐와 포르투갈의 지배를 오랫동안 받았기 때문에 언어는 포르투갈어와 에스파냐어를 쓰고 종교는 가톨릭을 믿어요. 인디오와 백인, 흑인과의 혼혈이 많지요. 대부분 식민지에서 독립한 뒤 미국의 간섭을 받고 독재 정치를 겪는 비슷한 역사를 가지고 있습니다. 지리적 영역뿐 아니라 문화적 · 역사적 배경에서도 동질성을 표시하는 용어로 쓰여요.

➜ 인디오

라파엘로 Raffaello 1483~1520

르네상스 시대를 대표하는 이탈리아 화가

레오나르도 다 빈치, 미켈란젤로와 함께 '르네상스의 3대 화가'로 일컬어집니다. 작품으로 〈아테네 학당〉, 〈성 모자와 아기 요한〉, 〈검은 방울새의 성모〉 같은 그림이 유명해요.

라파엘로 자화상

라파엘로가 그린
〈작은 쿠퍼 마돈나〉

라파엘로는 성모상을 특히 잘 그렸어요.

➡ 르네상스, 레오나르도 다 빈치, 미켈란젤로

람세스 2세 Ramses Ⅱ 재위 : 기원전1279~기원전 1213

이집트 문화의 전성기를 이끈 고대 이집트 제19왕조의 제3대 파라오

'라메세스(Ramesses) 2세'라고도 해요. 팔레스타인과 에티오피아를 정복했으며 히타이트와 오랫동안 전쟁을 한 끝에 최초의 국제 조약인 카데시 조약을 맺었습니다. 아부심벨 같은 커다란 신전을 많이 세웠지요.

유달리 오랫동안 파라오의 자리에 있어서 후대 사람들에게 탁월한 정치가이자 행정가로 평가되고 있어요.

람세스 2세 때 지은
아부심벨 신전

아부심벨 신전이 옮겨졌다는데 정말인가요?

아부심벨 신전은 람세스 왕을 위한 대신전과 왕비 네페르타리를 위한 소신전으로 되어 있습니다. 대신전은 정면 높이 32m, 너비 38m, 안쪽 길이가 63m나 되고, 입구에 높이 22m의 람세스 2세의 상(像) 4개가 있어요. 이렇게 커다란 아부심벨 신전은 이집트가 나일강에 아스완 댐을 세우면서 물에 잠길 운명에 놓이게 되었지요. 그러나 유네스코의 헌신적인 노력과 현대 기술의 덕분으로 1963~1966년에 이 신전을 원형대로 70m를 끌어올려 영구히 보존하게 되었답니다.

➜ 히타이트

러시아 혁명 Russian Revolution 1917

세계 최초로 사회주의 정권을 수립한 혁명

20세기 초에 러시아는 황제인 차르가 지배하고 있었는데, 제1차 세계 대전이 한창이던 1917년에 혁명이 일어나 차르를 몰아내고 임시 정부가 수립되었습니다. 이것을 '3월 혁명'이라고 합니다. 러시아 국민은 세계 대전을 그만두길 바랐지만, 새로운 임시 정부는 계속 전쟁에 참가하겠다고 발표했어요. 다시 국민들의 불만이 높아졌지요. 이때 레닌을 중심으로 한 볼셰비키 당이 임시 정부를 쓰러뜨리고 사회주의 정권을 세웠습니다. 이것을 '11월 혁명'이라고 합니다.

러시아 혁명 당시의 사진들

➡ 레닌, 볼셰비키, 제1차 세계 대전

러일 전쟁 露日戰爭 1904~1905

한반도를 둘러싸고 벌어진 러시아와 일본의 전쟁

러일 전쟁에서는 러시아가 이길 것으로 예상했지만 영국의 지원을 받은 일본이 이겼습니다. 전쟁에서 진 러시아에서는 혁명이 일어났고, 일본은 만주까지 손아귀에 넣을 수 있었어요. 이로써 일본의 조선·중국에 대한 영향력은 더욱 강해졌고, 일본이 침략 정책을 더욱 강화한 끝에 조선은 일본의 식민지가 됩니다.

➜ 영일 동맹

레닌 Lenin 1870~1924

러시아 혁명을 이끈 사회주의 혁명 운동가

마르크스가 만든 공산주의 이론을 실천한 사람입니다. 소련 공산당을 만들고 러시아 혁명을 이끌었어요. 1917년 10월에 혁명을 일으켜 '소비에트 사회주의 공화국 연방'(소련)을 세웠습니다. 전 세계 사회주의 혁명 운동에 큰 영향을 끼쳤어요.

레닌

레닌은 황제인 차르와 소수의 귀족만 부를 누리는 당시의 러시아 사회에 불만을 갖고 혁명을 일으켜 사회주의 국가를 만들었어요.

➜ 러시아 혁명, 마르크스

레오나르도 다 빈치 Leonardo da Vinci 1452~1519

르네상스 시대의 이탈리아를 대표하는 천재 미술가이며 과학자

〈모나리자〉나 〈최후의 만찬〉 같은 그림으로 잘 알려져 있는 화가입니다. 또 과학자, 사상가이면서 조각·건축·수학·과학·음악·철학에 이르기까지 다양한 방면에서 남긴 업적도 많습니다. 그림을 원근법에 따라 그렸고, 좀 더 사실적인 그림을 그리기 위해서 시체를 해부하기도 했어요. 여러 가지 새로운 기계를 생각해 내기도 했는데, 새들이 나는 모습을 관찰해 비행의 원리를 발견했습니다.

레오나르도 다빈치

다 빈치가 그린 〈모나리자〉

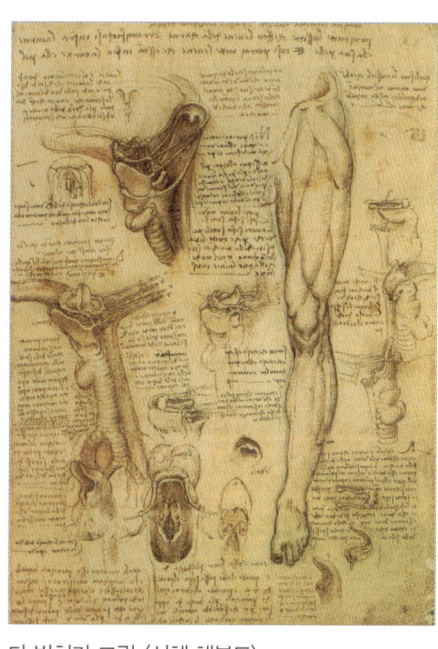
다 빈치가 그린 〈시체 해부도〉

➜ 르네상스

로마 가톨릭 교회 Roman Catholic Church

교황을 교회의 최고 지도자로 받드는 크리스트교의 한 갈래

'가톨릭'은 그리스어로 '보편적, 일반적'이라는 뜻으로 중세 유럽 사회의 중심이었습니다. 지금도 많은 나라에서 가톨릭을 믿고 있으며 우리나라에서는 천주교라고 합니다. 교황청은 가톨릭 교회의 중앙 통치 기구로 로마의 바티칸시티에 있습니다.

바티칸시티 성 베드로 광장

➔ 교황, 크리스트교

로베스피에르 Robespierre 1758~1794

프랑스 혁명기의 정치가

프랑스 대혁명 당시 급진파의 지도자로 프랑스의 왕정을 폐지하고, 1793년 독재 체제를 세워 공포 정치를 했습니다. 루이 16세를 비롯해 반대파 수백 명을 단두대에 올렸으나 자신도 반격을 당해 단두대에서 처형당했어요.

단두대에서 사람들을 많이 처형하더니 결국 단두대에서 죽었군.

➔ 공포 정치, 프랑스 혁명

로제타석 Rosetta Stone

이집트 상형 문자를 해독하는 데 길잡이가 된 비석 조각

나폴레옹이 이집트를 침략했을 때, 한 프랑스 군인이 나일강 하구의 로제타 마을에서 발견한 비석입니다. 이 비석에는 이집트 상형 문자, 이집트 민중 문자, 그리스 문자, 모두 세 종류의 글자가 새겨져 있었습니다. 유럽 학자들은 비석에 적혀 있는 세 가지 글이 모두 같은 내용이라는 것을 알아내고, 그리스 문자를 먼저 해석한 다음 나머지 이집트 상형 문자의 비밀을 조금씩 풀기 시작했어요. 1822년에는 프랑스의 학자 샹폴리옹이 '프톨레마이오스'와 '클레오파트라'라는 글자를 실마리로 삼아 이집트 문자를 완전히 해독할 수 있게 되었습니다.

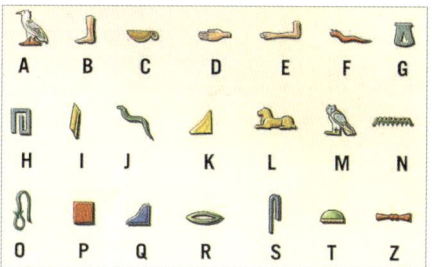

로제타석(왼쪽)
문자 비교표(아래)

➡ 나폴레옹, 클레오파트라

로코코 Rococo 17~18세기

18세기 유럽에서 유행한 화려하고 섬세한 예술 형식

바로크에 이어 18세기 유럽의 건축, 미술, 음악 등의 분야에서 유행했던 양식으로 세련미와 화려한 색채, 섬세한 장식이 특징이에요. 남성적인 바로크에 비해 여성적이고 감각적인 느낌을 주는 것이 특징입니다.

'로코코'란 '조개껍데기로 만든 공예품'이란 뜻의 프랑스어 '로카유'에서 나온 말이에요.

건축물이나 가구에 조개 모양이나 곡선 무늬를 많이 썼어요.

로코코 양식의 건축물

➜ 바로크

로크 John Locke 1632~1704

영국의 철학자이며 정치 사상가

'인간의 정신은 태어날 때 백지 상태(티블라 라사)이므로 모든 지식은 감각과 경험에서 나온다'고 주장했어요. 또 인간은 태어나면서부터 생명과 자유, 재산을 가질 권리가 있으며, 주권이 국민에게 있다고 주장해 미국 독립 혁명과 프랑스 혁명에 영향을 주었습니다.

➜ 미국 독립 혁명, 프랑스 혁명

루소 Rousseau 1712~1778

프랑스의 계몽 사상가이자 교육철학자

루소는 《사회계약론》이라는 책에서 왕과 귀족들만 누리던 자유와 평등을 국민 모두가 함께 누려야 하고 국가의 주권은 국민으로부터 나온다고 설명했어요. 이는 프랑스 혁명과 민주주의 발전에 큰 영향을 주었습니다. 또한 어린이는 자유롭게 성장해야 한다는 교육 철학이 담겨 있는 책 《에밀》에서 '자연으로 돌아가라'고 한 말이 유명합니다.

➜ 계몽사상, 사회 계약설, 프랑스 혁명

루이 14세 Louis XIV 1638~1715

태양왕으로 불리는 프랑스의 절대 군주

루이 14세는 프랑스의 여러 지방을 통합해 중앙 집권 체제를 완성하고 식민지를 넓혔으며 강력한 군대를 길렀습니다. "짐은 곧 국가다."라고 주장하면서 강력한 왕권을 누립니다. 그러나 구교와 신교가 섞여 있던 프랑스에 '하나의 국가에 하나의 종교'를 내세우며 낭트 칙령을 폐지하고, 구교(가톨릭)만 인정했습니다. 그러자 신교도(위그노)들은 프랑스를 떠났고 프랑스의 산업은 어려워졌습니다. 또한 미국의 독립 전쟁을 지원하거나 베르사유 궁전을 지으면서 프랑스의 재정이 부족해지기도 했습니다.

태양왕 루이 14세

➜ 낭트 칙령, 베르사유 궁전

루터 Luther 1483~1546

종교 개혁을 이끈 독일의 신학자

교황 레오 10세는 성 베드로 대성당을 고쳐 짓고 싶었어요. 그러자면 돈이 많이 들기 때문에 독일 땅에서 돈을 받고 면죄부를 팔게 했습니다. 면죄부는 죄 지은 사람이 받아야 하는 벌을 면제해 준다는 증서입니다. 신학 교수였던 루터는 〈95개조 반박문〉을 발표하고 면죄부 판매에 반대했어요. '믿음은 성경에 바탕을 두어야 하며, 모든 사람은 신 앞에서 평등하다'고 주장했지요. 교황과 신성 로마 제국 황제는 루터를 탄압했지만, 많은 제후와 농민들이 루터를 지지했습니다. 황제와 오랜 싸움을 한 끝에 루터파 교회는 인정을 받아, 제후들은 가톨릭과 루터파 교회 중 하나를 선택할 수 있게 되었습니다.

➡ 교황, 신성 로마 제국

르네상스 Renaissance 14세기~16세기

고대 그리스와 로마의 문화가 부활하면서 시작된 인간 중심의 문화 운동

고대 로마의 문화가 많이 남아 있던 이탈리아에서 시작됐어요. 동방 무역으로 돈을 많이 번 이탈리아 상인들은 화가와 조각가들에게 자기 집을 꾸밀 작품을 만들게 했지요. 상인들의 초상화와 함께 그리스·로마 신화에 나오는 이야기가 그려졌고, 인간의 욕망이나 자유로운 개성을 강조한 소설도 나타났어요. 성모 마리아나 아기 예수도 살아 있는 사람처럼 그렸습니다. 미술에서 레오나르도 다 빈치, 미켈란젤로 같은 천재 예술가가 활약했어요.

16세기에 알프스 이북으로 퍼져 나가면서 종교와 사회를 비판하는 내용으로 나타납니다. 르네상스는 신을 중심으로 모든 것을 바라보던 중세인의 생각을 인간 중심으로 바꿔 놓는 중요한 계기가 됩니다.

산드라 보티첼리의 〈프리마베라〉(1476)

> 르네상스는 '다시 살아난다'는 뜻으로, 그리스·로마의 문화가 다시 살아난 것을 가리키는 말이에요.

> 르네상스 인문주의적 자연관을 대표하는 그림이에요.

➜ 동방 무역, 레오나르도 다 빈치, 미켈란젤로

링컨 Lincoln 1809~1865

노예제를 폐지한 미국의 제16대 대통령

가난한 농민의 아들로 태어나 학교 교육을 거의 받지 못했지만, 혼자 공부해 변호사가 되고 의회의 의원이 됩니다. 1860년에 대통령으로 당선된 링컨은 노예 제도가 없어져야 한다고 생각했지만, 미국 연방을 하나로 유지하는 것이 더 중요하다고 여겨 노예제 폐지를 적극적으로 추진하지 않았습니다. 그러나 링컨의 정책이 못마땅했던 남부의 여러 주가 독립을 선언하며 미국 연방에서 탈퇴를 합니다. 이로써 미국의 남북 전쟁이 시작되었어요. 전쟁 중에 링컨은 노예 제도를 폐지하겠다고 발표하고 전쟁을 북부의 승리로 이끌었습니다. 1864년에 다시 대통령으로 당선되었지만, 이듬해에 연극을 보다가 남부 출신 배우에게 암살을 당합니다.

➔ 남북 전쟁

내 비장의 무기는 아직 손 안에 있다. 그것은 희망이다.
_ 나폴레옹

마녀 사냥 Witch-hunt 15세기~17세기

유럽 여러 나라와 교회가 마녀라고 여긴 여자를 잡아 화형시키던 일

15세기에서 17세기 사이에 유럽에 흑사병 같은 전염병이 돌아 많은 사람과 가축이 죽었고, 종교에 대한 불만도 높아졌어요. 사회가 몹시 혼란스러웠습니다. 신학자들과 법관들은 그 모든 불행이 마법사와 마녀의 저주 때문에 일어난 것이라고 했어요. 사회 혼란의 책임을 힘없는 여자들에게 덮어씌우려는 것이었지요. 마녀를 잡으면 우리 마을은 무사할 수 있다는 믿음에 사람들은 마구잡이로 마녀 사냥을 하게 됩니다. 이 일로 4만여 명이 희생되었어요. 마녀라고 지목받은 사람은 대부분 죄가 없는 가난하고 힘없는 여성이었어요. 사람들은 그들에게 모진 고문을 하고 불에 태워 죽였어요.

➔ 흑사병

마니교 Manichaeism

3세기 초 페르시아인 마니가 창시한 종교

마니는 약 1700년 전에 페르시아에서 태어났습니다. 그때 많이 퍼져 있던 종교는 조로아스터교입니다. 마니는 조로아스터교를 토대로 크리스트교, 불교, 바빌로니아 원시 종교를 섞어서 마니교를 만들었습니다. 세상을 선과 악, 광명과 암흑으로 구분하는 등 조로아스터교와 비슷한 교리를 가지고 있습니다. 엄격한 계율을 강조했으며 중앙아시아, 아프리카, 중국에 전해졌지요.

마니교의 종교화

➜ 불교, 조로아스터교, 크리스트교, 페르시아

마라톤 전투 Battle of Marathon 기원전 490

그리스 군대가 마라톤 평야에서 페르시아 군대를 무찌른 전투

마라톤 전투는 고대 그리스와 페르시아 사이에 벌어진 반세기 동안의 전쟁에서 아테네가 페르시아의 2차 침입을 물리친 전투예요. 이 전투로 인해 아테네는 페르시아 군에 맞서는 그리스 동맹군의 중심이 될 수 있었고, 3차 페르시아 침입에서 승리한 후 델로스 동맹의 맹주가 되어 그리스의 패권을 장악하게 됩니다.

또한 오늘날 스포츠 종목의 하나인 마라톤 경기는 마라톤 평야에서 아테네까지 약 40km를 달려와 '우리가 이겼다'고 말하고 쓰러진 페이디피데스를 기념하기 위해 생겼어요.

➤ 페르시아

마르크스 Karl Marx 1818~1883

마르크스주의 창시자인 독일의 철학자, 경제학자, 혁명가

대학에서 법률과 철학을 공부했고, 혁명 운동을 했습니다. 1847년 공산주의자 동맹이 만들어지자 친구이자 경제학자인 엥겔스와 함께《공산당 선언》을 썼어요. 영국으로 망명한 마르크스는 영국의 자본주의 경제를 연구해《자본론》이라는 책을 썼어요. 마르크스는 자본주의의 문제를 해결하기 위해 생산 수단을 개인이 갖지 않고 모두가 함께 가지는 공산주의 사회를 만들자고 주장했어요. 마르크스는 엥겔스와 함께 전 세계의 노동조합과 사회주의자들을 모아 '제1인터내셔널'(국제노동자협회)을 만들어 사회주의 운동을 이끌었습니다.

➤ 사회주의, 자본주의

마셜 플랜 Marshall Plan 1947~1951

제2차 세계 대전 후 서유럽에 대한 미국의 경제 원조 계획

처음 이 계획을 제안한 장관의 이름을 따서 '마셜 플랜'이라고 합니다. 미국은 제2차 세계 대전 중에 연합군에게 물건을 팔아서 큰돈을 벌었습니다. 전쟁이 끝나자 공산주의가 유럽까지 세력을 넓히는 것을 막고 미국 안에 남아도는 물건을 처분하기 위해, 미국은 유럽에 경제 원조를 해 주기로 했습니다. 원조를 받아들인 나라는 서유럽 16개국이었고, 이들에게 원조한 액수는 130억 달러나 됩니다. 영국, 프랑스, 서독의 경제가 빨리 발전하는 데 큰 힘이 되었지요.

➡ 제2차 세계 대전

마야 문명 Mayan civilization 4세기~10세기 말

멕시코와 과테말라를 중심으로 번성한 인디오 문명

다른 문명과 달리 인간이 살기 어려운 열대 밀림에 도시를 만들었어요. 천문학이 발달했고, 18개월을 1년으로 하는 태양력을 만들어 썼습니다. 수학과 미술도 발달했고 그림 문자를 썼습니다. 금속을 쓸 줄 몰랐던 마야인은 모든 물건을 돌로 만들었는데, 커다란 피라미드를 만들어 신을 숭배했어요. 13세기 톨테크족의 침입과 16세기에 에스파냐의 침략으로 몰락했어요.

마야인의 달력이 들어 있대요. 계단의 수는 전부 365개.

춘분과 추분에는 북쪽 난간 양쪽에 뱀이 꿈틀거리며 내려오는 모양이 보여요.

쿠클칸 신전(멕시코 치첸이트사)

➡ 인디오

마우리아 왕조 Maurya dynasty 기원전 317~기원전 180

인도 최초로 통일 제국을 세운 왕조

인도 북부에서 세력을 넓혀 가던 찬드라굽타가 인더스강 상류에서 군사를 일으키고 가까운 지역을 정복해 마우리아 왕조를 세웠습니다. 또 서쪽에서 침입해 오던 알렉산드로스의 마케도니아 군대를 쳐서 쫓아내기도 했습니다.

찬드라굽타의 손자인 아소카 왕 시대가 최고 전성기였지요. 동쪽으로는 벵골만, 북쪽으로는 히말라야에 이르는 넓은 지역을 차지했고, 각 지역에 관리를 파견해 다스렸습니다.

불교를 국가 전체의 종교로 삼고 불교의 법도에 따라 국가를 다스려서, 인도의 불교가 발달하고 다른 나라로 전파되었습니다. 그러나 아소카 왕이 죽은 뒤에는 세력이 약해져서 새롭게 군사를 일으켜 지지자를 모은 지도자 푸샤미트라의 침략을 받아 멸망했습니다.

➜ 굽타 왕조, 불교, 알렉산드로스 대왕

마젤란 Magellan 1480~1521

유럽인 중 배를 타고 최초로 세계 일주에 성공한 사람

마젤란은 포르투갈의 하급 귀족 집안에서 태어났어요. 그런데 에스파냐 황실의 돈을 받아 1519년에 선원 270명을 배 다섯 척에 태우고 새로운 뱃길을 찾아 에스파냐를 출발했어요. 대서양을 건너 아메리카 대륙의 남쪽을 돌아 태평양으로 나아가 필리핀에 도착했습니다. 마젤란은 이곳에서 원주민과 싸우다가 죽었지만, 남은 선원들은 인도양과 희망봉을 거쳐 1522년에 에스파냐로 돌아왔어요. 유럽인 최초로 세계 일주에 성공한 거지요. 그래서 지구가 둥글다는 것이 확인되었습니다.

마젤란 기념탑(필리핀)

'태평양', '리핀'이라는 이름도 마젤란이 붙였대요.

➜ 신항로 개척

마추픽추 Machu Picchu 15세기 중반

페루 남부 쿠스코 시의 북서쪽 우루밤바 계곡에 있는 잉카 유적

마추픽추는 페루에서 잉카 문명의 흔적이 가장 완벽하게 남아 있는 세계적인 유적이에요. 2000m가 넘는 높은 산꼭대기에 세운 도시로 아래쪽 정글에서는 조금도 보이지 않아요. 높이 5m, 두께 1.8m의 성벽을 쌓았는데, 커다란 돌을 짜 맞추듯 쌓아 올린 기술이 아주 뛰어납니다. 샘에서 먹을 물을 끌어 오고, 계단 모양으로 밭을 일구어 다른 지역의 도움 없이도 살 수 있었어요. 신전과 묘지도 있었는데, 한때 천여 명의 사람이 살았다고 합니다.

마추픽추

'돌의 도시, 공중 도시, 잃어버린 도시'라는 별명이 있어요. 잉카 제국이 멸망하고도 300년이 넘도록 사람들에게 발견되지 않았어요.

➜ 잉카 제국

마키아벨리 Machiavelli 1469~1527

르네상스 시대 이탈리아의 역사학자, 정치 이론가

마키아벨리가 살던 때 이탈리아는 프랑스와 에스파냐, 교황의 간섭을 받았으며 여러 개의 도시 국가로 나뉘어 있었어요. 마키아벨리는 《군주론》이라는 책을 썼는데, 정치는 도덕이나 종교와 다른 것이므로 도덕이나 종교의 기준으로 정치를 판단해서는 안 된다고 주장했습니다. 그리고 강력한 군주 아래서 이탈리아가 통일되어야 한다고 했어요. 이 책은 근대 정치학의 출발점이 됩니다.

➜ 교황

마흐디 항쟁 1881~1898

아프리카 수단에서 영국의 침략에 대항해 벌인 항쟁

마흐디는 이슬람교의 구세주를 의미합니다. 무함마드 아흐마드는 스스로를 마흐디라고 주장하면서 수단을 침략하는 영국인을 몰아내자고 외쳤습니다. 마흐디를 따르는 사람들은 영국군을 무찌르고 수단과 이집트까지 세력을 넓혔습니다. 당황한 영국은 최신식 무기를 앞세워서 수단을 공격했습니다. 창과 활로 무장한 마흐디 군은 목숨을 아끼지 않고 영국군과 싸웠지만 1만 명이 전사하면서 전쟁에 지고 말았어요. 마흐디 항쟁이 실패로 돌아간 뒤 영국은 수단을 식민지로 삼았습니다.

➜ 이슬람교

막부 幕府

일본의 옛 정치 제도로 쇼군이 다스리는 무사 정권

'막부'(바쿠후)란 일본의 옛 정치 제도입니다. '쇼군'(장군)이 가장 높은 지위에 있고, 그의 부하인 여러 다이묘들이 지방을 나누어 맡아 다스리는 정치 제도를 말해요. 쇼군과 다이묘들은 모두 사무라이였지요. 다이묘들이 각자 나누어 맡았던 곳을 '번'(藩, 부락)이라고 하는데, 다이묘는 번의 농민들에게 세금을 받아 살았고, 전쟁이 터지면 농민들을 지켜 주었어요. 최초의 막부였던 가마쿠라 막부(1185~1333)의 뒤를 이어 무로마치 막부(1333~1573), 에도 막부(1603~1867)가 있었습니다. 쇼군이 다스리던 막부 정권 시대에도 천황이 있기는 했지만 정치적인 힘은 전혀 없었어요.

➔ 무로마치 막부, 사무라이, 에도 막부

만리장성 萬里長城 Great Wall of China

중국 진나라 시황제가 중국의 북쪽 끝에 동서로 길게 쌓은 성벽

전쟁이 끊이지 않던 춘추 시대의 여러 나라들은 국가를 지키기 위해 긴 성벽을 쌓았습니다. 기원전 221년에 진나라가 중국을 통일하자 춘추 시대 여러 나라의 긴 성벽들을 서로 잇고 더 쌓아서 만리장성을 완성했지요. 북쪽의 흉노를 막기 위해서라고 해요. 한나라의 무제는 이 장성을 더 길게 쌓아서 돈황까지 연결했습니다. 그 뒤로도 여러 차례 수리하고 더 길게 쌓아서 명나라 때 오늘날의 모습을 갖추게 되었는데, 그 길이가 약 7000km에 이릅니다. 재료는 말린 벽돌이나 돌입니다.

만리장성 겨울 풍경

만리장성 여름 풍경

➡ 명, 북방 민족, 시황제, 춘추 전국 시대, 한 무제

만주족 滿洲族

중국 북동쪽 만주 지방에서 살던 종족

중국이나 한국의 역사에서 볼 수 있는 숙신(肅愼)·읍루(婁)·물길(勿吉)·말갈(靺鞨)·여진(女眞)이 모두 만주족과 같은 계통의 종족입니다. 고구려 유민과 함께 발해를 세웠다가 거란족에게 멸망당하고, 나중에 금나라를 세웠는데 몽골 제국에게 멸망당합니다. 명나라 말기에 누르하치가 청나라를 세워 1912년 마지막 황제 푸이가 물러날 때까지 중국을 지배했습니다.

➜ 명, 북방 민족, 누르하치, 청

말라카 왕국 Maalacca Dynasty 1402~1511

동남아시아 말라카를 중심으로 발달했던 왕국

수마트라의 왕자 파라메스바라가 자바인의 공격을 피해 말라카로 이주한 뒤 세운 나라입니다. 지금의 싱가포르, 말레이시아, 인도네시아 사이에 있는 말라카 해협은 말라카 왕국의 이름을 따서 붙인 것입니다. 이 지역이 왕국의 영토였어요. 바닷길을 이용해서 인도, 아라비아, 페르시아, 중국과 활발하게 무역을 했지요. 이슬람교를 믿는 여러 술탄들이 영토를 넓히고 문학과 학문을

발달시켰습니다. 그러나 유럽의 여러 나라들이 신항로를 개척하는 시기에 포르투갈의 식민지가 되고 말았습니다.

➜ 술탄, 바닷길, 신항로 개척, 이슬람교, 페르시아

매뉴팩처 Manufacture 16세기 중엽~산업 혁명 전

공장제 수공업

수공업자들이 모여 공장에서 물건을 만들어 내는 방식입니다. 자본가는 도구와 작업장, 원료 같은 것을 마련하고, 수공업자들은 임금을 받고 일을 합니다. 분업이 나타나고 일의 속도가 빨라져 생산량이 늘어났습니다. 공장제 기계 공업의 전 단계 형태라고 할 수 있습니다.

➜ 공장제 기계 공업

매카시즘 McCarthyism 1950~1954

냉전 시대에 미국을 휩쓴 반공산주의 사상

미국의 상원 의원 매카시의 이름에서 딴 말입니다. 1950년 매카시 의원이 미국 정부 안에 200명이 넘는 공산주의자가 있다면서 이들을 추방하자고 주장했습니다. 냉전 체제가 자리 잡고 소련과 미국이 서로 대립하던 시기였기 때문에 이 주장은 미국인에게 큰 영향을 끼쳤습니다. 몇 년 동안 반공주의자들은 자기 마음에 들지 않는 정치인이나 학자들을 공산주의자라며 마구잡이로 비난했습니다. 유명한 영화배우 찰리 채플린도 공산주의자로 몰려 미국에서 추방되었지요. 매카시즘은 정확한 증거나 냉정한 판단이 뒷받침되지 않았기 때문에 서로에게 큰 상처만 남기고 사라졌습니다.

➜ 냉전

메디치가 Medici family

르네상스 시대에 이탈리아를 대표하는 집안

13세기 말부터 동방 무역과 금융업으로 큰돈을 벌어 15세기에는 피렌체 공화국을 다스렸습니다. 메디치 가문은 많은 학자와 예술가들이 작품을 만들 수 있도록 도와주었습니다. 레오나르도 다 빈치와 미켈란젤로도 메디치가의 후원을 받았어요. 메디치 가문은 교황과 왕, 왕비를 여러 명 배출했습니다.

➜ 동방 무역, 레오나르도 다 빈치, 르네상스, 미켈란젤로

메소포타미아 문명 Mesopotamian civilization

티그리스 강·유프라테스 강 유역을 중심으로 번영한 고대 문명

세계 최초의 4대 문명 중 하나로 메소포타미아는 '두 강 사이의 땅'이라는 뜻입니다. 메소포타미아 문명은 기원전 3500년쯤에 수메르인들이 메소포타미아 남부에 도시 국가를 세우며 시작된 문명입니다. 다양한 민족이 어울려 살면서 복잡한 역사를 만들었습니다. 이들은 60진법과 달력을 사용했습니다. '지구라트'라는 신전을 만들고 쐐기 문자를 썼지요. 바퀴를 발명한 것도, 최초의 법을 만든 것도 모두 메소포타미아 문명이랍니다. 기원전 18세기 무렵에 만든 바빌로니아의 함무라비 법전이 유명합니다.

➜ 수메르 문명, 쐐기 문자, 함무라비 법전

메이지 유신 明治維新 1868

일본 메이지 천황 때 근대 국가로 이르기 위해 실시한 개혁

19세기에는 유럽의 강대국들이 배에 대포를 가득 싣고 아시아로 와서 무역과 외교를 하자고 요구했어요. 요구를 들어주지 않으면 대포를 쏘면서 위협했습니다. 일본의 에도 막부는 네덜란드를 제외한 서양의 나라들과는 외교 관계를 맺지 않고 있었어요. 그런데 1853년에 미국의 페리 제독이 함선을 이끌고 와서 수교를 요구했고, 일본은 개항을 허락하고 수교하기로 조약을 맺었어요.

그 뒤 1868년에 메이지 유신을 단행해서 근대 국가로 발전하기 시작했습니다. 우선 막부가 가지고 있던 통치권을 메이지 천황에게 넘기는 대정봉환을 하여 봉건 시대를 끝내고 중앙 집권 정치를 시작했어요. 또 민주주의 제도를 들여와 헌법을 만들고 신분제를 없애고, 서양의 앞선 기술을 배워 공장을 설치했습니다. 서양식 의복과 음식을 권장하고 철도와 증기선을 만들며 개혁을 서둘렀습니다. 메이지 유신은 성공했고 일본은 동아시아에서 가장 먼저 근대 국가로 발전했습니다.

➡ 봉건 제도, 에도 막부

메카 Mecca

사우디아라비아에 있는 이슬람교의 중심지이자 성지

메카는 동서 무역으로 번영한 상업 도시로 이슬람교를 창시한 무함마드가 태어난 곳입니다. 무함마드는 자신을 박해하는 메카 귀족들을 피해 메디나로 옮겨갔다가 630년에 메카 귀족의 항복을 받고 돌아왔습니다. 그때부터 메카는 이슬람교의 종교 중심지이자 최고의 성지가 되었습니다. 지금도 모든 이슬람교도는 하루 다섯 번씩 메카 쪽을 보고 엎드려 기도하고, 일생에 한 번은 메카를 방문해야 할 의무가 있습니다.

메카의 카바 신전(사우디아라비아 히자즈 지방)

➡ 무함마드, 이슬람교

메콩 강 Mekong River

티베트에서 시작되어 미얀마, 라오스, 태국 등 동남아시아를 흐르는 강

인도차이나 반도의 젖줄이라 일컬어지는 강입니다. 인도차이나 반도의 모든 나라는 이 강을 이용해 논에 물을 대고 식수로도 마시지요. 베트남에는 메콩 강 덕분에 삼각주가 발달했는데 아주 비옥해서 농사가 잘됩니다. 1년에 적으면 두 번, 많으면 네 번까지 벼를 수확할 수 있어요.

메콩 강

명 明 1368~1644

몽골족이 세운 원나라를 멸망시키고 한족이 다시 세운 중국의 통일 왕조

가난한 농민 출신인 주원장이 원나라 말기에 일어난 '홍건적의 난'에 가담해 세력을 모으고, 강남을 차지해 한족의 지배자가 되었어요. 그 뒤 군대를 모아 원의 몽골족과 전쟁을 벌여 초원 지대로 몰아내고 중국을 통일했어요. 다른 통일 왕조와 달리 중국 북부가 아니라 강남 지방에서 일어나 중국 전체를 통일했습니다.

➜ 원, 홍건적

명예혁명 Glorious Revolution 名譽革命 1688

영국에서 입헌 군주제를 만들어 낸 시민 혁명

1685년에 왕이 된 제임스 2세는 가톨릭 교회를 부활시키고 왕에게 반대하는 사람들을 감옥에 가두며 전제 정치를 강화했어요. 의회는 네덜란드로 시집간 제임스 2세의 첫째 딸 메리 공주와 남편 윌리엄 총독에게 초청장을 보냈어요. 군대를 이끌고 돌아와 영국인의 자유와 권리를 지켜 달라는 내용이었어요. 많은 귀족들이 메리와 윌리엄을 지지하자 제임스 2세는 프랑스로 망명합니다. 의회는 메리와 윌리엄을 공동 왕으로 세우고, 권리 장전을 승인받았어요. 권리 장전에는 법이나 세금을 정하는 권리가 왕이 아니라 의회에 있다고 되어 있어요. 그 밖에 왕이 독점했던 권력을 제한하고 의회의 권리를 넓히는 내용이 들어 있어요. 이때부터 영국은 의회가 정치의 중심이 되는 입헌 군주국이 되었습니다.

➡ 입헌 군주제

모스크 Mosque

이슬람교의 사원

'이마를 땅에 대고 절하는 곳'이라는 뜻으로, 평화를 상징하는 둥근 돔과 뾰족탑이 있습니다. 겉모습은 아라베스크 무늬로 화려하게 덮여 있지만 안으로 들어가면 넓은 홀 안에 카펫만 깔려 있는 단순한 모양입니다. 기도할 때 메카 쪽을 보고 절해야 하기 때문에 메카의 방향을 알려 주는 '미흐랍'이라는 벽이 있습니다. 금요일이 되면 무슬림(이슬람교도)들은 모스크에 모여 《코란》을 외우며 기도를 합니다. 모스크는 종교 교육기관이자 여행자들의 숙소이고, 묘지이기도 합니다.

술탄 아흐메트 모스크
(일명 블루모스크, 터키, 이스탄불)

➔ 메카, 이슬람교, 코란

몽골 제국 蒙古帝國 Mongol Empire 1206~1368

칭기즈 칸이 13세기에 유럽과 아시아에 세운 역사상 가장 큰 세계 제국

유목 생활을 하던 몽골 민족은 작은 부족으로 나뉘어 있었어요. 그런데 테무친이라는 사람이 뛰어난 무예와 지도력으로 1189년부터 부족을 통합하기 시작했고, 1206년에는 '칭기즈 칸'이라는 칭호를 받아 통합된 부족의 지배자가 되었습니다. 그는 몽골 고원을 통일시켜 몽골 민족의 제국을 건설합니다. 몽골 제국은 동서 무역로를 차지하고자 유라시아 대륙을 정벌하고, 서아시아와 러시아를 공격해 지배권을 얻었어요.

서방 원정에서 승리한 칭기즈 칸은 몽골 본토는 자신이 다스리고, 넓어진 영토를 아들들에게 나누어 주어 다스리게 했어요. 이 세 지역은 칭기즈 칸이 죽은 다음 킵차크한국(汗國), 차가타이한국, 오고타이한국으로 각자 발전하지요.

1253년에는 훌라구라는 장수가 이란 지역을 정복하여 일한국을 세워 모두 네 개의 한국이 있었습니다. 이들은 함께 금나라를 멸망시켜 중국 본토를 차지하고 원나라를 세웁니다.

칭기즈 칸의 손자인 쿠빌라이 칸은 수도를 베이징으로 옮기고 사한국을 지배하려 했어요. 사한국의 칸들은 당연히 반발했고, 가장 권위 있는 자리인 '대칸(大汗)'의 자리를 두고 30년에 걸친 전쟁을 치릅니다. 이후 원나라를 중심으로 다시 연합을 형성했고, 60여 년 동안 평화를 누렸어요. 그러나 점차 황실의 사치가 심해지고 농민들의 삶이 어려워지면서 지방 곳곳에서 폭동이 일어났어요. 폭동의 주동자였던 주원장은 결국 몽골인들을 몽골 민족의 본거지인 초원 지대로 쫓아내 버리고 명을 세웁니다. 그 뒤로 몽골은 점차 쇠약해져 갔습니다.

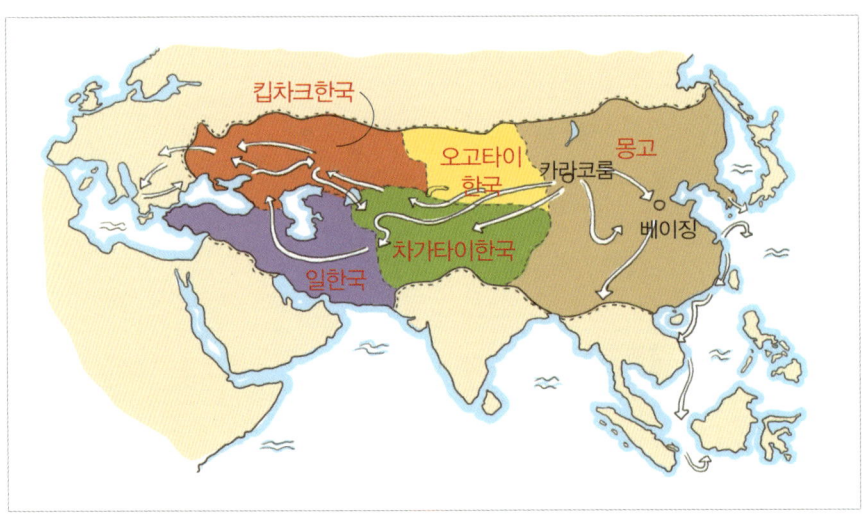

➜ 금, 명, 원, 칭기즈 칸

무굴 제국 Mughul Empire 1526~1857

중앙아시아 출신 바부르가 인도를 침입해 세운 이슬람 왕조

제3대 왕 악바르가 전성기를 이끌었습니다. 그는 북인도에 살고 있던 라지푸트 족과 동맹을 맺고 남하 정책을 실시해 데칸 지역의 여러 왕조를 다스리고, 서쪽의 구자라트 지방, 동쪽의 벵골 지방까지 차지했어요. 악바르는 힌두교와 이슬람교를 차별하지 않고 인재를 뽑아 썼고, 법과 행정 체계를 잘 만들어서 아우랑제브 왕까지 무굴 제국은 전성기를 누릴 수 있었어요.

1707년 아우랑제브가 전쟁 도중 죽자 왕위를 두고 내전이 일어났고, 데칸 지역에서 새로 일어난 마라타 왕국 때문에 힘이 약해졌습니다. 19세기에 인도를 식민지로 지배하던 영국은 무굴 제국의 모든 권력을 빼앗아 버렸지만 지배를 편하게 하려고 멸망시키지는 않았어요. 그러나 '세포이의 항쟁' 뒤로 인도인의 저항이 거세지자 무굴 제국을 없애고 영국 왕이 직접 다스리기 시작했습니다.

➡ 세포이의 항쟁, 이슬람교, 타지마할, 힌두교

무로마치 막부 室町幕府 1336~1573

아시카가 다카우지가 세운 일본의 무사 정권

교토의 무로마치에 막부를 세우고 정치를 돌보았다고 해서 붙은 이름으로 가마쿠라 막부에 이어 등장했습니다. 교토를 중심으로 한 귀족들은 천황이 직접 나라를 다스릴 것을 내세웠지만, 이것을 반대한 아시카가는 허수아비 천황인 고묘 천황을 세우고 귀족들을 굴복시켰어요. 각 지방을 보호해 주는 다이묘들이 세력 균형을 이루면서 유지되었지요. 1467년에는 아시카가의 후계자를 누구로 할 것인가를 두고 '오닌의 난'이 일어났는데, 막부 아래의 다이묘들이 두 편으로 나뉘어 11년 동안 전쟁을 벌였습니다. 이후 오닌의 난에 참여했던 사무라이들 사이에 전쟁이 끊이지 않는 전국 시대(戰國時代 : 1490~1590)가 100년 동안 이어져 무로마치 막부는 사라지고 말았어요.

➜ 가마쿠라 막부

무스타파 케말 Mustafa Kemal 1881~1938

터키의 초대 대통령

케말 파샤, 케말 아타튀르크라고도 합니다. '파샤'는 재상이라는 뜻이고, '아타튀르크'란 터키의 아버지라는 뜻입니다. 오스만 투르크는 제1차 세계 대전에서 독일 편을 들었다가 패했습니다. 그러자 오스만 투르크의 지배를 받던 여러 민족은 독립을 선언했고 그리스의 공격까지 받는 등 나라가 어지러웠습니다.

그때 케말은 그리스 군대를 물리치고 개혁 정치를 펼쳐 유럽 문물을 받아들였습니다. 그 결과 술탄(왕)이 지배하던 오스만 투르

케말 대통령

크가 근대적인 터키 공화국으로 다시 탄생했습니다. 터키 공화국은 아시아에서 최초로 남녀가 평등한 선거권을 갖도록 보장했습니다.

➔ 술탄, 오스만 투르크 제국, 제1차 세계 대전

무적 함대 無敵艦隊 Armada Invincible

지중해와 대서양을 지배한 가장 강한 해군

처음 무적 함대라는 이름을 쓴 것은 오스만 투르크의 해군이었습니다. 세계 최강의 해군력을 자랑했지요. 1538년에 그리스의 프레베자 항구에서 오스만 함대 122척이 유럽 연합 함대 200척을 무찔렀습니다. 하지만 에스파냐가 1571년에 레판토 해전에서 오스만 해군을 격파한 뒤로는 에스파냐 해군을 무적 함대라고 하게 되었습니다. 1588년에는 영국이 다시 에스파냐 해군을 격파해 무적 함대라는 이름을 차지했습니다.

H. 레터가 그린 〈레판토 해전〉

➔ 오스만 투르크 제국

무함마드 (마호메트) Muhammad 570~632

아라비아의 예언자이자 이슬람교의 창시자

메카에서 태어난 무함마드는 마흔 살에 천사 가브리엘에게서 신의 계시를 받고 이슬람교를 만들었습니다. 신은 오직 하나뿐이라며 다신교를 부정하고 신 앞에서 모든 신자는 평등하다고 주장했습니다.

메카의 귀족들은 평등을 주장하는 무함마드를 못마땅하게 여겨 죽이려고 했습니다. 무함마드는 자신을 따르는 신도들과 함께 야스립(메디나)으로 피했습니다(헤지라). 이곳에서 이슬람 공동체를 만들고 점점 세력을 키웠습니다. 무함마드를 따르는 사람들이 점점 많아져 630년에는 메카를 정복했으며, 632년에 아라비아 반도를 통일하고 세상을 떠났습니다. 그러나 그가 죽은 뒤에도 이슬람교는 점점 넓게 퍼져서 아프리카, 아시아, 유럽에도 뿌리를 내렸답니다.

우상 숭배를 금하는 이슬람교에서는 무함마드의 얼굴 부분을 그리지 않거나, 존재 자체를 빛으로 표현합니다. 신성한 검은 돌을 정화시켜 카바 신전에 모시고 기도하는 모습이지요.

➡ 메카, 이슬람교, 헤지라

문화 대혁명 文化大革命 1966~1976

중국의 최고 지도자 마오쩌둥이 주도한 급진 사회주의 운동

마오쩌둥은 1949년에 중화인민공화국을 건설한 뒤 경제를 발전시키려고 노력했지만, 오히려 국민들이 굶어 죽을 정도로 사정이 나빠졌습니다. 그 때문에 마오쩌둥의 경제 정책을 비판하는 반대 세력이 생겨났습니다. 마오쩌둥은 이들에게 대항하기 위해 문화 대혁명을 일으켰습니다. 낡은 것을 없애고 새로운 중국을 창조하자는 운동이었습니다. 하지만 실제로는 마오쩌둥을 반대하는 정치 세력을 모두 '낡은 것'으로 몰아 쫓아내기 위한 것이었지요. 학자나 교사 같은 지식인이 수난을 당했고, 중국의 전통이 모두 파괴되었습니다. 마오쩌둥이 죽은 뒤 중국 공산당은 문화 대혁명이 잘못된 것이었다고 인정했습니다.

위대한 중국 인민들이여!
나를 따르라!
해방 조국을 만들자!

➜ 사회주의

미국 독립 선언서 Declaration of Independence 1776. 7. 4.

미국이 영국으로부터 독립하겠다는 것을 선언한 문서

영국의 통치로부터 13개 식민지의 독립을 선포한 미국의 역사적인 문서예요. 1776년 7월 4일 승인되었으며, 이 날은 후일 미국의 독립기념일이 되었어요. 독립 선언문은 존 로크의 이론에 바탕을 두고 토머스 제퍼슨이 초안을 잡았어요. 미국인의 독립 의지와 독립해야만 하는 이유가 잘 드러나 있으며 인간이 누려야 할 기본 권리가 나타나 있습니다.

미국에서는 이 날을 독립기념일로 삼아요. 대한민국의 광복절에 해당하는 날이죠.

독립 선언서

우리는 다음과 같은 진리를 당연하다고 생각한다. 모든 사람은 평등하게 창조되었으며, 창조주에게서 남에게 줄 수 없는 권리를 받았다. 여기에 생명, 자유, 행복을 추구할 권리가 있다. 이러한 권리를 지키기 위해 사람들은 정부를 만들었으며, 정부의 권력은 국민의 동의에서 나온다. 어떠한 형태의 정부라도 이러한 목적을 파괴할 때는 정부를 바꾸거나 없애고 새로운 정부를 조직하는 것이 국민의 권리이다.

미국 독립 혁명 American Revolution 1775~1783

북아메리카의 13개 영국령 식민지가 독립하면서 민주 공화국을 세운 혁명

영국인이 북아메리카에 이주하면서 영국의 식민지가 13개 만들어졌어요. 처음에 영국 정부는 식민지에 별로 간섭하지 않았습니다. 그러나 돈이 필요해지자 18세기 중반부터 북아메리카 이주민에게 세금을 많이 매겼어요. 이주민들은 "영국 의회에 우리의 대표가 참석하지 않았다. 그러므로 의회의 결정에 따를 수 없다. 세금을 내지 않겠다."라고 주장합니다.

'보스턴 차 사건(1773)'이 일어나고 영국의 탄압이 심해지자, 13개 주의 대표들이 모여 회의를 열었어요. 이들은 독립을 선언하고 영국과 전쟁을 합니다(1776). 처음에는 불리했지만 프랑스와 에스파냐 같은 나라의 도움을 받아 독립을 이루었습니다.

독립한 13개 주는 하나의 연방 정부를 만들고 조지 워싱턴을 첫 번째 대통령으로 뽑았어요. 이렇게 탄생한 미합중국은 세계 최초의 민주주의 공화국입니다. 미국 독립 혁명은 라틴 아메리카 여러 나라의 독립과 프랑스 혁명에 영향을 주었어요.

➜ 미국 독립 선언서, 라틴 아메리카, 보스턴 차 사건, 프랑스 혁명

미라 mirra

사람이나 동물의 시체가 썩지 않은 채로 현재까지 보존된 것

고대 이집트에서 왕족이 죽으면 미라로 만들어 피라미드에 묻는 풍습이 있었습니다.

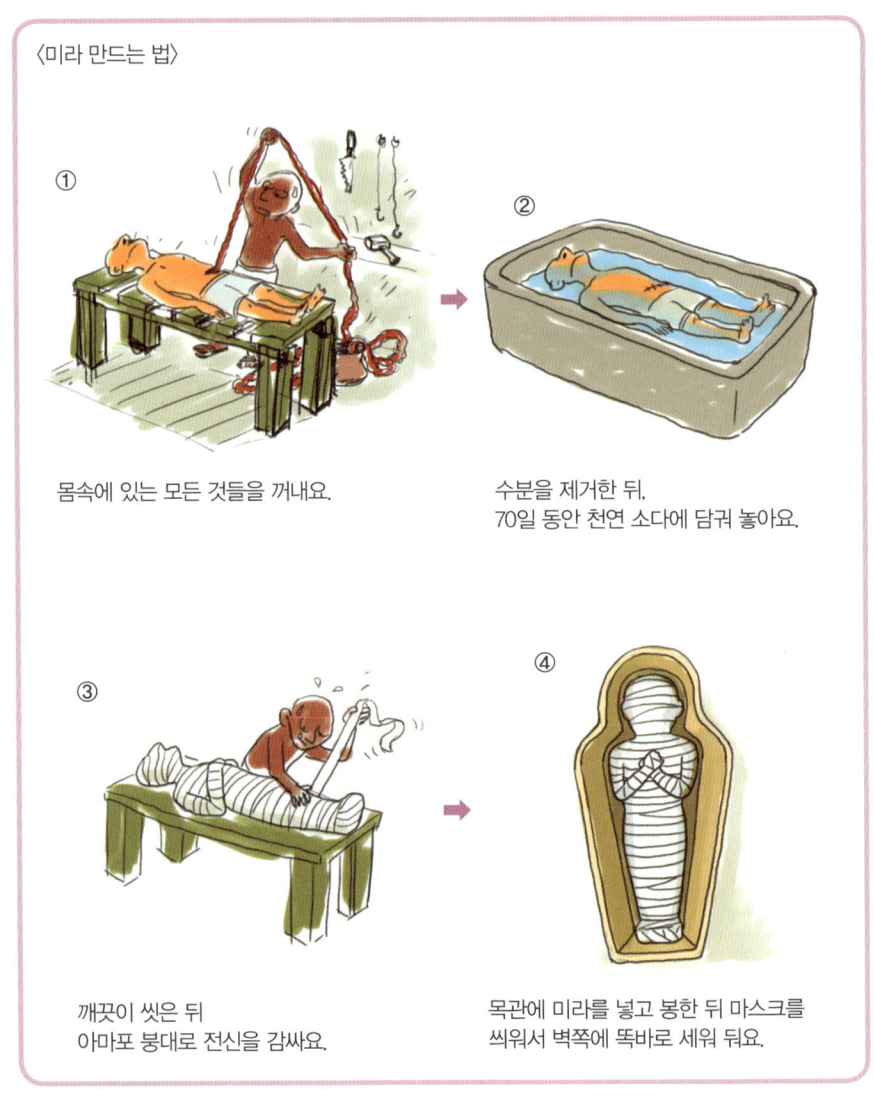

〈미라 만드는 법〉

① 몸속에 있는 모든 것들을 꺼내요.

② 수분을 제거한 뒤, 70일 동안 천연 소다에 담궈 놓아요.

③ 깨끗이 씻은 뒤 아마포 붕대로 전신을 감싸요.

④ 목관에 미라를 넣고 봉한 뒤 마스크를 씌워서 벽쪽에 똑바로 세워 둬요.

미켈란젤로 Michelangelo 1475~1564

르네상스 시대의 천재 조각가, 화가, 건축가이자 시인

이탈리아의 천재 예술가로 르네상스 회화, 건축, 조각 분야에서 뛰어난 업적을 남겼어요. 유명한 〈다비드〉, 〈피에타〉, 〈모세〉 상을 조각했으며 성 베드로 성당의 건축 감독을 맡기도 했습니다. 시스티나 성안 안의 천장과 벽에 그림을 그렸는데 그중에서도 〈천지창조〉, 〈최후의 심판〉이 유명합니다.

〈다비드 상〉

〈천지창조〉

민족 자결주의 民族自決主義 National Self-determination 1918

모든 민족은 자기 민족의 운명을 스스로 결정할 권리가 있다는 주장

1918년, 미국의 윌슨 대통령이 처음 주장했습니다. 약소 민족들에게 환영받았고, 제1차 세계 대전이 끝난 뒤 민족 자결주의에 따라 유럽의 여러 민족이 독립했습니다. 우리나라에서도 민족 자결주의의 영향을 받아 1919년 3·1운동이 일어났습니다. 그러나 민족 자결주의 원칙은 제1차 세계 대전에서 패배한 독일과 오스만 투르크의 식민지에게만 적용되었어요. 일본은 승전국이었기 때문에 우리나라는 거국적인 3·1운동을 일으켰는데도 독립하지 못했지요.

➡ 베르사유 체제, 오스만 투르크 제국, 제1차 세계 대전

국민에 의한, 국민을 위한, 국민의 정부는 지상에서 영원히 사라지지 않을 것이다.
_ 링컨

바닷길 Silk Voyage

중국 남동쪽 바다에서 시작해 인도양, 페르시아만, 홍해를 거쳐 서아시아에 이르는 뱃길

중국의 동진 시대부터 발달하게 되었다는 바닷길은 중국과 서아시아의 교역로였어요. 지중해를 거치면 유럽 지역과도 교역할 수 있었습니다. 중국의 도자기와 비단, 서아시아의 유리와 향신료가 이 길을 따라와 팔렸어요. 당나라에서 이 바닷길을 열심히 개발했고, 요와 금의 침입으로 화북 지방을 잃어 비단

길을 이용할 수 없게 된 송은 바닷길을 주된 교역로로 활용합니다. 명나라는 정화를 앞세워 바닷길을 따라 대원정을 보내 아프리카 서해안까지 다녀올 수 있었습니다.

➜ 정화, 초원길, 사막길

바로크 Baroque 17세기~18세기 전반

17세기 유럽에서 유행한 웅장하고 화려하며 남성적인 특징을 보이는 예술 형식

'바로크'는 포르투갈어인 '바로코'에서 생긴 말입니다. '비뚤어진 진주'라는 뜻인데, 절제되고 균형 잡힌 르네상스 양식에 반발해서 새로운 균형미를 만들어냈기 때문에 붙은 이름입니다. 건축에서는 커다랗고 호화로운 베르사유 궁전이 유명하며, 미술에서는 왕의 권위를 자랑하는 그림들이 나옵니다. 음악에서는 비발디, 바흐, 헨델 같은 작곡가들이 많은 작품을 남겼습니다.

베르사유 궁전의 거울의 방

➜ 베르사유 궁전

바티칸 Vatican city

교황이 직접 다스리는 교황령

754년 프랑크 왕국의 피핀이 이탈리아 중부 지역을 지배하면서 그 일부를 교황에게 기증했어요. 이때부터 생긴 교황령은 한때 영토가 넓어지기도 했지만, 19세기에 민족주의 운동이 일어나면서 줄어들어 1870년에는 이탈리아에 점령당했습니다. 1929년 무솔리니가 로마 안에 있는 조그만 시 바티칸을 독립 국가로 승인하면서 지금의 바티칸 시국이 되었습니다.

➔ 프랑크 왕국, 무솔리니

반둥 회의 Bandung Conference 1955

인도네시아 반둥에서 열린 아시아·아프리카 국제회의

제2차 세계 대전이 끝난 뒤 유럽의 식민지였던 아시아와 아프리카의 여러 나라가 독립을 했어요. 하지만 세계는 다시 자본주의 체제와 사회주의 체제가 대립하는 냉전 시대가 되었습니다. 아시아, 아프리카의 독립국은 강대국의 간섭을 받지 않고 자신의 이익을 지키고자 반둥에서 회의를 열었습니다. 그래서 '아시아·아프리카 회의'라고도 합니다. 처음 참가한 나라는 모두 29개 나라인데, 이들은 냉전 체제 아래에서 미국과 소련이 주도하는 자본주의와 사회주의 어디에도 가담하지 않겠다고 선언했답니다. 이러한 나라를 '제3세계'라고 합니다.

➡ 냉전, 제3세계

발칸 전쟁 Balkan Wars 1912~1913

발칸 반도에서 일어난 두 차례의 전쟁

발칸 반도는 다양한 민족과 종교가 섞여 있어 갈등이 심한 데다 러시아와 오스트리아가 서로 눈독을 들이는 지역이었어요. 언제 전쟁이 벌어질지 몰라서 '유럽의 화약고'로 알려졌지요.

원래 오스만 제국의 지배를 받고 있었는데, 오스만 제국이 약해진 틈을 타서 1912년에 불가리아·세르비아·그리스·알바니아 같은 발칸 동맹국들이 전쟁을 일으켰습니다. 이것을 제1차 발칸 전쟁이라고 합니다. 오스만 제국이 전쟁에서 져 마케도니아와 트라키아를 발칸 동맹에게 넘겼습니다. 전쟁에서 이긴 발칸 동맹국들은 서로 더 많은 영토를 차지하려고 제2차 발칸 전쟁을 벌였어요. 제2차 발칸 전쟁이 끝난 뒤에도 갈등이 계속되었습니다.

➡ 사라예보 사건

백년 전쟁 百年戰爭 Hundred Years' War 1337~1453

중세 말기에 영국과 프랑스가 벌인 전쟁

백년 전쟁이 일어난 원인은 여러 가지였어요. 첫 번째 원인은 프랑스의 왕위 계승 문제였습니다. 프랑스의 샤를 4세가 후계자 없이 죽자, 그의 4촌 형제인 필리프 6세가 왕이 되었어요. 그러자 영국 왕 에드워드 3세가 자신이 프랑스 왕이 되어야 한다고 주장합니다. 에드워드 3세의 어머니가 샤를 4세의 누이였거든요. 두 번째 원인은 프랑스 안에 있는 영국 땅이었어요. 1066년 프랑스 노르망디 지역을 다스리던 윌리엄이 영국에 쳐들어가 영국 왕이 되었어요. 그 뒤로 프랑스 안에 영국 땅이 있었어요. 프랑스 왕은 그 땅을 되찾고 싶어 했어요. 전쟁의 또 다른 원인은 플랑드르 지방 때문이었어요. 모직물 공업이 발달했던 플랑드르 지방은 프랑스 땅이었는데, 영국은 이곳에 양털을 많이 수출했어요. 영국과 프랑스 모두 플랑드르 지방을 손에 넣고 싶어 했죠.

전쟁은 영국군이 프랑스로 쳐들어가면서 시작되었어요. 처음에는 새로운 무기를 지닌 영국군이 이겼지만, 잔 다르크가 나타나면서 프랑스가 영국군을 몰아냅니다. 이 전쟁으로 프랑스 땅은 황폐해졌지만, 프랑스 국민이라는 의식이 싹트게 되었고, 왕권이 강해져 중앙 집권 국가로 발전하게 됩니다.

14세기 역사가 장 푸르아사르의 《연대기》에 실린 백년 전쟁 모습

➡ 잔 다르크

밸푸어 선언 Balfour Declaration 1917

영국 외무장관 밸푸어가 유대인에게 이스라엘 건국을 약속한 선언

영국은 제1차 세계 대전 중에 부유한 유대인들의 도움을 얻어 전쟁을 유리하게 이끌 목적으로, 유대인들에게 팔레스타인 지역에 유대인의 나라를 건설해 주겠다고 약속했어요. 하지만 그보다 2년 전에 팔레스타인에 이미 살고 있는 아랍 민족에게도 나라를 세워 주겠다고 약속했답니다(맥마흔 선언, 1915). 이후 제2차 세계 대전이 끝난 뒤 영국은 유대인에게는 약속을 지켜 이스라엘이 세워졌지만, 그곳에서 살고 있던 팔레스타인 사람들은 쫓겨나는 처지가 되었지요. 그 때문에 팔레스타인 문제가 생겨나 지금까지 분쟁을 낳고 있습니다.

베르됭 조약 Treaty of Verdun 843

프랑크 왕국의 영토를 셋으로 나누어 갖기로 한 조약

카롤루스 대제의 아들 루트비히 1세가 죽자 세 아들은 곧 서로 왕국을 차지하려고 싸웠어요. 이들은 베르됭 조약을 맺어 맏아들은 중프랑크 왕국, 둘째 아들은 서프랑크 왕국, 셋째는 동프랑크 왕국을 다스리기로 했습니다. 870년에 메르센 조약을 맺으며 동프랑크와 서프랑크의 국경이 조절됩니다. 이 세 나라 중 동프랑크 왕국이 지금의 독일, 서프랑크 왕국이 프랑스, 중프랑크 왕국이 이탈리아가 됩니다.

➡ 프랑크 왕국, 카롤루스 대제

베르사유 궁전 Versailles Palace 17세기 중엽

파리 남서쪽 베르사유에 있는 바로크 양식의 궁전

프랑스 왕 루이 14세 때 왕의 위용을 자랑하기 위해 커다랗고 호화롭게 지은 궁전이에요. 원래 습지였던 땅을 완전히 바꾸어서 숲을 만들고, 분수를 만들기 위해 몇 개의 강줄기를 바꾸는 등 50년 동안 막대한 비용을 들여 지었어요. 완공된 후 매일 수백 명의 귀족들이 모여 화려한 연회를 열었다고 합니다. 1979년 세계 문화유산으로 지정되었으며 프랑스식 정원의 최고 걸작인 베르사유 정원, 거울의 방 등이 유명해요.

베르사유 궁전(프랑스 베르사유)

이곳에서 미국 독립을 인정하는 조약(1783), 독일 제국이 세워졌음을 알리는 선언(1871), 제1차 세계 대전을 끝내는 조약(1919) 같은 국제적인 사건이 있었어요.

➡ 루이 14세, 바로크

베르사유 체제

제1차 세계 대전이 끝난 뒤 만들어진 국제 질서

제1차 세계 대전이 끝나고 유럽의 여러 나라는 국제 평화의 중요성을 느끼게 되었습니다. 프랑스 파리에서 여러 나라 대표가 모여 제1차 세계 대전의 뒤처리를 위해 회의를 열었어요. 미국 대통령 윌슨은 민족 자결주의를 주장하고 국제 연맹을 만들자는 내용을 담은 14가지 평화 원칙을 내세웠어요. 이 평화 원칙은 많은 사람들의 지지를 받았답니다.

하지만 사실은 여전히 전쟁에서 승리한 강대국들이 세계를 지배하려고 했어요. 결국 베르사유 궁전에서 독일과 연합군이 강화 조약을 맺었어요. 이 조약으로 국제 연맹, 국제 사법 재판소 같은 국제기구가 만들어졌습니다. 이렇게 이루어진 국제 질서를 '베르사유 체제'라고 합니다.

그런데 이 조약의 내용은 평화 원칙과 달리 패전국에게 모든 책임을 묻는 것이었어요. 독일 같은 패전국은 식민지를 모두 내놓고 이긴 나라에게 손해 배상을 해야 했지요. 또, 이긴 나라의 식민지는 독립할 수 없었습니다. 일본의 식민지였던 우리나라는 민족 자결주의를 믿고 3·1운동을 벌였어요. 독립을 원한다는 우리 민족의 의지를 세계에 보인 것이지요. 하지만 일본이 전쟁에서 이긴 나라였기 때문에 무시당했습니다. 이러한 베르사유 체제의 한계 때문에 새로운 국제 갈등이 벌어져 제2차 세계 대전이 일어났습니다.

➔ 민족 자결주의, 제1차 세계 대전, 제2차 세계 대전

베트남 전쟁 Vietnam War 1945~1954, 1960~1975

베트남이 프랑스와 미국을 상대로 벌인 전쟁

베트남은 프랑스의 식민지였어요. 베트남 사람들은 프랑스로부터 독립하기 위해 1945년부터 10년 동안 프랑스와 전쟁을 했습니다. 이 전쟁에서 이겨 프랑스를 몰아냈어요. 하지만 통일 국가를 세우지 못했어요. 베트남의 남쪽에서는 미국의 지원을 받은 정부가 들어서고, 북쪽에서는 호찌민이 이끄는 공산주의 정부가 들어섰지요. 베트남이 우리나라처럼 남북으로 분단된 것입니다.

베트남에 폭격을 하고 있는 미군 전투기

이후 북베트남이 남베트남을 침략하자 미국은 베트남의 공산화를 막는다면서 여러 나라를 동원해서 북베트남을 공격했습니다. 우리나라도 미국을 도와 군대를 보냈습니다. 베트남 전쟁은 제2차 세계 대전 뒤 가장 규모가 큰 전쟁이었습니다. 15년 동안 이어진 이 전쟁에서 제2차 세계 대전에서 쓴 폭탄의 몇 배가 뿌려졌고 인명 피해도 엄청났습니다. 죽은 사람은 120만 명, 다친 사람은 400만 명이나 되지요. 아직까지도 베트남 전쟁에서 얻은 병 때문에 고통을 당하는 사람들이 있어요.

베트남은 미국과 싸운 전쟁에서 이겨 공산주의 국가를 만들었습니다. 이때 남베트남에 살던 많은 사람들이 공산주의 정권을 피해 보트를 타고 베트남을 떠났어요. 이들을 '보트 피플'이라고 합니다. 미국은 이 전쟁의 실패로 국내에서 거센 반전 운동에 부딪히고, 닉슨 독트린을 발표하게 되었습니다.

➔ 제2차 세계 대전, 호찌민

변발 辨髮

중국 북방 민족 남자들의 머리 모양

몽골족, 만주족 남자들의 전통 머리 모양입니다. 고려에서도 원의 지배를 받던 때 유행했어요. 중국에 청나라를 세운 만주족은 한족을 비롯한 중국에 살고 있는 모든 남자들에게 변발을 강요했고, 점차 청나라의 전통 풍속으로 자리 잡았어요. 이 당시에 변발을 하지 않는 것은 청 왕조에 저항하는 것으로 여겼습니다.

➡ 만주족, 청

보로부두르 사원 Borobudur temple

인도네시아 자바섬 가운데에 있는 세계에서 가장 큰 대승 불교 사원

약 12000m²의 땅에 31.5m 높이로 여러 탑들을 쌓고 맨 꼭대기에 커다란 종 모양의 탑을 덮어씌운 모양입니다. 수많은 불상과 장식이 있으며, 화산으로 둘러싸인 평원의 중앙에 있어 풍경이 매우 아름답습니다. 8세기 전반에 중부 자바에서 발전한 샤일렌드라 왕조 시대에 지은 것으로 짐작하고 있어요. 건축 양식은 굽타 왕조의 것을 이어받았다고 봅니다. 지금은 유네스코에서 세계 문화유산으로 지정해 보호하고 있습니다.

보스턴 차 사건 Boston Tea Party 1773

북아메리카 식민지 주민들이 영국의 배를 습격하며 미국 독립 혁명의 불씨가 된 사건

영국인들은 차를 즐겨 마셨어요. 북아메리카로 온 영국인들도 마찬가지였어요. 영국 정부는 식민지 주민들에게 여러 가지 세금을 거두면서, 그들이 마시는 차에도 세금을 매겼어요. 화가 난 식민지 주민들은 보스턴 항구에 머물러 있던 영국의 동인도 회사 배를 습격했어요. 차 상자 342개를 깨뜨리고 그 안에 들어 있던 차를 모조리 바다에 던졌지요. 그러자 영국 정부는 군대를 보내 식민지를 탄압했습니다. 이에 저항하는 움직임이 더 커져 미국 독립 혁명이 일어나게 되었어요.

➜ 동인도 회사, 미국 독립 혁명

봉건 제도 封建制度 feudalism

토지를 제후에게 나누어 주어 다스리게 했던 정치 형태

중국 주나라의 봉건 제도와 중세 유럽의 봉건 제도가 있습니다. 주나라의 왕은 중심지만 다스렸어요. 새로 차지한 땅은 왕의 친척이나 공이 많은 신하들을 제후로 삼아서 그들이 다스리게 했습니다. 왕과 신하의 관계가 혈연 관계를 바탕으로 맺어지는 점이 특징이에요.

그러나 중세 유럽의 봉건 제도는 주종 관계를 바탕으로 합니다. 주종 관계는 기사가 자기보다 힘센 기사를 주군으로 모시고 자신은 신하가 되어 충성을 바치기로 맹세하며 그 대가로 주군에게 땅을 받는 것입니다. 이때 힘센 기사를 주군, 충성을 바치기로 한 기사를 봉신(가신), 땅은 봉토라고 해요. 주군과 봉신은 혈연과 상관없이 계약을 하고 맺지요. 국왕과 제후, 제후와 기사 사이에서도 주종 관계가 맺어집니다. 주군은 땅과 함께 그 땅을 다스릴 권리도 봉신에게 주기 때문에, 권력이 나뉘어 왕권은 약해졌습니다.

➔ 주, 주종 관계

부동항 不凍港 Ice-free harbor

일년 내내 얼지 않는 항구

러시아처럼 북쪽에 있는 나라에서는 겨울이면 바다가 얼어서 배가 다닐 수 없습니다. 주로 배를 이용해 무역을 하고 군대를 보내던 시절에는 부동항이 없다는 것은 커다란 손해였어요. 러시아는 부동항을 얻고자 남쪽에 있는 국가들을 침략해 크림 전쟁이 일어났습니다. 이후에는 동쪽으로도 진출해 연해주를 차지하고 한반도로 세력을 넓히면서 일본, 영국과도 충돌했습니다.

➔ 크림 전쟁

부르주아지 Bourgeoisie

시민 혁명을 이끌었으며 자본주의를 발달시킨 시민 계급

원래는 '성(城:bourg) 안에 사는 사람들'이라는 뜻으로 중세 도시에 살던 사람들을 가리키는 말이었어요. 왕권이 강해지면서 함께 성장한 이들은 시민 혁명을 일으켜 절대 왕정을 무너뜨리는 데 앞장섭니다. 산업 혁명 이후에 공장이나 기계, 땅, 원료 같은 생산 수단을 소유한 자본가 계급을 가리키기도 합니다.

➔ 산업 혁명, 절대주의

북방 민족 北方民族

중국 만리장성 이북을 근거지로 삼고 있던 민족들

초원 지대에 살며 주로 양이나 야크를 기르며 이동하는 유목민이에요. 농업 국가를 약탈해 곡식과 필요한 물품을 얻었지요. 만주족, 흉노족, 선비족, 거란족, 몽골족 등이 있는데, 뛰어난 전투 기술을 앞세워 중국을 여러 번 점령했습니다. 5호 16국 시대부터 중국에 국가를 세웠는데, 세력을 떨친 나라로는 거란의 요, 여진의 금, 몽골의 원, 만주족의 청이 있습니다.

➜ 금, 몽골 제국, 요, 원, 청, 5호 16국, 만리장성

분서갱유 焚書坑儒 기원전 213~기원전 212

진나라 때 책을 불태우고 유학자들을 산 채로 묻은 사건

진나라를 세운 시황제는 강력한 법을 만들어 사람과 사회를 엄격히 통치해야 한다고 주장하는 법가 사상을 통치 이념으로 삼았어요. 그래서 인자하고 어질

게 정치를 해야 한다며 시황제를 비판하는 유가를 탄압했어요. 시황제가 전국을 군현으로 나누어 다스리는 군현제를 시행하자 유학자들이 반대했어요. 그러자 시황제는 자신이 지지하는 법가 사상 책과 의학서 같은 실용적인 책을 제외하고 전국에 있는 모든 책을 불태우라고 명령합니다. 이를 '분서'라고 합니다. 또 이듬해에는 유학자 460여 명을 구덩이에 산 채로 파묻었어요. 이를 '갱유'라고 하지요. 이러한 사건으로 진나라에서는 유학이 발달하지 못했습니다.

➜ **시황제, 제자백가**

불교 佛 Buddhism

인도에서 석가모니(고타마 싯다르타)가 창시한 종교

인도에서 창시되어 아시아를 중심으로 퍼져 나간 종교입니다. 석가모니는 모든 인간은 평등하므로 카스트 제도를 버려야 한다고 주장했어요. 불교는 선한 마음을 가지고 일생을 살아가며 참선과 수행으로 깨달음을 얻는 것을 목표로 삼고 있어요. 부처님은 신이 아니라 깨달음을 얻은 최고의 인간으로 받들어지고 있습니다.

개인의 깨달음을 중요하게 생각하는 소승 불교, 대중이 모두 깨달음을 얻는

석가모니 부처상

것을 더 중시하는 대승 불교로 나눌 수 있어요. 또 경전을 읽고 그 가르침을 깊이 있게 연구하려는 교종 불교, 경전보다는 참선과 수행, 실천을 더욱 중요시하는 선종 불교로 나눌 수도 있습니다. 전파된 지역의 전통과 특징에 따라 아주 다양한 종파로 발전했습니다.

중국에서는 남북조 시대에 불교가 발달하기 시작했고, 수나라와 당나라 때 전성기를 이루었어요. 우리나라에서는 삼국 시대에 불교가 전파되어 고려 시대까지 발달했습니다. 크리스트교, 이슬람교와 함께 세계 3대 종교가 되었습니다.

➜ 달마, 당, 라마교, 수, 석가모니, 이슬람교, 카스트, 크리스트교

브라만교(바라문교) 婆羅門敎 Brahmanism

고대 인도에서 브라만 계층을 중심으로 발달한 종교

기원전 1200년쯤에 인도에서 발달한 '베다'를 바탕으로 하는 종교입니다. '베다교'라고도 해요. 제사를 우주의 축소판으로 여겨 우주와 인간의 삶에 영향을 준다고 생각했습니다. 그러니 이 제사를 주관하는 사제들은 아주 대단한 사람으로 여겼지요. 그 사제를 브라흐마, 또는 브라만이라고 했습니다. 그래서 브라만교라는 이름이 생겼습니다. 브라만 계층을 가장 높은 신분으로 두고, 그 아래로 크샤트리아(무사)-바이샤(농업인, 공업인, 상업인)-수드라(노예)를 차례로 배치한 카스트 제도도 브라만교의 영향으로 생긴 것입니다. 세월이 흐르면서 불교와 인도 민간 신앙의 영향을 받았고, 점차 낮은 신분의 사람들에게 전파되어 힌두교로 발전합니다.

➜ 카스트, 힌두교

비단길(실크로드) Silk Road

중앙아시아를 가로지르는 동서 교통로

로마에서 시작되어 서아시아를 거쳐 중앙아시아를 지나 중국의 장안까지 이어졌던 고대의 무역로입니다. 원래 유럽인과 서역인이 교류하던 길이었는데, 한 무제 때 장건이 개척해 장안까지 연장했어요. 후한 때 비단을 비롯한 많은 중국 물품이 이 길을 따라 서역과 유럽에 전해지면서 '비단길'이라는 이름이 생겼습니다. '사막길'이라고도 하는 이 길을 따라 인도의 불교와 간다라 미술 양식이 중국과 한국, 일본에까지 전해집니다.

당에서는 비단길을 더욱 중시해 관리까지 파견했고 막대한 무역 이익을 얻었습니다. 그러나 고선지 장군이 이끈 당나라 군대가 이슬람에게 패배한 탈라스 전투(751)로 비단길의 지배권이 이슬람에게 넘어갔습니다. 그 뒤로 북방 민족이 화북 지방을 지배하던 송나라 때는 비단길보다는 바닷길을 발달시켰고, 비단길은 역사 속으로 사라지게 됩니다.

비단길은 넓은 의미로 초원길·바닷길을 모두 포함하는 동서 교통로 전체를 가리킵니다.

➡ 당, 바닷길, 사막길, 송, 초원길

비스마르크 Bismarck 1815~1898

철혈 정책으로 독일 통일을 이룬 프로이센의 재상

1862년 프로이센의 수상이 된 비스마르크는 '지금 우리의 문제는 언론이나 다수결로는 해결할 수 없습니다. 오직 철과 피, 곧 무기와 전쟁으로 해결할 수 있습니다.' 하고 주장합니다. 의회의 반대를 물리치고 군비를 늘린 뒤, 독일 통일을 방해했던 오스트리아, 프랑스와 전쟁을 치뤄 이기고 독일의 통일을 완성했어요(1871). 비스마르크 시대에 독일의 공업은 눈부시게 발전했지만, '사회주의자 진압법'을 만들어 노동자들을 철저하게 억눌렀습니다.

비스마르크 초상화

➜ 철혈 정책

비잔티움 제국 Byzantium Empire 330~1453

동·서로 분열된 로마 제국 중 비잔티움이 수도였던 동로마 제국

로마 제국의 영토가 지나치게 광대해지자 디오클레티아누스 황제는 로마 제국을 동서로 분리(295)하여 다스렸고 서서히 동로마와 서로마로 나누어집니다. 이후 콘스탄티누스 1세는 제국의 수도를 로마에서 비잔티움으로 옮겼고(330) 그가 죽고 나서 도시의 이름은 콘스탄티노플(이스탄불)이 됩니다. 이곳은 흑해와 지중해, 유럽과 아시아를 잇는 지역으로 동서 무역의 중심지였습니다.

서로마 제국은 게르만족의 이동으로 멸망(476)하지만, 동로마 제국은 그 뒤로도 천년 동안 로마 제국을 계승했어요. 유스티니아누스 대제 때 전성기를 맞아 옛 로마 제국의 영토를 거의 되찾기도 했습니다. 비잔티움 제국은 로마의 제도를 이어받았으며, 그리스어를 공용어로 썼고, 그리스 정교를 믿었어요. 동방의 이슬람 세력을 막아 냈으며, 그리스·로마의 문화를 보전했고, 동유럽 여러 나라의 문화에 영향을 주었습니다. 1453년 오스만 투르크가 쳐들어와 멸망했습니다.

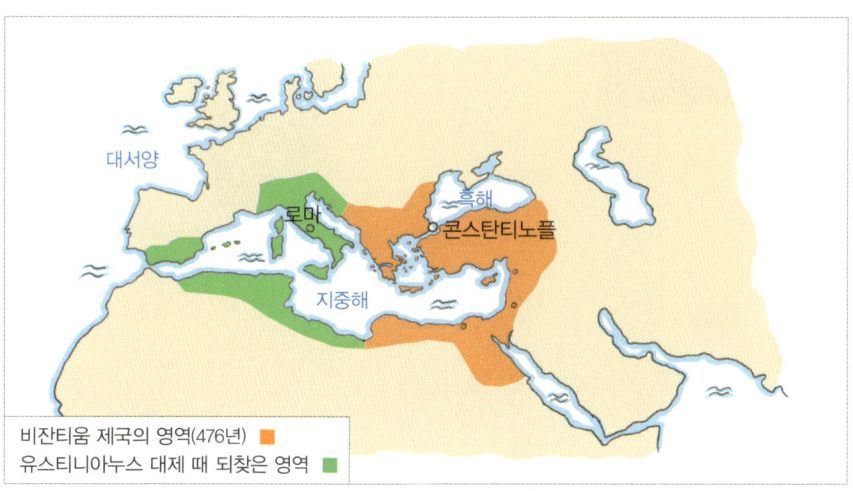

비잔티움 제국의 영역(476년) ■
유스티니아누스 대제 때 되찾은 영역 ■

➜ 그리스 정교, 오스만 투르크 제국, 유스티니아누스 대제, 콘스탄티누스 대제

빌렌도르프의 비너스 Venus of willendorf 구석기 시대

구석기 시대에 만들어진 여인상

1909년 오스트리아 다뉴브 강가의 빌렌도르프에서 발견되었어요. 11센티미터 정도의 작은 돌을 다듬어 만들었는데, 가슴과 배, 엉덩이 부분을 아주 크게 만들었지요. 아이를 많이 낳아 잘살기를 바라는 고대인들의 소망을 담은 것이라 보는 의견이 많습니다.

➜ 구석기 시대

신문 없는 정부보다 정부 없는 신문을 택하겠다.
_ 토머스 제퍼슨

사기 史記

사마천이 쓴 중국의 기전체 역사책

한나라의 역사학자 사마천(司馬遷, 기원전 145?~기원전 86?)은 아버지 사마담(司馬談)이 중국과 그 주변 민족의 역사를 기록한 책《사기》를 이어 쓰기로 합니다. 그는 흉노에게 항복한 이릉 장군을 변호했다는 죄로 성기가 잘리는 형벌을 받았지만 계속《사기》를 써서 기원전 90년쯤 책을 완성합니다.

이렇게 완성된《사기》는 중국 역대 왕의 역사를 적은 본기 12편, 제후를 중심으로 한 세가 30편, 역대 제도 문물의 연혁에 관한 서 8편, 연표인 표 10편, 시대를 상징하는 뛰어난 개인의 활동을 다룬 전기 열전 70편, 이렇게 총 130편으로 구성되었습니다.

상상에서 나온 것이나 허황된 내용은 하나도 쓰지 않았고, 반드시 있었던 사실만 적었어요. 또 사마천은 각 이야기 뒤에 반드시 역사에 대한 자신의 생각과 평가를 덧붙였는데, 이것은《사기》를 읽는 사람들이 역사에서 교훈을 얻기를 바랐기 때문입니다.《사기》는 왕의 역사인 본기와 뛰어난 인물의 전기인 열전을 중심으로 쓰였는데, 이러한 역사 서술 방식을 각각의 글자를 따서 '기전체'라고 합니다.

➜ 한

사라예보 사건 Assassination of Sarajevo 1914

오스트리아 황태자 부부가 보스니아의 수도 사라예보에서 세르비아 청년에게 암살된 사건

사라예보는 보스니아의 수도인데 오스트리아에 강제로 합병되었어요. 그 시절 발칸 반도는 유럽에서 민족 간의 갈등이 가장 심했습니다. 그중 세르비아는 발칸 반도에 살고 있는 슬라브 민족의 단합을 외치고 있었습니다. 게르만 민족인 오스트리아가 슬라브 민족이 많이 사는 보스니아를 차지하자 세르비아의 민족주의자들은 비밀 결사를 만들고 사라예보를 방문한 오스트리아의 황태자 부부를 암살했습니다. 오스트리아가 이 사건을 구실로 세르비아를 침략하면서 제1차 세계 대전이 시작되었습니다.

오스트리아 황태자 부부

➜ 발칸 전쟁, 제1차 세계 대전

사마르칸트 Samarkand

티무르 제국의 수도이며 동서 무역에서 중요한 구실을 한 중앙아시아의 도시

고대 그리스에서는 '마라칸다', 중국에서는 '강국'(康國)이라고 이름 붙인 오래된 도시입니다. 비단길의 중심 도시 중 하나로 동서 교류에 큰 몫을 했어요. 티무르 제국의 수도여서 화려한 궁전 터가 남아 있습니다.

사마르칸트 궁전(우즈베키스탄 중동부에 있는 사마르칸트 주)

➜ 대상, 비단길, 티무르 제국

사무라이 侍

일본 봉건 시대의 무사

원래는 귀한 사람을 가까이에서 모시며 경호하는 사람을 뜻하는 말이었어요. 헤이안 시대부터 수가 점점 많아져서 보통 무사를 가리키는 말이 되었지요. 사무라이들은 정권을 장악한 막부가 일본을 다스리던 때는 지방 정치를 담당하는 다이묘가 되거나 다이묘를 돕기도 했습니다.

에도 막부는 전국의 지배권을 강화하려고 무장 세력인 사무라이의 권력을 약화시키고자 했고, 점점 사무라이라기보다 관리로 일하는 경우가 많아졌어요. 1868년 에도 막부가 무너지고 메이지 유신이 시행되자 사무라이는 공식적으로 사라지게 됩니다. 용기와 명예를 중시하고 죽을 때까지 상관에게 충성을 다하는 '사무라이 정신'과 이들이 발달시켰던 다도, 꽃꽂이 같은 예술은 지금도 일본인의 생활에 많이 남아 있습니다.

에도 시대 화가 우타가와 구니요시가 그린 사무라이의 모습

➡ 가마쿠라 막부, 메이지 유신, 무로마치 막부, 에도 막부

사산 왕조 페르시아 Sasanian Persia 227년경~642

동서 교역로를 차지하고 번영한 이란계 왕조

사산이라는 사람이 만든 페르시아라는 뜻이에요. 기원전 6세기쯤 번영했던 페르시아 제국과 구별하기 위해 사산 왕조 페르시아라고 합니다. 동서양을 이어 주는 길목에 자리 잡고 있었으므로 문화적, 지리적 교류의 중심지가 되었으며, 유럽의 로마, 인도의 쿠샨 왕조와 대립하면서 동서 무역을 이끌었습니다. 유럽, 인도, 돌궐(투르크), 중국하고도 거래를 할 정도였지요. 사산 왕조의 유리 기술은 그 시절 전 세계에 소문이 나서 신라의 귀족들도 이 유리 그릇을 썼습니다.

신라 황남대총에서 나온 유리병

사자의 서 死者의 書 Book of the Dead

고대 이집트에서 미라와 함께 묻은 두루마리

죽은 사람을 위한 저승 세계 안내서로, 삶과 죽음에 대한 이집트인의 생각과 내세관(來世觀, 죽은 이후의 세계에 대한 생각)이 고스란히 담겨 있습니다. 그뿐 아니라 이집트인의 신화, 풍속, 사회 현상, 역사 등이 녹아 있습니다. 고대 이집트인은 죽은 사람이 저승으로 가는 동안 여러 가지 사건에 부딪힌다고 믿었습니다. 그때마다 어떤 주문을 외우고 어떤 행동을 해야 할지 안내한 것이 바로 사자의 서예요. 고대 이집트인이 저승을 어떻게 생각하고 있었는지 알려 주는 중요한 자료예요.

사파비 왕조 Safavid dynasty 1502~1736

이란의 시아파 이슬람 왕조

오스만 제국이 서아시아를 지배하고 있을 무렵, 오늘날 이란 지역에 자리잡은 나라예요. 고대 페르시아 제국과 사산 왕조 페르시아의 전통을 이어받아 동서 무역으로 이름을 떨쳤습니다. 수도였던 이스파한은 '세계의 중심'으로 이름날 만큼 번영했지요.

이슬람교는 크게 수니파와 시아파로 나뉘는데, 사파비 왕조는 바로 시아파 왕조였어요. 시아파는 예언자 무함마드의 후손만이 지도자가 될 수 있다고 믿었는데, 사파비 왕조는 자신들이 무함마드의 후손이라고 주장했어요. 이슬람 국가지만 페르시아의 전통을 이어받아 화려한 문화를 꽃피웠습니다.

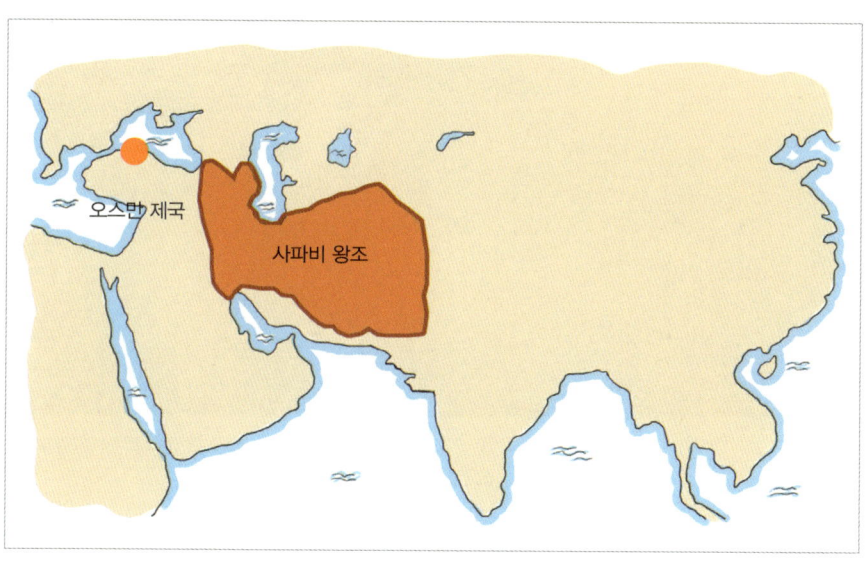

➜ 무함마드, 사산 왕조 페르시아, 시아파, 오스만 투르크 제국, 페르시아

사하라 사막 Sahara desert

아프리카 대륙 북쪽에 있는 세계 최대의 사막

동쪽으로는 나일강부터 서쪽의 대서양까지 동서 길이가 약 5600km이고, 북쪽의 지중해에서부터 남쪽의 나이저강까지 남북 길이는 약 1700km입니다. 세계에서 가장 넓은 사막일 뿐 아니라 가장 건조한 지역입니다. 사하라 사막 때문에 아프리카의 남부는 다른 세계와 교류를 할 수가 없었습니다. 지중해를 거쳐 유럽이나 아시아와 교류한 이집트와 북아프리카하고는 아주 다른 환경에 놓이게 된 것이지요.

사하라 사막(아프리카 북부)

사하라 사막도 신석기 시대까지는 풀이 자라고 농사도 지을 수 있는 땅이었대요!

➔ 나일강

사회 계약설 社會契約說 theory of social contract 17세기~18세기

사회나 국가가 만들어진 것은 사람들이 자신의 생명과 재산을 보호하고자 서로 계약을 맺었기 때문이라는 정치 학설

고대에서도 발견되며(예를 들어, 맹자, 소크라테스, 에피쿠로스의 견해), 사회사상으로서 널리 퍼진 것은 근대 자본주의가 대두된 17~18세기의 유럽에서입니다. 왕의 권한은 신에게 받은 것이라는 왕권신수설을 비판하면서 나타났어요.

개인이 주권의 일부를 사회·국가에 주는 대신, 사회·국가는 개인의 재산과 권리를 보호한다는 계약으로 사회·국가가 나타났다는 이론입니다. 국가나 정부가 개인의 자유를 억누르거나 권리를 빼앗아 간다면, 계약을 깨뜨리고 정부를 교체할 수 있다고 주장하여 시민 혁명이 일어나는 데 영향을 주었습니다. 영국의 홉스, 로크, 프랑스의 루소 같은 학자들이 주장했습니다.

➜ 로크, 루소, 시민 혁명, 왕권신수설

사회주의 社會主義 socialism

공동 생산과 공동 분배로 평등 사회를 만들자는 주장

오언과 마르크스 등이 주장한 사상입니다. 산업 혁명 이후에 잘사는 사람과 못사는 사람의 차이는 아주 심해졌는데요. 이렇게 불평등이 심해진 까닭이 자본가들이 땅이나 공장, 원료 같은 것들을 모두 차지하고, 이익을 얻는 일에 수단과 방법을 가리지 않았기 때문이라고 오언과 마르크스는 생각했습니다. 그래서 이들은 함께 생산하고 함께 나누어 가지는 평등한 사회를 만듦으로써 경제적 불평등을 해소하고 물질적 결핍으로부터 인간을 자유롭게 할 수 있다고 주장했습니다.

➜ 마르크스, 산업 혁명

산업 혁명 産業革命 Industrial Revolution 18세기 중엽

기계를 만들고 동력을 개발하면서 나타난 산업상의 커다란 변화

산업 혁명은 넓은 의미로 공업화라고도 불러요. 정치가 안정되고 식민지가 많았으며 일찍부터 공업이 발달한 영국에서 먼저 시작되었어요. 이후에 유럽·미국·러시아 등으로 확대되었어요. 면직물을 한꺼번에 많이 만들려고 실 뽑는 기계와 옷감 짜는 기계를 만들었어요. 여기에 와트가 개발한 증기 기관을 쓰면서부터 기술이 빠르게 발전했어요. 원료와 물건을 빠르게 나르기 위해 철도가 놓이고 기차가 다니게 되었습니다. 산업 혁명으로 공장에서 기계를 이용해 물건을 대량으로 만들게 되었고, 농업 사회에서 산업 사회로 바뀌었으며, 자본주의 체제가 뿌리를 내렸어요. 생활은 풍요롭고 편리해졌지만 잘사는 사람과 못사는 사람의 차이가 커졌고 여러 가지 사회문제가 생겼습니다.

➜ 자본주의, 증기 기관

산킨코타이 参勤交代

일본 에도 막부의 다이묘가 에도와 영지에서 번갈아 근무하던 제도

에도 막부는 지방에 영지를 갖고 있는 다이묘의 식구들을 반드시 에도에 와서 살게 했어요. 다이묘들은 자신의 영지를 다스리느라 반 년에서 1년씩 영지에 내려가 있었어요. 그때도 식구들은 에도에 남아 있어야 했어요. 식구들을 인질로 삼아 다이묘들이 반란을 일으키지 못하도록 미리 막으려는 것이었지요. 이 제도 덕분에 다이묘가 에도와 지방을 왔다 갔다 하면서 서로의 문화와 생산물이 섞일 수 있었어요.

살라딘 Saladin 1137~1193

이집트 아이유브 왕조의 창시자

본명은 살라흐 앗딘 유수프 이븐 아이유브입니다. 이집트를 지배하던 파티마 왕조를 무너뜨리고 12세기 말에 아이유브 왕조를 세웠습니다. 시리아까지 차지해서 북아프리카에서 메소포타미아에 이르는 넓은 제국을 건설했지요.

유럽이 십자군 전쟁을 일으켜 예루살렘을 점령하자 이슬람 세계를 지키기 위해 이집트를 떠나 예루살렘으로 와서 십자군과 싸웠습니다. 영국의 사자왕 리처드와 대결해 유럽에까지 이름을 떨쳤습니다. 유럽에서는 살라딘이 적이긴 하지만 '가장 관대한 마음을 가진, 가장 기사다운' 사람이라고 하면서 존경했습니다. 십자군은 이슬람교도를 잔인하게 학살했지만 살라딘은 크리스트교도에게 복수하지 않고 오히려 너그럽게 고향으로 돌려보내 주었기 때문이지요.

➜ 십자군 전쟁

삼각 무역 三角貿易 Triangular trade

세 나라 사이에 하는 무역

영국이 했던 삼각 무역이 유명해요. 18세기에 영국은 면직물을 아프리카에 팔고, 아프리카에서 노예를 사서 아메리카 대륙에 팔고, 아메리카 대륙에서 면화와 사탕수수를 사 왔습니다. 이런 식으로 벌어들인 큰돈은 산업 혁명의 밑바탕이 되었어요.

19세기에 영국은 청으로부터 차와 도자기 같은 것을 많이 수입했지만, 반대로 수출할 물건은 없었기 때문에 무역 적자가 계속됩니다. 그러자 영국은 식민지인 인도에서 아편을 길러서 청에 팔았어요. 이 무역은 결국 아편 전쟁의 원인이 됩니다. 이것도 삼각 무역이라고 해요.

➜ 아편 전쟁

삼국 동맹 三國同盟 Dreibund 1882~1915

독일·오스트리아·이탈리아 3국이 맺은 비밀 동맹

제국주의 시기에 유럽 국가들은 서로 경쟁하면서 다른 지역을 식민지로 삼았습니다. 대부분의 나라를 식민지로 만들자 이번에는 다른 나라의 식민지를 빼앗아서 자기 세력을 넓히려고 했습니다.

나라들 사이에 대립이 심해지자 독일, 오스트리아, 이탈리아는 비밀 동맹을 맺어서 동맹국이 다른 나라, 누구보다 프랑스에게 공격을 받으면 서로 도와주기로 약속했습니다. 이 동맹은 제1차 세계 대전이 일어나는 중요한 배경 중 하나입니다.

➜ 사라예보 사건, 삼국 협상, 제1차 세계 대전

삼국지 三國志

원나라의 나관중이 지은 장편 역사 소설

원래 제목은 《삼국지연의》(三國志演義)입니다. 진수(陳壽)가 쓴 위·촉·오 세 나라의 역사책인 《삼국지》를 바탕으로 더 많은 사건과 인물을 등장시킨 소설입니다. 앞쪽에서는 유비, 관우, 장비 세 사람이 의형제를 맺고 여기에 제갈공명이 등장해 함께 조조의 대군을 물리칩니다. 유비와 손권의 연합군이 조조를 물리치는 적벽대전 부분은 삼국지 중에서도 최고의 장면으로 꼽힙니다. 후반에서는 제갈공명이 지략으로 어려움을 이겨 내는 이야기가 중심이 됩니다.

다양한 사람들이 여러 사건을 헤쳐 나오는 과정을 통해 세상의 이치를 보여 주는 《삼국지》는 《서유기》, 《수호지》, 《금병매》와 더불어 중국의 4대 소설로 꼽힙니다.

삼국 협상 三國協商 Triple Entente

제1차 세계 대전이 일어나기 전에 영국·프랑스·러시아 3국이 맺은 동맹 관계

삼국 동맹에 대항하고자 러시아와 프랑스, 영국과 프랑스, 영국과 러시아가 서로 동맹을 맺으며 만들어졌습니다. 사라예보 사건이 터지고 오스트리아가 세르비아를 공격하자, 오스트리아와 동맹을 맺은 독일은 오스트리아 편을 들었고, 세르비아를 지원하던 러시아, 러시아와 동맹 관계에 있던 영국과 프랑스가 세르비아 편을 들며 전쟁에 참가하자 제1차 세계 대전으로 번졌습니다.

➜ 사라예보 사건, 삼국 동맹, 제1차 세계 대전

삼두 정치 三頭政治 Triumvirate
기원전 60~기원전 48, 기원전 43~기원전 31

실력자 세 사람이 동맹을 맺고 국가 권력을 차지한 로마의 정치 형태

로마가 공화정에서 황제가 지배하는 제정으로 바뀌는 과정에 나타난 정치 형태입니다. 삼두 정치가 두 번 있었어요. 첫 번째는 카이사르·폼페이우스·크라수스가, 두 번째는 옥타비아누스·안토니우스·레피두스가 삼두 정치를 했습니다.

➜ 공화정, 카이사르

삼부회 三部會

성직자, 귀족, 평민의 대표로 구성된 프랑스의 신분제 의회

1302년 교황에게 맞섰던 프랑스 왕 필리프 4세는 국민의 지지를 얻기 위해 성직자와 귀족, 도시의 대표를 모아 삼부회를 엽니다. 1614년 이후 열리지 않다가 1789년 루이 16세가 다시 열었습니다. '성직자와 귀족에게 세금을 걷을 것인가' 하는 문제를 의논하기 위해서였어요. 미국 독립 전쟁을 도와주고 나니 재정이 바닥나 버렸기 때문이지요. 그러나 토의 방법과 투표 방식을 놓고 대립하면서 평민 대표들이 국민 의회를 따로 만들어 모임을 하려고 하자 프랑스 왕실은 무력으로 이들을 막으려 했습니다. 이 과정에서 프랑스 혁명이 일어났으며 결국 삼부회는 없어졌습니다.

➜ 프랑스 혁명

30년 전쟁 三十年戰爭 Thirty Years' War 1618~1648

신성 로마 제국에서 신교(프로테스탄트)와 구교(가톨릭) 사이에 벌어진 최대 규모의 종교 전쟁

처음에 신성 로마 제국에서 시작했어요. 그러나 덴마크, 스웨덴, 프랑스, 에스파냐 같은 나라가 자기들이 믿는 종교를 보호한다면서 전쟁에 참여해 국제 전쟁이 되었습니다. 가톨릭, 루터파, 칼뱅파 사이에 100년 가까이 계속되던 이 종교 전쟁은 1648년 개인에게 신앙을 선택할 수 있는 자유를 주는 베스트팔렌 조약을 맺으면서 완전히 끝났습니다. 그러나 신성 로마 제국은 국토가 황폐해지고 인구도 크게 줄었으며 정치적으로 분열되어 오랫동안 통일을 이루지 못했습니다.

피터 스나이어스가 그린, 30년 전쟁의 시작을 알린 백산 전투

➡ 루터, 신성 로마 제국, 칼뱅, 프로테스탄트

삼포제 三圃制 three-field system

유럽 중세 봉건 시대에 경작 지역을 셋으로 나누어 지은 농사법

중세 시대에는 좋은 비료가 없었기 때문에 같은 땅에서 해마다 농사를 계속 지을 수가 없었어요. 한 해 농사를 짓고 나면 땅의 영양분이 없어지기 때문이지요. 그래서 마을이 공동으로 가진 땅 전체를 크게 셋으로 나누어서 한 곳은 보리·귀리 등의 여름 곡물을, 다른 한 곳은 밀·호밀 등 가을에 심는 곡물을, 나머지 한 곳은 쉬는 땅으로 가축을 기르게 하고 1년마다 그 순서를 바꾸어 농사를 지었습니다.

➜ 장원

상 商 기원전 1600~기원전 1046

하나라, 주나라와 함께 중국 고대 왕조를 이룬 나라

하·상·주는 중국의 고전에 기록되어 있는 고대 왕조들인데, 하 왕조는 아직까지 발굴된 유물이 없어서 진짜 있었던 나라인지 알 수가 없어요. 상나라 또한 전설 속의 나라라고 생각했는데, 20세기에 '은허'라는 상나라 유적지가 발굴되어 실제로 있었던 왕조였음이 밝혀졌어요. 그러니까 상나라는 실제로 중국에 있었던 나라들 중 가장 오래된 왕조라고 할 수 있습니다.

은허 유적지 유물

➜ 주, 황허 문명

상비군 常備軍 standing army

전쟁이 일어날 때를 대비해 항상 유지하고 있는 군대

중세 유럽의 왕에게는 상비군이 없었습니다. 전쟁이 일어나면 전국의 영주들을 불렀고, 그들이 거느리고 있는 기사들이 전투에 나갔습니다. 십자군 전쟁을 치른 뒤 교황과 영주의 힘이 약해지자 왕은 권력을 강화하려고 했어요. 그러려면 언제든지 전투에 나설 수 있는 군대가 필요했지요. 그래서 사람들을 모아 돈을 주고 왕을 지키는 군대를 만들었습니다. 지금처럼 국민들이 자기 나라의 군인이 되는 상비군이 나타나는 것은 18세기 이후의 일입니다.
우리나라의 경우에는 대한민국 정부의 수립 이후부터 근대적인 상비군 제도가 실시되었습니다.

➔ 교황, 십자군

상앙 商鞅 ?~기원전 338

중국 전국 시대 진나라의 법가 사상가이자 정치가

상앙은 위나라의 귀족 출신으로 진정한 개혁이 무엇인지 가장 잘 보여 준 인물로, 중국사 전체에 지대한 영향을 남겼습니다. 그는 부강한 나라와 강력한 병사를 가지려면 왕이 엄격한 기준으로 백성을 다스려야 한다고 생각했고, 그에 따라 진나라를 개혁했습니다. 왕이 원하는 것이 아니면 어떤 것이든 법과 형벌로 다스렸지요. 상앙의 정책은 진나라를 발전시켜 시황제가 중국을 최초로 통일하도록 도와줍니다. 하지만 백성의 반발이 심해 진나라가 멸망하는 데도 영향을 주었습니다.

전국 시대 법가 사상가로는 한비자도 있어요.

➔ 시황제, 제자백가

상업 혁명 商業革命 commercial revolution 15세기 말

신항로를 개척한 뒤 상업 활동에 나타난 커다란 변화

유럽인이 아시아로 가는 새로운 뱃길을 찾아내고 아메리카 대륙을 침략하면서 커다란 변화가 생겼습니다. 아메리카에서 은을 많이 캐어 오면서 유럽의 물가가 크게 올랐어요(가격 혁명). 또한 아시아와 아프리카 같은 넓은 시장이 생겨 상업이 발전하고 주식회사도 생겼어요. 이로써 자본주의가 급격히 발전하기 시작합니다.

➡ 신항로 개척, 자본주의

석가모니(싯다르타) Sakyamuni(Siddhartha) 기원전 563~기원전 483

인도 가비라 성의 왕자로 태어난 불교의 창시자

원래 이름은 고타마 싯다르타입니다. 인도 작은 왕국의 왕자로 태어난 그는 유복한 환경에서 화려한 생활을 했어요. 그런데 어느 날 성 밖의 가난한 사람들이 고통받으며 살아가는 모습을 보고 충격을 받았지요. 29세에 성을 뛰쳐나와 세상의 진리를 찾아 떠납니다. 오랫동안 고행과 수행을 거친 뒤 그의 나이 35세 때 어느 날 보리수 아래에서 깨달음을 얻어 붓다(부처)가 되었어요. 그는 세상의 모든 고통과 괴로움, 즐거움의 원인은 결국 사람의 마음속에 있다고 했어요. 그 뒤로 진리를 깨닫기 위해 노력하다가 80세의 나이로 세상을 떠났습니다. 그의 가르침을 따르는 종교가 불교입니다.

출가하는 석가모니

➡ 불교

선사 시대 先史時代 prehistoric age

역사 기록이 있기 전 시대

역사에서 시대를 나누는 방법의 하나로 '문자로 쓴 기록'이 없는 시대를 말합니다. 보통 석기 시대와 청동기 시대가 포함되지만, 학자에 따라 철기 시대가 포함되는 등 차이가 있습니다.

➜ 청동기 시대

성리학 性理學

중국 송나라와 명나라 때 확립된 유학의 한 갈래

송나라의 주희가 유학을 연구해 체계를 세웠어요. 그래서 주자학(朱子學)이라고도 합니다. 성리학은 우주가 생긴 원리와 인간의 심성이 만들어진 과정을 깊이 생각하고 탐구하는 학문입니다. 성리학자들은 모든 사물과 현상은 이(理)와 기(氣)가 어우러져 빚어 낸 것이라고 믿습니다. 사물을 가까이 두고 여러 면에서 관찰하면서 깊이 생각해 보면 이치를 깨달을 수 있다고 했지요. 조선에도 크게 영향을 끼친 학문입니다.

➜ 고증학, 양명학

성배 聖杯 Holy Grail

예수가 최후의 만찬 때 쓴 포도주 잔

예수가 최후의 만찬에서 쓴 포도주 잔은 거룩한 술잔이라 해서 '성배'라고 합니다. 요셉이 십자가에 매달린 예수의 피를 이 성배에 받았다고 하지요. 그 후 요셉은 성배를 가지고 영국으로 갔다고 하는데, 요셉이 죽은 뒤 성배는 어디로 갔는지 알 수 없게 되었습니다. 기사들이 잃어버린 성배를 찾아다니는 이야기는 중세 유럽 문학의 중요한 주제가 됩니다.

성상 숭배 금지령 iconoclasm 726

비잔티움 제국의 황제 레오 3세가 미사 때 예수나 마리아의 조각, 그림 사용을 금지시킨 명령

처음 크리스트교가 생겼을 때는 성상(예수나 마리아, 순교자와 성자의 조각이나 그림)을 만들어 놓고 기도하는 것은 우상을 숭배하는 것으로 생각했습니다. 그런데 4세기 즈음에 신자들 사이에는 성상을 만드는 것이 널리 유행했어요. 교회는 게르만족에게 크리스트교를 전파하는 데 편리하다며 모르는 체하고 내버려 둡니다. 비잔티움 황제 레오 3세는 영향력을 넓히려는 목적으로 성상 숭배 금지령을 내립니다. 이에 대해 로마 교회는 크게 반발했어요. 이 사건은 크리스트교가 서유럽의 로마 가톨릭과 동유럽의 그리스 정교로 갈라지는 중요한 계기가 되었습니다.

➜ 게르만족, 그리스 정교, 로마 가톨릭 교회, 비잔티움 제국, 크리스트교

성 소피아 성당 Ayasofya 537

터키 이스탄불에 있는 성당으로 비잔티움 양식을 대표하는 건축물

유스티니아누스 대제 때 세운 건물로 정사각형의 벽 위에 둥근 돔을 올려놓았어요. 안쪽 벽 부분에는 대리석을 붙이고 위에는 모자이크 벽화로 꾸몄습니다. 황금빛 모자이크가 많은데, 신의 은총인 햇빛이 비치면 신비한 분위기를 자아냅니다. 오스만 제국이 지배한 1452년부터는 이슬람교의 모스크로 쓰였으며, 지금은 국립 박물관으로 쓰입니다.

성 소피아 성당 전경

돔의 지름은 31m나 돼요. 네 개의 첨탑은 오스만 제국 때 추가된 이슬람 양식이에요.

➔ 모스크, 유스티니아누스 대제, 이슬람교

세기 世紀 century

예수 탄생을 기원으로 하는 서력(서양식 달력)에서 100년을 단위로 연대를 세는 방법

- **1세기** | 기원후 1년~100년
- **2세기** | 101년~200년
- **21세기** | 2001년~2100년

➔ 기원

세포이 항쟁 Sepoy Mutiny 1857~1859

인도 용병들이 영국의 인도 지배에 대항해 일으킨 항쟁

'세포이'란 영국 군대에 고용되어 있던 인도 병사들입니다. 세포이들은 어느 날 입으로 깨물어 다듬어야만 하는 대포 심지에 소와 돼지의 기름이 발려 있다는 것을 알게 되었어요. 이슬람교와 힌두교를 믿는 세포이들은 매우 화가 났어요. 이슬람교에서는 돼지를 천하게 여겨 입에 대지 않고 힌두교에서는 소를 신성하게 여겨 죽이지 않거든요.

화가 난 세포이들은 영국이 인도를 지배하려고 세운 동인도 회사를 공격합니다. 점차 이들의 항쟁은 영국의 인도 지배 자체를 반대하는 것으로 변하지요. 나중에는 세포이가 아닌 인도인들도 합세해서 전국 규모의 반대 운동이 됩니다. 그러나 영국의 강력한 총칼 앞에 무너지고 말았고, 대규모 저항 운동에 당황한 영국은 무굴제국(16세기 전반에서 19세기 중엽까지 인도 지역을 통치한 이슬람 왕조)을 무너뜨리고 인도를 직접 지배했습니다.

➔ 동인도 회사, 무굴 제국, 이슬람교, 힌두교

셀주크 투르크조 Seljuk Turks朝 1038~1157

투르크계 유목민인 셀주크족이 세운 이슬람 왕조

투르크족은 원래 중앙아시아 쪽에서 살았어요. 그중 일부가 셀주크라는 사람을 따라 서쪽으로 이동하기 시작했지요. 1055년에 셀주크 투르크족의 지도자 투그릴 베그가 아바스 왕조의 수도인 바그다드를 점령했어요. 아바스 왕조의 칼리프는 투그릴 베그에게 술탄이라는 칭호를 주고 지배권을 인정했습니다. 술탄은 정치 지도자라는 뜻이에요. 칼리프는 이슬람교를 대표하는 종교 지도자, 술탄은 정치 지도자가 된 셈이지요. 셀주크 투르크는 이슬람 세계의 동쪽 부분을 지배했습니다.

우리 역사책에도 투르크족이 나와요. '돌궐'이라고 했지요. 셀주크 투르크가 예루살렘까지 차지하면서 십자군 전쟁이 일어나게 되었대요.

➜ 돌궐, 술탄, 아바스 왕조

셰익스피어 Shakespeare 1564~1616

영국의 극작가이자 시인

엘리자베스 1세 여왕이 영국을 다스리던 시기에 본격적인 활동을 한 극작가예요. 이 시기에는 나라가 융성하여 문화적으로도 높은 창조적 능력이 요구됐는데, 이러한 배경 속에서 셰익스피어는 작가로서의 능력을 더욱 펼칠 수 있었습니다. 셰익스피어는 《햄릿》, 《리어왕》, 《맥베스》, 《오셀로》(4대 비극) 《베니스의 상인》, 《한여름 밤의 꿈》, 《로미오와 줄리엣》 같은 명작을 남겼어요. 뛰어난 상상력과 인간에 대한 통찰력, 풍부하고 아름다운 언어, 무대 형상화 솜씨가 최고라는 평가를 받았습니다.

소림사 少林寺 Shaolin of Temple

중국 북위 시대에 건립한 선종 불교의 절

북위의 효문제가 세웠다고 알려져 있어요. 달마 대사가 530년부터 이곳에서 수도를 해서 더욱 유명한 곳입니다. 선종 불교에서는 무술도 수행 방법의 하나라고 생각했고, 달마는 인도에서 들여온 무술을 이곳 소림사에서 가르쳤어요. 그래서 소림사는 선종 불교 무술의 중심지가 되었습니다.

계속되는 전쟁으로 소림사가 쇠퇴하자 무예를 닦던 승려들이 절 밖으로 흩어지고, 수행 방법이었던 무술은 백성들 사이에서 호신술의 하나로 자리 잡았습니다.

소림사 전경

우리에게 소림사는 무술로 더 알려져 있어요.

➜ 달마, 불교

소비에트 Soviet

노동자, 군대, 농민들을 대표하는 회의 기관이자 권력 기관

원래 소비에트는 '평의회' 또는 '대표자 회의'를 뜻하는 러시아어에서 나온 말입니다. 러시아에서 사회주의 혁명이 일어났을 때 노동자와 군대, 농민들이 대표자를 뽑으면서 자연스럽게 소비에트를 만들었어요. 소비에트는 혁명이 성공하는 데 큰 구실을 했어요. 러시아는 혁명에 성공한 다음, 나라 이름을 소비에트 연방 공화국(소련)이라고 고쳤습니다.

➜ 사회주의

소크라테스 Socrates 기원전 469~기원전 399

인간은 보편적 이성을 가졌다고 주장한 고대 그리스의 철학자

소피스트들은 진리라는 것은 인간에 따라 달라진다고 주장했어요. 소크라테스는 이 주장에 반대하며 인간에게는 절대적이고 모든 것에 공통으로 해당하는 진리가 있다고 주장했습니다. 소크라테스는 사람들에게 질문을 던져 생각을 끌어냈는데, 주로 도덕과 실천에 대해 질문했어요. 이러한 문답은 언제나 '모른다'는 것으로 끝났어요. 소크라테스는 자신이 아무것도 모른다는 것을 깨닫는 것이 진리 탐구의 출발점이라고 생각했거든요.

소크라테스는 인간은 이성을 통해 진리를 알 수 있다고 했어요. 민주주의를 중우 정치(어리석은 대중들의 정치)라고 생각하기도 했어요. 결국 소크라테스는 '신을 모독하고 청년들을 타락시킨다'는 죄목으로 사형을 선고받아요. 탈출을 권하는 친구들의 권유를 뿌리치고 독배를 마시고 죽습니다.

소크라테스의 사상은 플라톤으로 이어지고 그 후 서양 철학에 큰 영향을 미쳤어요. 소크라테스는 공자, 예수, 석가와 함께 세계 4대 성인의 한 사람으로 불립니다.

➜ 소피스트

소피스트 Sophist 기원전 5세기~기원전 4세기

아테네를 중심으로 그리스에서 교양이나 변론술을 가르치던 지식인들

민주주의가 발달하면서 변론술이 필요했어요. 변론술이란 일의 옳고 그름을 따지고 주장하는 능력입니다. 소피스트들은 주로 귀족 자제들에게 변론술과 처세술, 연설하는 법을 가르치고 돈을 받았어요. 예전의 그리스 철학자들은 주로 자연을 탐구했는데, 이제 인간을 탐구하게 된 것이죠. 소피스트란 원래 '지혜로운 사람'이라는 뜻이지만, 나중에는 '궤변론자'를 뜻하는 말이 되었어요. 자기의 이익을 위해 변론술을 악용하여 거짓을 참인 것처럼 꾸며 대기도 했기 때문입니다.

프로타고라스

먼저 출발한 거북이는 아무리 빨리 달려도 따라잡을 수 없다고요?

그리스의 철학자 제논은 그 당시 반박하기 어려운 여러 가지 역설을 내놓아 많은 사람을 당황하게 만들었어요. 제논의 역설 가운데 가장 유명한 것이 '아킬레스와 거북이의 달리기 경주'입니다. 제논은 거북이가 먼저 출발한 상황에서 아킬레스는 아무리 빨리 달려도 거북이를 따라잡을 수 없다는 것을 논증한 것입니다.

아킬레스가 자기보다 앞에 달려가는 거북이를 뒤쫓는다고 할 때, 거북이의 걸음이 아무리 늦더라도 아킬레스가 원래 거북이가 있던 곳까지 따라왔을 때 그동안 거북이는 얼마쯤은 전진해 있지요. 다음에 아킬레스가 다시 거북이가 있던 두 번째 지점까지 왔을 때도 거북이는 그래도 얼마쯤은 전진해 있습니다. 이렇게 계속되기 때문에 거북이와 아킬레스 사이의 간격이 점점 가까워지지만 아킬레스는 결국 거북이를 추월할 수 없다는 것이 제논의 역설입니다. 자, 어디가 틀렸을까요?

➜ 소크라테스

손자병법 孫子兵法

전쟁에 이기기 위한 기술을 적어 놓은 중국 춘추 시대의 책

춘추 시대 오나라의 명장 손무(孫武)가 지은 병법서입니다. 병법서란 전쟁에서 이기기 위해 나라의 정책을 정하는 방법부터 실제 전투에서 작전 세우는 법 따위를 적은 책입니다. '지피지기(知彼知己)면 백전불태(百戰不殆)'라는 유명한 구절이 있습니다. 해석하면 '적을 알고 나를 알면 백 번을 싸워도 위태롭지 않다'는 뜻이에요. 이 책은 전쟁에서뿐 아니라 일상생활에도 많은 도움을 준다고 알려져 있습니다.

➜ 제자백가, 춘추 전국 시대

송 宋 960~1279

당나라 뒤에 들어선 5대 10국을 통일한 중국의 왕조

5대(五代)의 하나인 후주(後周)의 장수였던 조광윤이 다른 군인들의 추천을 받아 왕위에 올라 세운 나라입니다. 5대의 혼란이 모두 무력이 발달했기 때문이라고 생각한 조광윤은 무관을 억압하고 문관을 떠받들었어요. 그러다 보니 군사력이 약해져서 북방 민족의 침입에 강하게 맞서지 못했지요. 거란과 서하 같은 이웃 민족과 대립하거나 평화를 유지하는 데 막대한 돈이 들어가 나라 경제가 어려워졌어요. 왕안석이 신법으로 개혁하려 했지만 실패하고, 1127년에 여진이 세운 금에게 멸망당하고 수도를 강남 지방으로 옮겼습니다. 이때부터를 '남송', 이전 시대를 '북송'이라 합니다. 약한 군사력으로 금나라와 몽골족에게 시달리다가 결국은 몽골족의 무력 앞에 무너지고 말았습니다.

➜ 북방 민족, 5호 16국, 왕안석

쇼토쿠 태자 聖德太子 573~621

천황의 권력을 강화하고자 했던 일본 아스카 시대의 정치가

일본(왜)은 6세기 후반에서 7세기 초에 백제와 고구려로부터 불교와 유교를 전해 받았어요. 왜의 쇼토쿠 태자는 불교를 나라의 종교로 삼으려고 했어요. 모든 백성이 불교를 믿게 되면 통치하기가 더욱 쉬워지니까요. 그래서 법륭사(法隆寺, 호류지)를 지었어요. 불교의 힘을 빌려 지방에 남아 있던 족장을 누르고 천황의 이름으로 백성을 다스리고자 했습니다. 그는 점차 천황의 힘을 강화하고 유교 이념에 따라 법도 만들고 관리를 뽑아 써서 국가의 기틀을 마련했습니다. 수나라, 백제, 고구려와 외교를 맺어 선진 문물을 받아들였습니다.

➡ 아스카 시대

수 隋 581~618

중국 남북조를 통일한 왕조

북조의 북주(北周)로부터 왕위를 물려받은 양견(수나라 제1대 황제 문제)이 남조의 진(陳)을 멸망시키고 317년 만에 중국을 통일해 수나라를 세웁니다. 문제의 뒤를 이어 황제가 된 양제는 화북 지역과 강남 지역을 잇는 뱃길을 만들려고 대운하를 건설했고, 여러 차례 돌궐·고구려와 전쟁을 벌였어요. 공사에 끌려가 일하거나 군사로 나간 백성들의 불만도 대단했지요.

반란이 계속 일어나는 동안 군사를 일으켰던 이연이 수를 멸망시키고 당을 세웁니다. 그래서 수는 38년 만에 사라졌어요. 과거 제도와 율령 등 수나라에서 시행되었던 여러 가지 제도는 당으로 이어져 당나라를 다스리는 통치 제도의 근본이 되었습니다.

➡ 위진 남북조 시대, 당, 대운하

수도원 monastery

가톨릭의 수도사나 수녀들이 생활하는 집

원래 이집트에서 몇몇 사람들이 모여 함께 신앙 생활을 했던 것에서 시작되었어요. 6세기에 수도사 베네딕트가 이탈리아의 몬테카시노에 수도원을 세우고 수도사가 지켜야 할 규칙을 정합니다. 수도사들은 기도를 하고, 먹을 것을 스스로 생산하려고 일을 했어요. 수도원 생활 중 가장 중요한 작업은 아름다운 글씨로 성경을 베끼고, 책을 만드는 일이었어요. 수도원은 중세 학문과 교육, 문화의 중심지였어요.

수메르 문명 Sumer文明 기원전 3500년~기원전 2300년

세계에서 가장 오래된 문명

4대 문명 중에서도 가장 오래된 문명은 메소포타미아 문명이에요. 티그리스·유프라테스 강 사이(오늘날의 이라크)에서 발생했어요. 여러 민족이 번갈아 이 문명을 만들었지요. 그중에서 가장 오래된 문명을 만든 민족이 바로 수메르인이에요. 처음으로 도시 국가를 세우고 지구라트라는 신전을 만든 사람들이지요. 농사에 필요한 수로를 파고 장사에 필요한 쐐기 문자를 사용했습니다. 나중에 등장하는 아카드인이나 바빌로니아인은 수메르 문명에 바탕을 두고 발전했어요.

➜ 쐐기 문자

수에즈 운하 Suez Canal 1869~

지중해, 홍해, 인도양을 잇는 운하

운하는 육지에 물길을 내어 배가 다닐 수 있게 만든 것입니다. 수에즈 운하는 아시아 대륙과 아프리카 대륙 사이에 있어요. 원래 유럽에서 아시아로 가려면 아프리카 대륙을 빙 돌아서 가야 했습니다. 1869년에 이집트와 프랑스는 수에즈 지역에 운하를 파기로 했어요. 지중해와 홍해를 이어 주는 운하였지요. 운하가 완성되면 유럽에서 아시아로 가는 뱃길이 이전보다 세 배나 빨라지거든요. 운하를 만들면서 수십만 명의 이집트 사람이 강제로 동원되었어요. 고된 노동에 시달리다 죽은 사람이 12만 명이나 된대요. 하지만 이집트 정부가 재정난에 허덕이자 영국이 몰래 운하의 주식을 모두 사 버렸어요. 그래서 수에즈 운하가 완성된 뒤에는 영국이 운하의 소유권을 갖게 되었지요. 영국은 운하를 지나가는 배에 통행료를 부과했어요. 이집트 배라도 통행료를 내야 했습니다. 1957년에 나세르 대통령이 운하를 되찾을 때까지 90년 가까이 영국이 차지하고 있었어요.

수에즈 운하

➜ 파나마 운하

순장 殉葬

신분이 높은 사람이 죽으면 가족이나 종을 함께 장사 지내는 제도

고대 사회에 있었던 장례 방법 중 하나로 계급이 발생하여 지배자가 나타난 이후 전 세계에 걸쳐 나타나는 장례 풍습이에요. 중국에서는 상나라 때, 죽은 사람의 식구나 하인을 죽여서 함께 묻었습니다. 묘 하나에서 시신이 79구, 또는 54구씩 함께 발굴되기도 했어요. 죽어서 다시 살게 될 세상에서 함께 지내라는 뜻이기도 했지요. 부여에서는 왕이 죽었을 때 100명이 넘는 사람이 산 채로 왕과 함께 묻힌 일도 있었다고 해요. 하지만 노동력이 중요해지고 사람의 생명을 귀하게 여기게 되면서 사람 대신 가축을 묻기도 했습니다. 나중에 나라에서 법으로 금지해 나갔습니다.

술탄 Sultan

이슬람교의 최고 종교 지도자인 칼리프가 정치 지도자에게 내리는 칭호

아바스 왕조의 칼리프가 지방의 지배자에게 내려 준 칭호였습니다. 13세기에 셀주크 왕조의 투그릴 베그가 바그다드를 점령한 뒤에는 세속 권력의 최고 권위자, 곧 왕을 뜻하는 칭호로 쓰였어요.

➜ 셀주크 투르크조, 아바스 왕조, 칼리프

스와라지 스와데시 Swaraji Swadeshi 1906

인도에서 펼쳤던 자치 운동과 국산품 애용 운동

스와라지는 인도어로 '자치'를 뜻합니다. 영국의 지배를 벗어나 인도인이 직접 정치를 하자는 운동이 스와라지 운동입니다. 영국이 인도를 분열시키려고 벵골 분할령을 발표하자, 이에 대한 저항으로 1906년에 시작되었어요. 간디가 적극 앞장섰습니다.

스와데시는 '조국'이란 뜻으로, 영국 제품 안 사기 운동으로 시작해 인도 민족의 산업을 발달시키자는 운동으로 펼쳐졌습니다.

➜ 간디, 인도 국민 회의

스탈린그라드 전투 Battle of Stalingrad 1942~1943

제2차 세계 대전 당시 러시아 근처 스탈린그라드에서 벌어진 독일과 러시아의 전투

스탈린그라드는 산업 시설과 유전이 많아서 아주 중요한 지역입니다. 그래서 33만 명의 독일군이 총력을 기울여 여러 번 공격했어요. 하지만 소련군의 저항으로 뺏지 못했지요. 1942년에는 오히려 소련군이 반격에 나섰어요. 추위와 소련군의 공격으로 독일군 22만 명이 죽었고, 남은 병사 9만 명도 항복했지요. 이 전쟁에서 소련이 승리하면서 전쟁은 연합군에게 유리해졌고, 심각한 전력 손실을 입은 독일군은 이후 1945년 제2차 세계 대전에서 패전했습니다.

→ 제2차 세계 대전

스톤헨지 Stonehenge 기원전 3000~기원전 1500

영국 솔즈베리에 있는 신석기 시대의 거석 기념물

넓은 들판에 말굽 모양의 돌기둥이 있고, 그 바깥쪽에 2~7m 높이의 돌이 기둥 모양으로 둥그렇게 줄지어 서 있어요. 한 번에 만든 것이 아니라 오랜 시간 동안 여러 차례에 걸쳐서 만든 것입니다. 신에게 제사를 지내는 곳이었거나, 태양과 달의 움직임을 관측하는 관측소였을 것이라고 짐작하고 있습니다.

스톤헨지

가장 큰 돌의 무게는 50톤이나 돼. 가까이는 30km, 멀리는 200km나 되는 곳에서 돌을 가져왔다는군. 도대체 어떻게 끌고 왔을까?

스파르타 Sparta

고대 그리스의 도시 국가 가운데 하나

스파르타는 펠로폰네소스 반도 남동부의 라코니아 지방, 에우로타스강 유역에 위치한 도시 국가입니다. '라케다이몬'이라고도 불렸으며 폐쇄적 사회 체제, 엄격한 군사 교육, 강력한 군대 등으로 유명하지요. 스파르타에는 자유로운 스파르타 시민의 수는 적고, 정복당해 노예가 된 사람이 많았어요. 노예들의 반란을 누르기 위해 시민들에게 엄격한 군사 훈련을 시켰어요. 군사력은 강했지만 학문이나 예술은 발달하지 못했습니다. 민주 정치가 발달한 아테네와 곧잘 비교됩니다.

스파르타 교육이 뭔가요?

스파르타의 모든 교육은 나라의 통제 아래 이루어졌어요. 만약 신생아가 허약하면 들판에 버렸으며, 건강한 아이만 부모에게 맡겨 7세까지 기르도록 했습니다. 7세가 된 남자아이는 집을 떠나 국가가 운영하는 공공 교육장에 들어가 엄한 훈련을 받았어요. 교육의 목표는 용맹·인내·애국·복종과 강한 체력을 갖춘 군인을 기르는 데 있었습니다. 교육은 어려운 훈련과 경쟁 및 처벌을 위주로 이루어졌어요. 남자들은 21~30세까지 특별 병영 생활을 시켰어요. 여자들도 남자와 같이 엄격한 교육을 받았어요. 이처럼 엄격하게 훈련하는 교육 방법을 '스파르타 교육'이라고 해요.

➡ 아테네, 폴리스

스파르타쿠스의 반란 기원전 73~기원전 71

로마 공화정 말기에 스파르타쿠스가 중심이 되어 일으킨 노예 반란

이때 로마의 귀족은 라티푼디움이라는 대농장을 갖고, 농민은 땅을 잃어버려 사회가 몹시 어지러웠어요. 검투사였던 스파르타쿠스는 노예들을 모아 반란을 일으켰습니다. 짐승만도 못한 대접을 받던 많은 노예들이 자유를 얻기 위해 반란에 참여합니다. 3년 가까이 계속된 반란에 10만 명이나 되는 사람이 참여했어요. 그러나 결국 크라수스가 이끄는 로마 군대에 패하였고, 포로가 된 노예 6000명은 아피아 가도에서 십자가에 매달려 처형됩니다.

▶ 공화정, 아피아 가도

스핑크스 Sphinx

이집트, 서아시아, 그리스 신화에 나오는 괴물

사람의 머리와 사자의 몸을 가지고 있는데, 왕의 권력을 상징합니다. 이집트나 아시리아에서 많이 조각되었지요. 그리스 신화에 나오는 스핑크스는 수수께끼를 내어 풀지 못하는 사람을 잡아먹었다고 해요. 이집트 피라미드 근처에 조각해 두기도 합니다.

이집트 기자의 스핑크스

처음에는 다리가 네 개였다가 다음에는 두 개가 되고, 마지막엔 세 개가 되는 것이 무엇이냐? 이 수수께끼를 풀지 못하면 잡아먹겠다.

기자 피라미드의 스핑크스 앞발에 있는 비석은 뭔가요?

투트모스 4세가 어떻게 왕이 되었는지가 상형 문자로 쓰여 있답니다. 어느 날, 투트모스 왕자는 사냥을 갔다가 나무 그늘에서 잠시 낮잠을 잤어요. 그런데 꿈에서 하르마키스 신이 나타나 "모래가 나를 덮고 있어 답답하니 그 모래를 치워 주면 상하이집트의 왕관을 너에게 주겠노라."라고 말했어요. 잠에서 깨어난 왕자는 곧바로 스핑크스를 덮고 있던 모래를 치우고 제물을 바친 뒤, 왕이 될 가능성이 별로 없던 투트모스 왕자가 왕이 되었다는 이야기입니다.

➔ 미라, 피라미드

슬라브족 Slavs

유럽의 동부와 중부에 걸쳐 살며 슬라브어를 쓰는 여러 민족

러시아를 비롯한 동유럽에서 동북 아시아에 이르기까지 매우 넓은 지역에 살고 있어요. 겉모습은 게르만족과 비슷하지만, 머리 모양은 동양인처럼 넓적하고 큰 편입니다. 드네프르강 상류에 살던 슬라브족은 6세기 무렵 유럽 여러 곳으로 옮겨 가기 시작했어요.

대부분의 슬라브족은 비잔티움 제국의 영향을 받아 그리스 정교를 믿지만, 서쪽으로 이동한 슬라브족은 게르만족의 영향을 받아 로마 가톨릭을 믿습니다. 남쪽 발칸 반도 쪽으로 이동한 슬라브족은 15세기부터 오스만 투르크의 지배를 받으면서 이슬람교를 믿는 사람이 많아졌어요. 그래서 이 지역은 민족과 종교가 매우 복잡하게 얽혀 있어요.

slave(노예)란 단어는 salv에서 비롯되었어요. 유럽인들은 슬라브족이 사는 곳을 뒤떨어진 곳으로 생각했거든요.

➜ 게르만족, 그리스 정교, 오스만 투르크 제국, 이슬람교

시바 Shiva

인도 힌두교에서 높이 받드는 신

팔은 열 개고 얼굴은 네 개, 눈은 셋이라고 합니다. 용의 독을 마신 뒤부터는 검푸른 목이 되었으며, 머리에는 달을 이고, 호랑이 가죽을 걸쳤다고 해요. 또 황소의 등에 올라타고 무기를 갖고 있으며 히말라야 기슭에 산다고 해요.

우주를 다스리는 신이면서 죽음과 파괴를 불러오지만 춤과 음악을 좋아하고 사랑과 탄생을 지배하는 신입니다. 세계의 악을 몰아내고 정의를 되살려 우주를 유지한다는 비슈누, 우주를 창조했다는 브라만과 함께 힌두교의 3대 신입니다.

춤추는 시바 상

➜ 브라만교, 힌두교

시아파 shi'ah

'알리를 따르는 사람들'이라는 뜻을 가진 이슬람교의 한 종파

이슬람교는 시아파와 수니파로 나뉘었습니다. 시아파는 무함마드의 사위 알리(제4대 칼리프)만을 정통 칼리프로 인정하고, 그 자손만이 칼리프가 될 자격이 있다고 생각했어요. 그래서 알리가 죽은 뒤 칼리프가 된 우마이야 왕조를 인정하지 않았지요. 그러나 대부분의 이슬람교도는 우마이야 왕조를 칼리프로 인정하는 수니파입니다. 지금도 이슬람교도의 10%만이 시아파입니다. 이란은 시아파 이슬람교도가 많은 나라입니다.

➜ 무함마드, 수니파, 알리, 우마이야 왕조, 칼리프

시암 Siam

타이 왕국의 옛 이름

동남아시아 국가 중 유일하게 개혁에 성공해 강대국의 식민지가 된 적 없이 지금까지 독립을 유지하고 있습니다. 1939년 타이로 개명하였으며, 제2차 세계 대전 후 잠시 시암으로 다시 부르다가, 현재는 타이를 국호로 쓰고 있습니다.

시크교 Sikhism

16세기 초에 인도 서북부 펀자브 지방에서 나나크가 창시한 종교

힌두교와 이슬람교가 영향을 주고받으며 합쳐져 생긴 종교입니다. 힌두교와는 달리 유일신을 '참다운 이름'이라고 섬기고, 카스트 제도를 부정하며 모든 인간이 평등하다고 주장했어요. 또 이슬람교와는 달리 의례와 예식도 별로 중시하지 않습니다. 하지만 윤회에서 벗어나 신과 하나가 되는 것을 목표로 삼고 있다는 점은 힌두교와 같습니다. '시크'는 제자라는 뜻으로, 종교 지도자인 '구루'의 가르침을 받는 사람입니다. 이들의 경전은 《그란트》라고 해요. 시크 교도는 《그란트》를 읽고 선하게 살아가는 것이 최고의 삶이라고 생각합니다.

평등 사상 덕분에 하층민의 지지를 많이 받아 점점 세력이 커졌어요. 그러자 17세기부터 무굴 제국의 탄압을 받게 되어 점차 신을 위한 전투를 중시하게 되었어요. 그래서 '할사'라고 하는 전투 집단을 만들어 젊은이들을 훈련시켰어요. 무굴 제국이 멸망한 뒤에는 영국과 맞서 싸웠습니다. 영국이 물러간 뒤에는 시크 교도가 모여 살던 서펀자브 지역이 파키스탄으로 들어갔습니다. 시크 교도들은 인도 땅이 된 동펀자브 지역으로 옮겨 와 그곳에 살던 이슬람교도를 몰아냈습니다. 시크 교도들은 아직도 펀자브 지역에 독립 국가를 만들고 싶어 해서 인도 정부와 마찰을 빚기도 합니다.

시크교 사원인 황금사원(인도, 암리차르)

➜ 무굴 제국, 이슬람교, 힌두교

시황제 始皇帝 재위: 기원전 259~기원전 210

중국 최초의 통일 왕조인 진나라의 황제

시황제는 전국을 군현으로 나누어 관리를 파견해 다스려서 지방 세력을 억압했어요. 또 전국의 도량형을 통일하고 도로를 만들어 전 국토를 하나의 기준으로 다스릴 수 있도록 했습니다. 엄격한 법과 제도로 나라를 다스렸고 유학(공자의 사상을 받드는 동양 철학)을 억압하는 분서갱유(실생활에 이로운 책을 제외한 모든 책을 불태우고 유학자들을 생매장한 일)를 저질렀습니다. 북방 민족인 흉노를 막기 위해 북쪽 국경에 장성을 쌓았는데, 나중에 이것이 더 보완되어 만리장성이 됩니다. 또 정복 전쟁을 벌여 베트남 북부와 하이난다오를 차지했어요. 하지만 지나친 사치와 도로 공사, 만리장성 쌓기, 아방궁 짓기 같은 대규모 토목 공사로 백성들의 고통은 매우 컸습니다. 더구나 법가 사상으로 백성을 가혹하게 통치해 전국에서 반란이 일어나 진나라는 15년 만에 멸망했습니다.

진시황릉 병마용(중국 산시성)

시황제란 첫 번째 황제라는 뜻이에요!

➜ 군현제, 도량형, 만리장성, 분서갱유, 제자백가

신석기 시대 新石器時代 New Stone Age 약 1만 년 전~5000년 전

간석기를 쓰고 토기를 만들어 썼으며, 농사를 짓고 가축을 기르기 시작했던 시기

약 1만 년 전쯤에 날씨가 따뜻해지고, 육지와 바다의 모습이 점차 오늘날과 비슷해졌어요. 인류는 이 무렵부터 돌을 떼어 만든 뗀석기가 아니라 돌을 갈아 만든 간석기를 썼습니다. 신석기 시대의 인류는 농사를 지어 식량을 얻었으며, 흙으로 토기를 빚어 음식을 하고 남은 식량은 저장했어요. 또 돼지나 소를 기르기 시작했습니다. 더 이상 떠돌아다닐 필요가 없었기 때문에 움집을 짓고 마을을 이루어 정착 생활을 하게 되었습니다. 신앙 생활을 한 흔적도 보입니다. 이렇게 생활 방식이 크게 변한 것을 신석기 혁명이라고 해요.

➜ 간석기, 뗀석기

신성 로마 제국 Holy Roman Empire 962~1808

오토 1세가 황제가 된 때부터 프란츠 2세가 물러날 때까지의 독일 제국

476년에 게르만족이 이동해 오면서 서로마 제국은 멸망했지만 유럽인의 마음에는 '하나의 제국'이 남아 있었어요. 교황은 프랑크 왕국의 카롤루스 왕에게 '서로마 제국 황제'의 관을 씌워 주었습니다. 그러나 프랑크 왕국이 세 나라로 분열되면서 서로마 제국은 없어졌습니다. 그 뒤 독일의 오토 1세가 흉노(훈)족의 침입을 물리치고, 로마 교황을 구해 주었어요. 로마 교황은 오토 1세에게 로마 제국 황제의 관을 줍니다. 이때의 독일 제국을 신성 로마 제국이라고 합니다.

➜ 게르만족, 프랑크 왕국

신성 문자 神聖文字 Hieroglyph

고대 이집트의 상형 문자

주로 왕의 업적이나 신에 대해, 사람이 죽은 뒤의 세계에 대해 적은 글입니다. 그림처럼 생긴 글자지요. 1822년에 프랑스 학자 샹폴리옹이 해독하는 데 성공했어요.

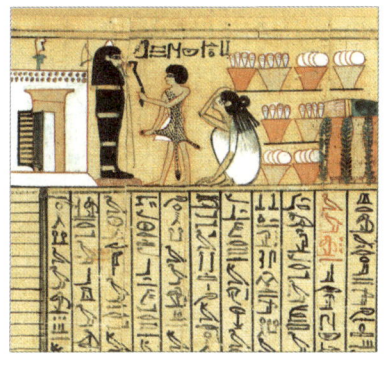

신성 문자가 새겨진 〈사자의 서〉

➜ 로제타석

신항로 개척 (지리상의 발견) 15세기~17세기

유럽에서 동양으로 가는 새로운 뱃길을 개척한 사건

십자군 전쟁 뒤로 동방 무역이 활발해지면서 유럽인들은 동양에 대해 관심이 높아졌어요. 마르코 폴로의 《동방견문록》은 호기심을 더욱 자극했지요. 유럽에서 동양으로 가려면 지중해를 지나 서아시아를 거쳐야 했는데, 이 무렵 지중해와 서아시아를 차지한 오스만 투르크 제국은 동방 무역을 독점해 이익을 보고 있었어요. 그래서 유럽인들은 지중해를 거치지 않고 중국이나 인도로 갈 수 있는 새로운 뱃길을 찾아 나섰어요. 신항로 개척에 앞장선 나라는 에스파냐와 포르투갈이었어요. 바스코 다 가마는 아프리카의 희망봉을 돌아 인도에 도착했으며, 콜럼버스는 대서양을 가로질러 아메리카 대륙에 도착했어요. 마젤란 함대는 최초로 세계 일주에 성공합니다.

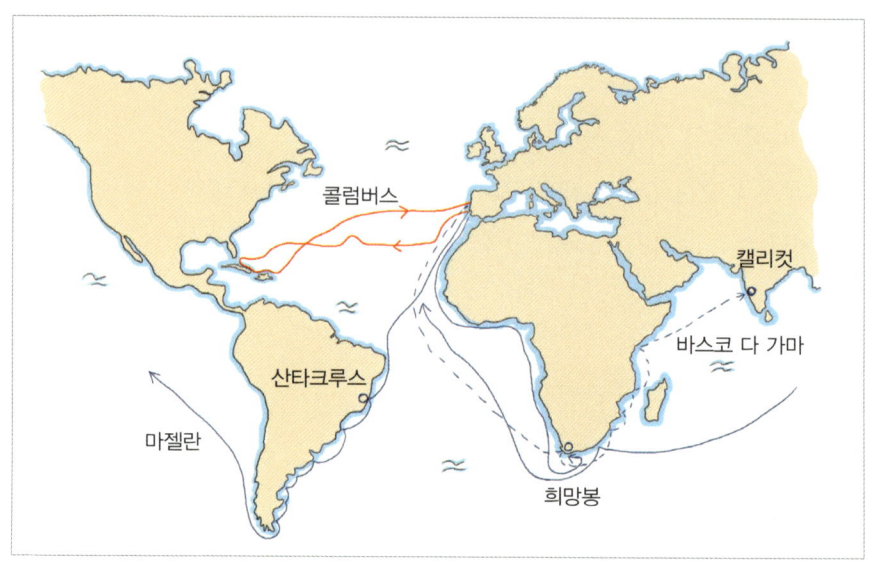

신항로를 개척한 뒤 에스파냐와 포르투갈은 앞다투어 아메리카 대륙을 식민지로 만듭니다. 포르투갈은 브라질을 식민지로 삼았고, 인도의 값비싼 향신료를 싣고 돌아가 막대한 이익을 남겼어요. 또한 에스파냐는 중·남부 아메리카를 식민지로 삼고 금과 은을 마구 약탈해 갔어요. 유럽의 물가는 크게 올랐고 상업이 발전했습니다.

그러나 유럽인의 신항로 개척으로 잉카 문명과 아즈텍 문명 같은 수준 높은 문명을 갖고 있던 아메리카 원주민의 엄청난 수가 학살당하고, 살아남은 사람들은 크리스트교로 개종을 강요당했어요. 게다가 유럽인이 옮긴, 홍역·천연두·페스트 같은 전염병으로 수많은 사람이 죽어 갔어요. 결국 유럽인의 침략을 받은 지 100년 만에 원주민의 90%가 죽었습니다.

➜ 동방견문록, 동방 무역, 마젤란, 오스만 투르크 제국, 잉카 제국, 희망봉

신해혁명　辛亥革命 1911~1912

중국의 왕조를 무너뜨리고 아시아 최초의 공화국인 중화민국을 건국한 혁명

청나라 말기 개혁 운동은 혁명파와 개혁파로 나뉩니다. 혁명파는 청을 무너뜨리고 공화정을 세우자 했고, 개혁파는 황제를 그대로 두고 입헌 군주제를 하자고 했어요. 혁명파인 쑨원은 하와이에서 '흥중회'를 조직하고 '삼민주의(민족, 민권, 민생)'를 내세우며 혁명을 이끕니다. 1910년 10월 10일, 우창에서 혁명군은 크게 이겼고, 그 뒤로도 많은 지역에서 청나라에 반기를 들었습니다.

그러나 구세력의 힘이 다시 강해졌고, 혁명군은 구세력의 지지를 받는 위안 스카이와 협상을 맺고 그를 총리로 임명했어요. 1912년 2월 12일, 청의 마지막 황제 푸이가 물러나면서 청이 망하고 위안 스카이는 대총통이 되었지요. 이로써 중국에서는 진시황제 이래 2200여 년 동안 이어져 내려오던 황제 지배 체제가 완전히 막을 내렸습니다.

쑨원

➜ 공화정, 쑨원, 입헌 군주제, 청

쐐기 문자 (설형 문자) cuneiform script 기원전 3100~기원전 100

메소포타미아 문명 지역에서 쓴 문자

메소포타미아 지역에서는 상업이 발달했어요. 그래서 물건의 개수를 세거나 영수증을 만들려고 처음으로 문자를 만들었습니다. 직사각형의 진흙판에 뾰족한 펜으로 눌러쓰면 쐐기 같은 모양이 되었지요. 진흙판은 썩지 않기 때문에 신화, 수학, 천문, 역사, 법률, 재판 기록, 일기, 수필에 이르기까지 많은 자료가 남아 있어요. 처음 쐐기 문자를 발명한 것은 수메르인인데, 바빌로니아인, 아시리아인, 히타이트인, 페르시아인들도 썼어요. 기원전 1세기쯤 그리스 문자와 아랍 문자가 보급되면서 사라졌어요. 고대 바빌로니아의 함무라비 왕의 성문법인 《함무라비 법전》이 바로 이 쐐기 문자로 되어 있어요.

쐐기 문자가 새겨진 진흙판

➡ 수메르 문명, 아시리아, 페르시아, 함무라비 법전, 히타이트

쑨원(손문) 孫文 1866~1925

신해혁명을 이끈 중국의 혁명가

광둥성 빈농의 아들로 태어나 의사가 되었어요. 1894년 청일 전쟁에서 청이 지자, 하와이로 가서 '흥중회'를 만들고 청을 반대하는 운동에 적극 나섰습니다. 흥중회를 중심으로 군사를 일으켰지만 실패하고 일본으로 망명했어요.

캉유웨이의 도움을 얻어 1900년에 또다시 군사를 일으켰으나 실패하고, 1905년 러일 전쟁 뒤 일본에서 유학생들과 함께 '중국 혁명 동맹회'를 조직했어요. 1911년 10월 10일 중국 국내에서 청을 반대하던 사람들이 우창에서 봉기를 일으키면서 신해혁명이 일어났습니다. 쑨원은 곧 미국에서 귀국해 혁명을 이끌었어요. 이로써 만주족이 세운 청나라를 무너뜨리고 한족 중심의 입헌 군주제인 '중화민국'을 건설했습니다.

하지만 쑨원은 청의 황실을 무너뜨리는 조건으로 군인인 위안 스카이에게 대총통 자리를 넘겨주고 말았지요. 쑨원은 일본으로 다시 망명해 중화 혁명당을 만들고, 1919년에 당의 이름을 '중국 국민당'으로 바꿉니다. 그리고 중국 공산당과 국공 합작을 이뤄 외세에 대항합니다. 그가 주장한 '삼민주의'는 한(漢)족 국가를 다시 세우자는 민족주의, 민주 국가를 수립하자는 민권주의, 사회를 개혁함으로써 민중이 풍요롭게 살게 하자는 민생주의로 이루어져 있어요.

➔ 러일 전쟁, 신해혁명, 입헌 군주제, 청일 전쟁

십이표법 十二表法 기원전 451~기원전 450

문자로 적혀 있는 로마의 가장 오래된 법

고대 로마 때 글자로 적어 놓은 첫 번째 법입니다. 열두 장의 구리판에 법을 새겼어요. 그전까지의 법은 귀족에게만 유리하고 평민에게는 불리했는데, 십이표법은 평민의 권한도 많이 인정하고 있어요.

십자군 전쟁 十字軍戰爭 crusades 1096~1270

서유럽의 크리스트교도가 성지 예루살렘을 이슬람교도에게서 되찾기 위해 일으킨 전쟁

11세기에 많은 서유럽인이 예루살렘으로 성지 순례를 갔습니다. 예루살렘은 638년 이래로 이슬람교를 믿는 사람들의 땅이었어요. 11세기 중엽 셀주크 투르크의 힘이 세지면서 유럽의 순례자들을 방해하고, 비잔티움 제국을 공격합니다. 위협을 느낀 비잔티움 황제는 로마 교황에게 도와달라고 했고, 로마 교황은 비잔티움 제국에 자신의 영향력을 넓히고자 십자군 전쟁을 시작합니다. 많은 기사들과 상인들이 함께했어요.

약 200년 동안 7차례에 걸쳐 원정을 떠났는데, 첫 번째 십자군만 예루살렘을 되찾았고 나머지는 모두 실패했습니다. 십자군 전쟁이 실패하면서 교황의 권위는 크게 떨어지고, 봉건 영주들의 힘이 줄어들게 됩니다. 또 동방 무역이 활발해지고 상업이 발달하면서 중세 사회는 크게 달라졌습니다.

➡ 교황, 동방 무역, 비잔티움 제국, 셀주크 투르크조, 예루살렘, 이슬람교

가장 높은 곳에 뜻을 두어라.

_ 모택동

아라비안나이트 Arabian Nights

아라비아어로 기록된, 이슬람의 설화를 모은 책

6세기경 사산 왕조 페르시아의 한 왕이 세계 여러 나라 이야기를 모아서 책을 만들라고 명령했습니다. 인도와 이집트, 서아시아(페르시아)의 이야기가 많이 모였지요. 세월이 흐르면서 더 많은 이야기가 덧붙여지고 다듬어져서 15세기에 완성된 것이 바로《아라비안나이트》입니다. 작가는 알려지지 않았어요.

책의 내용은 여자를 믿지 못하는 왕에게 세헤라자데라는 착하고 현명한 여성이 밤마다 이야기를 들려준다는 것입니다. 세헤라자데는 1000일 하고도 하룻밤이나 이야기를 계속합니다. 바그다드뿐 아니라 이집트, 인도, 유럽, 중국을 무대로 삼아 펼쳐지는 아라비안나이트에는 연애 이야기, 범죄 이야기, 여행 이야기, 역사 이야기, 신기한 이야기가 가득합니다. 그중에서《신드바드 이야기》,《알라딘과 요술램프》,《알리바바와 40인의 도둑》 같은 이야기는 아주 유명하지요.

➔ 사산 왕조 페르시아, 페르시아

아리스토텔레스 Aristoteles 기원전 384~기원전 322

고대 그리스의 철학자

플라톤의 제자이며, 알렉산드로스 대왕의 스승입니다. 아리스토텔레스는 정치·윤리·문학·형이상학·동물학·기상학·변론술과 같은 모든 분야에 걸쳐서 그 시대의 학문을 정리하고 체계를 세웠어요. 그의 사상은 중세의 스콜라 철학을 비롯해 후세의 학문에 큰 영향을 주었습니다. 아리스토텔레스의 저서로는 《논리학》, 《자연학》, 《형이상학》, 《니코마코스 윤리학》, 《정치학》 등이 있습니다.

아리스토텔레스 두상

➜ 알렉산드로스 대왕, 플라톤

아리아인 Aryan man

인도-게르만 어족의 한 갈래로 중앙아시아에 살다가 인도와 이란에 정착한 민족

아리아라는 말은 '고귀한'이라는 뜻으로 아리아인이 스스로를 가리키는 말입니다. 원래 중앙아시아에서 유목 생활을 하다가 기원전 1500년쯤 인도 서부로 침입해 원주민을 정복했어요. 이들은 자연 현상을 신격화한 여러 가지 신을 믿었습니다. 그들 중에서 일부는 기원전 1000년 무렵부터 갠지스강 유역으로 이동해 벼농사를 짓고 마을을 이루며 살았습니다. 철기를 개발해 썼고, 카스트 제도, 베다, 브라만교를 만들었어요. 이란 고원 쪽으로 이동한 아리아인은 페르시아 제국을 세웁니다.

➜ 갠지스강, 브라만교, 페르시아, 카스트

아메리카 America

남아메리카와 북아메리카를 함께 부르는 이름으로 6대륙 중의 하나

태평양과 대서양 사이에 있는 대륙으로 콜럼버스가 서인도 제도에 도착하면서 유럽인에게 알려졌습니다. 콜럼버스는 죽을 때까지 자기가 도착한 곳이 인도라고 생각했지요. 이곳이 인도가 아닌 새로운 대륙이라는 것을 발견한 아메리고 베스푸치의 이름을 따서 아메리카라고 부르게 되었습니다.

➜ 신항로 개척, 콜럼버스

아바스 왕조 Abbasid dynasty 750~1258

우마이야 왕조의 뒤를 이어 이슬람 세계를 지배한 왕조

아바스 가문은 우마이야 왕조에 불만을 품은 여러 세력을 모아서 혁명을 일으켰습니다. 우마이야 가문은 칼리프가 될 자격이 없다고 생각하는 시아파 이슬람교도, 이슬람교를 믿는데도 세금을 계속 걷는 우마이야 왕조에 불만을 품은 비아랍인들이 혁명에 적극 참가했어요.
아바스 가문은 우마이야 왕조를 무너뜨린 뒤 수도를 바그다드로 옮깁니다. 그 시절 바그다드는 당나라의 수도 장안과 함께 세계 교역과 문화의 중심지가 되었어요. 아바스 왕조는 비아랍인에게만 세금을 거두는 법을 없애고 모든 이슬람 교도를 평등하게 대해 주었습니다.
아바스 왕조 시대에 이슬람 세계는 아랍어와 이슬람교를 중심으로 화려한 이슬람 문화를 꽃피웠습니다. 1258년 몽골 제국의 침략으로 멸망했습니다.

➜ 우마이야 왕조, 이슬람교, 시아파, 칼리프

아비뇽 유수 Avignonese Captivity 1309~1377

로마 교황청이 남프랑스의 아비뇽으로 옮겨 간 사건

프랑스 왕 필리프 4세는 성직자에게 세금을 걷는 문제로 교황과 대립했어요. 그는 삼부회를 열고 국민의 지지를 받아 교황을 굴복시킵니다. 그 뒤로 필리프 4세는 교황을 직접 뽑고 교황청을 아비뇽으로 옮겨 왔어요. 그 때문에 교황은 프랑스 왕의 간섭을 받았지요. 1377년 교황청은 로마로 돌아갔지만, 1417년까지 로마와 아비뇽에 각각 교황이 있어서 서로 자기가 정통성이 있다고 맞섰어요. 이것을 '교회의 대분열'이라고 합니다. 이러는 사이 교황의 권위는 크게 떨어졌어요.

➜ 교황, 삼부회

아스카 시대 飛鳥時代 552~645

일본이 불교와 정치 제도를 받아들이던 시대

일본의 수도가 아스카(지금의 나라 지방)에 있던 시대를 말해요. 천황을 도와 정치를 하던 쇼토쿠 태자가 불교를 인정하고 적극 후원했어요. 불교를 이용해 중앙 집권 국가를 만들 목적이었어요. 아스카는 그 시대에 크게 지은 절 아스카사(飛鳥寺)에서 따온 말입니다. 절뿐 아니라 불상과 그림, 탑과 같은 뛰어난 불교 예술품이 많이 남아 있습니다. 담징의 금당 벽화도 이 시대의 유물입니다. 불교가 한반도를 거쳐 수입되었기 때문에 고구려, 신라, 백제 문화의 영향을 많이 받았어요.

담징이 그린 법륭사의 금당 벽화

➜ 불교, 쇼토쿠 태자

아즈텍 문명 Aztecan civilization 13세기~1521

아메리카에 에스파냐인이 침입하기 전까지 멕시코 중앙 고원을 중심으로 번영했던 원주민 문명

멕시코 고원에 살던 아즈텍족은 13세기 말에 아즈텍 제국을 세웠어요. 커다랗고 아름다운 사원을 세우고 청동기 문명을 발전시켰습니다. 수도는 테노치티틀란(지금의 멕시코시티)인데 커다란 호수 가운데 섬들을 연결해서 만들었어요. 이곳은 인구가 15~20만 명쯤 되는 대도시였는데, 16세기 초에 에스파냐인이 침략하면서 철저하게 부수어 건축물은 대부분 사라지고 말았습니다.

➜ 청동기

아시리아 Assyria ?~기원전 621

철기를 이용해 메소포타미아, 시리아, 이집트를 차지한 고대 국가

아시리아는 기원전 8세기에 철제 무기와 강한 활, 기병대의 힘으로 서아시아와 이집트를 차지한 대제국이 되었습니다. 아시리아는 강력한 군사력으로 정복한 지역을 억눌렀지만, 반란이 끊이지 않아 기원전 7세기에 멸망했습니다.

➜ 메소포타미아 문명

아우구스투스 Augustus 기원전 63~기원후 14

로마 제국의 첫 번째 황제

카이사르의 양자로 원래 이름은 옥타비아누스(Gaius Octavianus)입니다. 레피두스, 안토니우스와 삼두 정치를 하다가 안토니우스를 무찌르고 지배권을 차지합니다. 100년에 걸친 공화정 말기의 혼란을 끝내고 자신의 권한을 원로원에게 돌려주었어요. 원로원은 그에게 '아우구스투스'(존엄한 자)라는 칭호를 주었습니다. 이때의 로마는 겉으로는 공화정이었지만 아우구스투스가 황제나 다름없는 지배권을 가지고 있었기 때문에 실제로는 제정이 시작되었다고 볼 수 있습니다. 그가 다스리는 41년 동안 로마는 평화롭고 문화가 발달했습니다. 이후 로마의 황제를 아우구스투스라고 부릅니다.

카이사르처럼 암살당하면 안 되지. 나는 '로마 제1의 시민(프린켑스)'이다.

➜ 공화정, 삼두 정치, 카이사르

아우슈비츠 수용소 Auschwitz

폴란드의 아우슈비츠에 있었던 독일의 강제 수용소이자 집단 학살 수용소

제2차 세계 대전 때 폴란드를 점령한 독일군은 1940년 아우슈비츠에 강제 수용소를 몰래 지었어요. 이 수용소에 포로로 잡은 군인은 물론, 유럽 곳곳에서 끌고 온 유대인 25만 명 정도를 가뒀습니다. 수용소에 갇혀 있던 사람들은 강제 노동에 시달렸을 뿐 아니라 독가스실에서 학살되었고, 심지어 의학 실험 대상이 되기도 했습니다. 1945년까지 대학살이 이루어져 최대 400만 명이 희생된 것으로 보고 있습니다. 나치의 만행을 기억하기 위해 1979년에 유네스코에서 세계 문화유산으로 지정했습니다.

아우슈비츠 수용소의 어린이들

이곳에서 희생된 사람은 5년 만에 100만 명이 넘었다고 합니다.

 제2차 세계 대전

아잔타 석굴 Ajanta Caves 기원전 2세기~기원후 7세기

인도 서부에 있는 고대 불교 석굴 유적

마하라슈트라 주 타프티강 근처에서 발굴된 29개의 석굴 유적입니다. 협곡의 벽면을 20m 깊이로 파내고 석굴을 만든 것이지요. 불교가 전파되고 발달한 기원전 2세기부터 만들었던 것으로 짐작됩니다. 승려가 머무는 곳과 탑을 모신 곳이 있어요. 하지만 그 당시 불교에서는 불상을 만들지 않았어요. 그래서 이 시기에 만든 불상은 없어요.

지금 남아 있는 불상은 5세기에 이곳을 지배한 바카나카 왕조 때 만든 것입니다. 바카나카 왕조는 대승 불교를 섬겼고, 벽에도 많은 불상을 조각하거나 그림을 그려 넣었습니다. 아잔타 석굴은 1983년 유네스코 세계 문화유산으로 등재되었어요.

아잔타 석굴

➜ 불교

아테네 Athens

고대 그리스를 대표하는 폴리스이며, 지금의 그리스 수도

기원전 8세기 무렵 아테네는 일찍부터 바다로 나아가 식민 도시를 만들었고 해외 무역과 상업을 발달시켰어요. 초기에는 왕정과 귀족정이었는데, 기원전 6세기에는 부자가 된 평민들이 정치에 참여할 수 있는 권리를 달라고 요구하기 시작했어요. 아테네는 기원전 5세기 무렵에 페르시아와 벌인 전쟁에서 이겨 그리스의 중심 국가로 발돋움했고 민주 정치가 발전했어요.

아테네의 시민들은 광장에서 열리는 민회에 참가해 정책을 의논하고 결정했습니다. 모든 시민이 직접 정치에 참여한다는 점에서 대표를 뽑아 정치를 맡기는 오늘날의 민주 정치와 차이가 있습니다.

이후 이웃 폴리스인 스파르타와 펠로폰네소스 전쟁을 벌였다가 지면서, 그리스의 주도권을 스파르타에 뺏깁니다. 그 뒤에 마케도니아의 지배를 받다가, 로마 제국, 비잔티움 제국에 포함되었어요. 15세기부터 오스만 투르크의 지배를 받다가 그리스가 1834년에 독립하면서 그리스의 수도가 되었어요.

여자와 외국인, 노예는 민회에 참여할 수 없었어요.

➔ 비잔티움 제국, 스파르타, 오스만 투르크 제국, 페르시아 전쟁, 폴리스

아편 전쟁 阿片戰爭 1840~1842

청나라와 자유 무역 관계를 맺으려던 영국이 일으킨 전쟁

청나라는 서구의 강대국과 무역 관계를 맺지 않으려고 했어요. 중국은 땅이 넓고 물산이 풍부해 다른 나라와 무역을 할 필요가 없다고 믿었기 때문이지요. 아시아의 여러 나라로부터 조공도 받고 있었으니 굳이 서양과 무역을 할 필요도 없었어요.

그러나 영국은 청의 아름다운 비단과 도자기, 차를 수입하면서 많은 은을 내야 했고, 수출은 없었기 때문에 무역 적자가 점차 늘어 갔어요. 영국은 적자를 없애려고 자신들의 식민지 인도에서 아편을 재배해 중국인에게 몰래 팔기 시작했습니다. 아편은 중독성이 강한 마약이라서 금세 중국에는 아편 중독자가 늘어났어요. 영국은 점점 더 많은 아편을 팔았고, 청 정부는 아편 금지령을 내리고 임칙서를 광저우에 파견했어요. 임칙서는 영국 배에 실린 아편을 모조리 꺼내 불태워 버렸습니다.

영국은 이를 트집 잡아 자신들이 입은 피해를 보상하라며 청을 공격했습니다. 이것이 아편 전쟁입니다. 하지만 청은 근대화된 무기를 가진 영국에게 졌고, 영국에게 배상금과 홍콩을 내주어야 했습니다.

➔ 삼각 무역, 제국주의, 청

아피아 가도 Appia Way

고대 로마의 가장 중요한 도로

도시 국가에서 출발해 거대한 제국을 이룬 로마는 군사가 이동하고 물자를 나르는 데 필요한 도로를 많이 건설했어요. 그 첫번째 도로가 아피아 가도입니다. 로마와 남이탈리아를 연결하는 도로로 로마에서 그리스나 이집트로 가려면 이 길을 지나가야 했어요. 로마인이 만든 도로는 아주 튼튼해서 오늘날에도 그 일부가 쓰이고 있어요.

아피아 가도

악바르 Akbar 1542~1605

인도 무굴 제국의 제3대 황제

영토 확장 전쟁을 벌여 인도의 대부분을 무굴 제국의 지배 아래 둔 황제입니다. 이슬람교와 힌두교를 차별 없이 모두 인정하고 다른 종교도 받아들였어요. 인도 북부 지역을 다스리던 라지푸트족을 지배하려고 라지푸트의 공주와 혼인도 했어요. 각 지방을 다스리던 왕과 이런 식의 혼인 동맹을 맺고, 그 자식들을 중앙의 신하로 받아들였어요. 이슬람교를 믿지 않아도 높은 관리로 등용했고 세금도 동등하게 매겼어요.

정치 제도를 정비해서 국가의 통합을 단단히 했고 이를 바탕으로 벵골, 구자라트 지방까지 지배합니다. 문화도 발달시켜서 뛰어난 건축물과 그림이 지금도 많이 남아 있는데, 세밀한 묘사를 중요하게 여기는 '무굴 양식'도 악바르 황제 때 만들어진 것입니다.

갠지스강을 건너 적의 요새를 공격하러 가는 악바르 황제

➜ 무굴 제국, 이슬람교, 힌두교

안녹산의 난 755~763

당나라 때의 장수 안녹산이 일으킨 난

돌궐 출신의 장수 안녹산은 동북쪽 국경을 잘 지켰기 때문에 당나라 현종의 믿음을 얻을 수 있었어요. 높은 관직을 연달아 맡아서 당나라의 군사 중 1/3을 통솔하게 되었지요. 황제의 사랑을 독차지하고 있던 양귀비는 그를 양자로 삼았어요. 양귀비의 오빠 양국충은 그가 반란을 꾀하고 있다고 생각했습니다. 그래서 현종과 안녹산을 떼어 놓으려고 했어요. 화가 난 안녹산은 양국충을 벌하러 간다며 15만의 대군을 이끌고 중원으로 쳐들어갔고, 다음해에는 화북 지방을 점령하고 황제가 되었습니다.

현종과 양귀비는 부랴부랴 도망갔는데, 지친 병사들은 양국충과 양귀비의 가족을 죽여 버렸어요. 양귀비는 스스로 목을 매 죽습니다. 안녹산은 왕 자리를 노리던 아들에게 죽임을 당했고, 안녹산과 함께 난을 일으켰던 사사명이 다시 반란을 일으켜 안녹산의 아들을 죽입니다. 그러나 사사명도 그 아들에게 죽임을 당하고, 그 아들도 결국 763년에 당나라를 도우러 온 위구르 군대와 당의 군대에게 진압됩니다. 약 10년을 끈 이 전쟁으로 전성기를 누리던 당나라가 쇠퇴하기 시작했어요.

➜ 당, 당 현종, 양귀비

알라 Allah

이슬람교의 유일신

알라는 신의 이름이 아니라 '신, 하느님'이라는 뜻입니다. 이슬람교는 신이 오직 하나라고 믿기 때문에 따로 이름을 붙일 필요가 없는 거지요. 알라는 유일한 신이며 세계의 창조자이며 전지전능한 존재라고 합니다.

유대교나 크리스트교에서 믿는 여호와(야훼)랑 같은 신입니다. 무함마드가 유대교와 크리스트교의 영향을 받아서 이슬람교를 만들었기 때문이에요.

알라의 이름 장식 문자들(위, 아래)

➜ 이슬람교

알렉산드로스 대왕 Alexandros the Great 기원전 356~기원전 323

그리스, 페르시아, 인도에 이르는 대제국을 건설한 마케도니아의 왕

알렉산드로스 벽화

그리스 북쪽의 마케도니아는 알렉산드로스 대왕에 이르러 세력이 커졌어요. 그는 페르시아 정복에 나서서 10년 만에 유럽과 아시아, 아프리카, 세 대륙에 걸치는 대제국을 건설했어요. 정복한 땅의 70군데에 자신의 이름을 딴 '알렉산드리아'라는 도시를 세우고 그리스인에게 옮겨 와 살도록 했어요. 그래서 오리엔트 문화와 그리스 문화가 섞인 헬레니즘 문화가 꽃피었습니다. 알렉산드로스가 33세의 젊은 나이로 갑자기 죽자, 제국은 마케도니아·시리아·이집트 셋으로 나뉘었다가 로마 제국에 정복되었어요.

➜ 오리엔트, 페르시아, 헬레니즘 문화

알리 Ali 600~661

이슬람교의 제4대 정통 칼리프

이슬람교를 창시한 무함마드가 죽은 뒤에 이슬람의 중요 인물들이 모여서 새로운 종교 지도자인 칼리프를 뽑았어요. 알리는 무함마드의 조카에다 사위였고, 덕이 높고 용감해서 처음부터 칼리프감으로 꼽혔습니다. 하지만 메카의 귀족 우마이야 가문이 칼리프 자리를 탐내며 알리에게 반기를 들었어요. 알리는 우마이야 가문과 타협해서 문제를 해결하려고 했지만, 암살당하고 말았습니다. 결국 칼리프 자리는 우마이야 가문으로 넘어갔고, 이때부터 칼리프는 종교 지도자이면서 왕과 같은 존재가 되었어요. 알리를 따르는 사람들은 우마이야 가문은 칼리프가 될 자격이 없다고 주장하며 시아파를 만들었습니다.

➜ 무함마드, 시아파, 우마이야 왕조, 이슬람교, 칼리프

앙시앵 레짐 (구제도의 모순)

프랑스 혁명의 원인이 된 신분 제도를 바탕으로 한 프랑스의 낡은 사회 제도

혁명이 일어나기 전에 프랑스에는 세 가지 신분이 있었어요. 제1신분은 성직자, 제2신분은 귀족이었습니다. 이들은 넓은 땅을 가졌고, 교회나 군대, 정부의 중요한 자리를 차지했으며 세금도 안 냈어요. 나머지 시민은 제3신분으로 여러 가지 세금을 내야 했고, 도로를 만드는 일 따위에 끌려가서 일을 해야 했어요. 제3신분에 속했던 시민 계급은 능력이 뛰어나고 돈이 많아도 정치에 참여하지 못했습니다. 이들 시민 계급을 중심으로 자유롭고 평등한 사회를 만들자는 움직임이 일어나고 이것이 프랑스 혁명으로 발전하게 됩니다.

➜ 프랑스 혁명

앙코르 Angkor 9세기~15세기

캄보디아 서북부에 있던 크메르 왕국의 수도

크메르 왕국은 동남아시아 역사에서 가장 크게 번성했던 나라입니다. 인도차이나 반도 끝에서부터 벵골만에 이르는 넓은 영토를 다스렸지요. 힌두교가 들어온 9세기부터 불교가 발달한 15세기까지 많은 건축물과 조각들이 만들어졌습니다.

처음에 도시를 세울 때 도시 중앙에 앙코르 와트를 세우고 우주의 중심을 메루 산으로 삼았습니다. 힌두교에서 생각하는 우주의 구조에 따라 바다를 상징하는 저수지와 사원들을 만들었어요. 자야바르만 7세 때 거대한 불교 사원인 '바욘'을 세우고 도시 전체를 완성했다고 합니다.

그러나 자야바르만 7세 때부터 국력이 약해져 1431년에 타이 군대에게 점령당합니다. 앙코르는 약탈당하고 버려졌어요. 그러나 지금도 거대하고 아름다운 건축물과 조각들로 세계인의 칭송을 받는 곳입니다.

앙코르 문화의 대표적 유적지 앙코르 와트

➔ 불교, 힌두교

애덤 스미스 Smith, Adam 1723~1790

영국의 경제학자로 고전 경제학의 창시자

애덤 스미스는 국왕이 나라의 경제 활동을 보호하고 통제했던 중상주의 정책을 비판했어요. 그는 《국부론》에서 모든 사람이 자신의 이익을 위해 노력하다 보면 시장이라는 '보이지 않는 손'의 힘으로 사회 전체가 최대의 이익을 얻을 수 있다고 주장했습니다. 그의 주장은 자유로운 경제 활동을 원하던 시민 계급(부르주아지)에게 환영받았고 자본주의 경제 사상의 바탕이 되었습니다. 그래서 애덤 스미스를 '경제학의 아버지'라고 부릅니다.

애덤 스미스 초상화

➜ 부르주아지, 중상주의

야마토 정권 大和政權 3세기 말~ 645

긴키 지방의 야먀토에서 일어나 넓은 영토를 다스렸던 일본 최초의 통일 국가

야마토 정권은 기타큐슈를 차지하고 점차 지배권을 넓히기 시작해, 5세기에는 일본 대부분을 지배했어요. 이때부터 왕위를 아들에게 물려주는 세습제를 시작했고 나라 이름을 야마토로 합니다. 왕은 '오키미'(대군, 왕)라 했고 오키미 밑의 귀족 계급이 넓은 토지를 갖고 백성을 다스렸어요.

외교 관계를 맺은 한반도와 중국에서 많은 이들이 건너와 철 제련법, 금속 공예, 토목 같은 기술과 문화와 불교, 유교, 한자, 정치 제도를 전해 주었습니다. 6세기 말에서 7세기 초에 쇼토쿠 태자는 불교를 적극 받아들여 천황의 권력을 강화하고 정치 제도를 정비했어요. 622년에 태자가 죽은 뒤 권력을 잡은 고토쿠 천황은 645년에 다이카 개신(일본 고대 정치사상의 대개혁)을 실시했고 야마토 정권은 막을 내립니다.

➡ 쇼토쿠 태자, 천황

양귀비 楊貴妃 719~756

중국의 유명한 미녀로 당나라 현종의 사랑을 받은 여인

풍만한 몸과 아름다운 얼굴, 나비처럼 사뿐사뿐 추는 춤이 일품이었다고 합니다. 당 현종의 아들과 결혼했지만 양귀비의 아름다움에 반한 현종이 아들에게서 며느리를 빼앗습니다. 현종은 양귀비와 노느라고 나랏일을 게을리하고 높은 관직은 온통 양귀비의 친척에게 넘겨주었어요. 양귀비의 사촌 오빠 양국충과 돌궐 출신의 장군 안녹산은 양귀비 덕분에 천하를 호령하게 되었지요. 하지만 안녹산이 일으킨 난 때문에 양귀비는 스스로 목을 매 죽고, 현종은 황제 자리를 아들에게 넘기고 숨어 살게 됩니다.

내가 뚱뚱하다고? 이 시대의 미인은 나처럼 풍만한 여인이었다고….

양귀비

➡ 당 현종, 안녹산의 난

양명학 陽明學

중국 명나라의 왕양명이 주장한 유학의 한 학파

성리학을 만든 주자가 세상의 원리와 이치를 사람의 바깥에서 찾으려 한 것을 비판하면서 등장했어요. 양명학은 '마음의 학문'이라고도 해요. 모든 인간의 마음속에는 이미 세상의 진리를 깨달을 수 있는 '양지'(良知)가 있는데, 외부의 사물보다 이 양지에 집중하면 세상의 이치를 알 수 있다는 것이지요. 양지를 알고 따르면 행동에도 거짓이 없고 마음먹은 대로 행할 수 있게 된다고 합니다. 이를 '지행합일'(知行合一)이라 하지요. 성리학을 숭상하던 우리나라에는 별다른 영향을 끼치지 못했지만 일본에서는 메이지 유신이 일어나는 데 큰 영향을 끼쳤습니다.

➜ 메이지 유신, 성리학

양무 운동 洋務運動 1861~1880년대 후반

중국의 근대화를 위해 서양의 과학 기술과 군사력을 배우자는 운동

아편 전쟁에서 영국에게 진 뒤부터 서양 강대국들이 중국을 침범하기 시작했어요. 중국의 지방 관리였던 이홍장, 증국번은 서양을 이기는 길은 서양의 앞선 기술을 빨리 받아들여 중국이 발달하는 것뿐이라 믿었지요. 서양에 관리를 파견해 기술을 배워 와, 무기 공장과 방직 공장을 세우고 철도를 건설했습니다. 근대 교육을 하는 학교도 세웠고 다양한 과학 기술을 공부하라고 서양에 유학생을 보냈어요. 하지만 1884년에 프랑스와의 전쟁에서 무참히 패했고, 일본과의 청일 전쟁에서도 져 양무 운동은 중단됐어요. 양무 운동 지도자들은 동양의 정신을 지키면서 서양의 기술만 받아들이겠다고 주장했는데, 그러다 보니 신분제나 과거 제도, 황실의 문제점은 고치지 않았어요. 서양이 강해진 것은 민주주의의 발달 때문이기도 했는데 그것을 몰랐던 것이지요.

➜ 과거제, 아편 전쟁, 청일 전쟁

에게 문명 Aegean civilization 기원전 3000~기원전 1100

지중해 동부 에게해 주변에서 번영한 청동기 문명

그리스 남부의 크레타섬에서 미노아 문명(크레타 문명)이 일어났고, 그리스 본토에서는 미케네 문명이 발달했으며, 소아시아 지역에서는 트로이 문명이 발달했습니다. 에게 문명은 오리엔트와 그리스, 곧 아시아와 유럽을 연결하는 중요한 구실을 했어요.

19세기 중엽까지 사람들은 에게 문명에 대해서 몰랐는데, 독일의 고고학자 슐리만이 트로이와 미케네를 발굴하고 영국의 에번스가 크레타섬의 크노소스 유적을 발굴하면서 에게 문명이 세상에 알려지게 되었습니다.

➔ 오리엔트

에도 막부 江戶幕府 1603~1867

도쿠가와 이에야스가 에도(도쿄)에 세운 일본의 마지막 무사 정권

도요토미 히데요시가 죽은 뒤 권력을 차지한 도쿠가와 이에야스는 막부의 쇼군이 됩니다. 물론 천황이 있었지만 다른 막부와 마찬가지로 직접 다스리지는 않았고, 쇼군 아래의 여러 다이묘들이 일본 영토를 나누어 맡아 농사짓는 백성들을 지배했어요. 다이묘들을 통제하려고 각 지역의 다이묘들을 2년에 한 번씩 에도로 불러들이고 다이묘의 가족을 에도에 머물게 하는 산킨고타이를 실시했고, 이로써 중앙 집권적인 봉건 제도가 자리를 잡았어요.

서양과는 외교 관계를 맺지 않는 쇄국 정책을 실시하며 조선, 중국과 활발히 교류합니다. 그리고 네덜란드와 무역을 시작하면서 서양 문물을 알게 되었어요. 그러나 18세기부터 교토와 오사카를 중심으로 상업이 발달하면서 상인인 조닌 계층은 잘살게 되었지만 농업을 바탕으로 하던 다이묘와 그들을 돕던 사무라이들은 생활이 어렵게 되었지요. 게다가 1854년에 미국과 조약을 맺은 뒤부터 막부 사람들이 어려움에 빠지자, 불만을 품은 사무라이들이 난을 일으킵니다. 결국 에도 막부는 통치권을 천황에게 넘깁니다.

도쿠가와 이에야스 초상화

➡ 가마쿠라 막부, 무로마치 막부, 사무라이, 산킨고타이, 천황

에디슨 Edison 1847~1931

미국의 발명왕

19세기 후반에는 자연 과학과 기술이 놀랍게 발전했어요. 그에 따라 여러 가지 발명품도 많아졌어요. 특히 미국의 에디슨은 벨이 발명한 전화기를 개량하고, 축음기(1877), 탄소 필라멘트 전구(1879), 활동사진(1893) 들을 발명했어요. 에디슨의 발명은 노벨의 다이너마이트(1867), 다임러의 자동차(1883), 디젤의 디젤 기관(1893)과 함께 인류의 발전에 크게 공헌했습니다.

엘리자베스 1세 Elizabeth I 1533~1603

영국 절대주의 시대의 전성기를 이끈 영국 여왕

가톨릭과 청교도를 억누르고 영국 국교회를 중심으로 국민을 통합했습니다. 중상주의 정책을 추진해 모직물 산업이 발전했고, 그 시절 세계 최강이었던 에스파냐의 무적 함대를 무찔러 해상권을 차지했습니다. 1600년에는 동인도 회사를 세워 해외 식민지를 넓혀 갔어요. 엘리자베스 여왕 시대에 영국은 작은 섬나라에서 해상 대국으로 발전하는 기초가 만들어졌고, 문화도 발달해 셰익스피어 같은 유명한 극작가가 활발히 활동했어요.

➜ 동인도 회사, 무적 함대, 셰익스피어, 영국 국교회, 절대주의, 중상주의, 청교도 혁명

여와 女媧

중국 창조 설화에 등장하는 여신

고대 중국 전설의 황제인 복희씨의 아내 또는 누이였다고 합니다. 얼굴은 인간이고 몸은 뱀 또는 물고기라고 해요. 여와는 반역자 공공(共工)이 망가뜨린 하늘의 기둥과 땅 끝의 갈라진 틈을 거북의 다리와 오색 돌로 메웠습니다. 그리고 진흙으로 인형을 빚어 코에 입김을 불어넣어 생명을 주었어요. 사람의 수가 빨리 늘지 않자 여와는 황토 위로 새끼줄을 끌고 다녔대요. 그래서 황토를 빚어 만든 사람은 부귀한 사람이 되고, 새끼줄에 붙은 진흙 덩어리에서 나온 사람은 비천한 사람이 되었다고 해요. 중국에서는 결혼과 가정을 지키는 신으로 믿고 있어요.

역법 曆法 calender

시간을 구분하고, 날짜의 순서를 매겨 나가는 방법

사람들은 밤낮이 바뀌는 것, 사계절의 변화가 일어나는 것, 달의 모양이 변하는 것을 보고 시간을 정합니다. 이렇게 시간을 정하는 법칙을 역법이라고 해요. 태양의 움직임을 가지고 하루를 만들고, 1년을 만듭니다. 한편 달이 지구 주위를 도는 것을 기준으로 한 달을 정하지요. 한 달과 1년을 조정하는 방법에 따라 여러 가지 역법이 생겼어요. 달의 움직임을 기준으로 만든 것을 태음력이라 하고, 태양을 기준으로 만든 것을 태양력이라고 합니다. 태음력은 1년의 길이가 짧기 때문에 윤달을 넣는데, 이것을 '태음태양력'이라고 해요.
메소포타미아 문명에서는 태음력이, 이집트 문명에서는 태양력이 쓰였어요. 우리나라는 조선 시대까지 태음력을 쓰다가 1896년부터 태양력을 쓰게 되었습니다.

➜ 메소포타미아 문명

역참제 驛站制

100리마다 역참을 두어 말을 갈아타거나 쉴 수 있게 한 몽골의 제도

유목민은 가축의 먹이를 따라 가족 단위로 이동하며 살았기 때문에 서로 연락하기가 쉽지 않았어요. 한 사람이 말을 타고 돌아다니면서 소식을 전하는 방법밖에는 없었지요. 대제국을 세운 몽골 제국은 넓은 영토를 다스리기 위해 빠른 통신 수단이 필요했어요. 그래서 한 사람이 일정한 거리를 달려가 소식을 전하면 그곳에 있는 여러 사람이 말을 타고 다른 여러 지방에 달려가 소식을 전하게 했어요.

소식을 전하는 사람과 지친 말이 쉴 수 있는 곳을 마련하거나 새 말로 갈아탈 수 있게 말을 둔 곳이 역참입니다. 몽골은 여러 지방으로 갈라지는 길목에 역참을 만들었습니다. 혼자서 소식을 전하려면 열흘이 걸릴 것도 역참제를 이용하면 단 하루 만에 할 수 있었어요. 역참은 상인들에게도 아주 고마운 곳이었지요. 넓은 몽골 제국의 물건들도 이곳을 이용해 옮겨졌습니다.

➔ 몽골 제국

연금술 鍊金術 alchemy

금속이 아닌 물질로 금을 만들려고 했던 화학 기술

값싼 물질을 값비싼 금으로 바꾸려는 연금술은 기원전 이집트의 알렉산드리아에서 시작해 아라비아를 거쳐 중세 유럽에 퍼졌어요. 중국의 도교에서도 먹으면 오래 살고 신선이 될 수 있다는 신비의 명약 '단'을 만드는 주술이 있었지요. 연금술은 금을 만드는 데서 더 나아가, 늙지 않고 죽지도 않는 약을 만들려고 했어요. 이 과정에서 여러 가지 물질이 발견되고 실험 기구가 개발되어 화학이 발달하게 되었습니다.

➡ 도교

연방 제도 聯邦制度 Federalism

자치권을 가진 여러 개의 지방 또는 나라가 연합해 만든 하나의 국가

연방 정부와 지방 정부가 통치권을 나누어 갖습니다. 보통 연방 헌법을 만들어 연방과 지방의 관계를 결정합니다. 지방 정부는 자치권을 갖지만, 연방 정부만이 갖는 권한도 있습니다. 예를 들면 화폐를 찍어 내는 권한, 전쟁을 선포하는 권한, 여러 개의 지방 사이를 흐르는 강에 댐을 만들거나 도로를 만드는 권한 같은 것이지요.

오늘날 연방제 국가에는 미국, 캐나다, 멕시코, 아르헨티나, 브라질, 스위스, 오스트리아, 독일, 말레이시아, 나이지리아 같은 나라가 있습니다.

연호 年號

왕이나 황제가 자신이 즉위한 해를 시작으로 햇수를 세는 방법

중국의 황제가 황제 자리에 오르면 새로운 시대가 시작되었다는 표시로 즉위한 해, 혹은 그 다음해를 1년으로 하는 연호를 제정합니다. 예를 들어 당 태종은 '건양'(建陽)을 연호로 썼는데, 자신이 황제가 된 지 4년이라면 '건양 4년'이라고 기록합니다.

중국의 황제는 자신의 영향을 받는 모든 이웃 나라도 자신의 연호를 쓰게 했어요. 그래서 중국의 연호를 따르지 않고 자기만의 연호를 쓰는 것은 중국의 영향력을 거부한다는 표현이기도 했습니다. 고구려의 광개토대왕은 중국의 연호를 쓰지 않고 '영락'(永樂)이라는 연호를 썼습니다.

영국 국교회 Church of England

16세기 로마 가톨릭 교회로부터 분리되어 영국 국왕을 수장으로 하는 영국의 교회

루터의 종교 개혁이 일어나던 즈음에 영국에서도 교황의 지나친 간섭과 무거운 세금, 권위를 내세운 성직자들에 대한 반대 움직임이 나타납니다. 영국 왕 헨리 8세는 이혼을 하려고 했지만 가톨릭 교회는 이혼을 인정하지 않았습니다. 그러자 헨리 8세는 로마 가톨릭에서 독립해 영국 국교회를 세웠습니다. 수도원을 해산시키고 수도원이 가지고 있던 많은 땅을 몰수해 왕실 소유로 했습니다. 이혼 문제는 겉으로 보이는 구실이었을 뿐, 종교 개혁의 진짜 원인은 교황의 지배에서 벗어나 왕권을 강화하려는 것이었어요.

영국 국교회는 엘리자베스 여왕 때 확립됩니다. 신앙과 의식에서는 가톨릭과 거의 차이가 없어요. 다만 사제(신부)가 결혼할 수 있고, 여자도 사제가 될 수 있어요. 성공회, 영국 교회라고 부르기도 해요.

트리니티 교회(뉴욕 맨해튼)

➜ 루터, 엘리자베스 1세

영락제 永樂帝 1360~1424

정난의 변으로 권력을 잡은 중국 명나라의 제3대 황제

명나라 태조 홍무제의 넷째 아들로 홍무제의 뒤를 이은 조카 건문제를 죽이고 왕위에 올랐습니다. 이 사건을 '정난의 변'이라고 해요.

홍무제는 명나라를 세우고 나서 자신의 다섯 아들을 지방의 왕으로 삼아 반란 귀족과 외적으로부터 나라를 지켰습니다. 건문제가 황제가 된 뒤 가장 강력한 다섯 왕을 폐위시키자 1399년에 베이징을 다스리고 있던 영락제가 군사를 일으켰어요. 3년간의 전쟁 끝에 건문제가 쫓겨나고 영락제가 황제가 됩니다.

영락제는 타타르족과 몽골족, 티베트와 안남(지금의 베트남)을 정벌하여 조공을 받았고, 명나라의 국경을 확정했습니다. 정화를 남해로 원정 보내, 정화는 인도양, 페르시아만, 아라비아, 아프리카까지 둘러보고 옵니다.

영락제의 초상화

➜ 명, 정화

영일 동맹 英日同盟 Anglo-Japanese Alliance 1902

영국과 일본이 러시아가 남하하는 것을 막기 위해 체결한 군사 동맹

19세기에는 국가끼리 전쟁을 할 때 해군이 중요한 몫을 했어요. 무역을 할 때도 배를 이용했지요. 러시아는 추운 지방에 있어서 겨울이 되면 모든 항구가 얼어붙었어요. 그래서 얼지 않는 항구를 얻으려 남쪽으로 영토를 넓히고 싶어 했습니다. 영국은 러시아가 커지는 것을 막으려고 했지요.

유럽이나 중국 쪽으로 내려오는 것을 포기한 러시아는 한반도를 노렸습니다. 그래서 조선을 식민지로 삼으려던 일본이 러시아와 대립했지요. 영국은 일본과 손을 잡고 러시아를 막으려고 했어요. 1904년 러일 전쟁이 벌어지자 영국은 일본을 도와주고 일본의 조선 지배를 인정했습니다. 일본은 영국의 인도 지배를 인정했지요.

➜ 러일 전쟁

예루살렘 Jerusalem

유대교, 크리스트교, 이슬람교의 성지

예루살렘은 다윗과 솔로몬 대왕 시절 이스라엘의 수도였습니다. 예수의 탄생지이고 무덤이 있는 곳이라 크리스트교의 성지이기도 하지요. 하지만 이스라엘이 멸망하면서 바빌론, 페르시아, 로마, 이슬람의 지배를 받았습니다. 이슬람교에서는 무함마드가 천사 가브리엘의 안내로 천국에 다녀온 장소라고 해서 예루살렘을 성지로 삼았어요. 무함마드 발자국이 남은 바위 위에 황금 돔을 올린 모스크를 세웠습니다. 크리스트교도와 이슬람교도는 서로의 성지를 존중하며 유대교도와 함께 어울려 살았습니다.

하지만 제1차 세계 대전 때 영국은 밸푸어 선언으로 유대인들에게 예루살렘이 있는 팔레스타인 지역에 유대 국가 건설을 약속했습니다. 이는 중동 전쟁의 불씨가 되어 현재까지도 종교적 분쟁이 이어지고 있습니다. 지금은 이스라엘이 점령하고 있고 이스라엘의 헌법상 수도는 예루살렘이지만 종교적 분쟁 지역으로 UN의 인정을 받지 못해 국제법상 이스라엘의 수도는 텔하이브입니다.

유대교 최고의 성지인 '통곡의 벽'과 그 뒤로 보이는 이슬람교의 성지인 바위의 돔 모스크

➔ 무함마드, 밸푸어 선언, 유대교, 이슬람교, 제1차 세계 대전, 중동 전쟁, 크리스트교, 팔레스타인 해방 기구, 페르시아

오다 노부나가 織田信長 1534~1582

일본 전국 시대 말기의 무사

아버지의 뒤를 이어 오와리국의 태수가 되어 주변의 여러 제후국을 멸망시켰어요. 도쿠가와 이에야스와 동맹을 맺고 아시카가의 청을 받아들여, 교토를 평정하고 무로마치 막부를 되찾은 뒤에 실권을 잡았지요. 그러나 곧 아시카가를 추방해 무로마치 막부를 없애고 통일을 추진하며 개혁에 나섰어요.

낡은 제도를 고치고 새로운 인물을 뽑아 썼고, 도로를 새로 닦고 화폐를 만들어 경제를 발달시켰어요. 하지만 혼노사가 반란을 일으킨 중에 습격을 받아 자살합니다. 통일은 그의 뒤를 이은 도요토미 히데요시의 손에 넘어갔고, 결국 도쿠가와 이에야스가 완성했어요.

➜ 도요토미 히데요시

5대 10국 五代十國 907~979

당이 멸망한 뒤 송이 통일할 때까지 여러 나라가 생긴 혼란한 시대

당이 멸망한 뒤 화북 지역에 정통 왕조의 계열로 볼 수 있는 후량, 후당, 후진, 후한, 후주를 5대라고 부릅니다. 또한 양쯔강 남쪽에 절도사들이 세운 오월국, 민국, 형남국, 초국, 오국, 남당, 남한, 북한, 전촉, 후촉과 같은 지방 정권을 10개국이라 부릅니다. 5대 중 하나였던 후주의 근위군 총사령관이 세운 송에 의해 화북 지역이 통일되면서 혼란기가 끝납니다.

➜ 강남, 당, 북방 민족, 송

오리엔트 Orient

인도의 인더스강 서쪽에서 지중해 연안까지 펼쳐져 있는 지역

이란, 메소포타미아, 시리아, 팔레스타인, 아르메니아, 아나톨리아, 아라비아, 이집트를 포함한 지역을 가리킵니다. '해가 뜨는 방향'이라는 의미인데, 유럽에서 볼 때 동쪽에 있기 때문에 붙은 이름입니다. 정확히는 동남쪽이지요.

지금은 건조한 지역이지만, 메소포타미아 문명, 이집트 문명 같은 세계 최초의 문명이 꽃핀 곳입니다.

➜ 메소포타미아 문명, 인더스 문명

오스만 투르크 제국 Osman Turk Empire 1299~1922

13세기 말부터 20세기 초까지 있었던 오스만 투르크족의 이슬람 국가

오스만 1세가 세운 나라예요. 이란, 서아시아, 이집트와 북아프리카, 동유럽까지 아우르는 거대한 나라입니다. 14세기 말에는 유럽 여러 나라의 연합군을 무찔렀고 무함마드 2세 때 콘스탄티노플을 점령하고 비잔티움 제국을 멸망시켰어요. 콘스탄티노플은 오스만 제국의 새로운 수도가 되어서 이스탄불로 이름이 바뀌었지요.

오스만 제국은 술탄 칼리프제를 실시했는데, 정치적 지도자인 술탄이 이슬람교의 종교 지도자인 칼리프를 겸했어요. 그래서 오스만 투르크는 이슬람 세계의 지배자가 되었지요. 또 오스만 제국의 영토는 아프리카, 유럽, 아시아 세 대륙에 걸쳐 있어서 동서 무역을 독점해 17세기까지 번영을 누렸어요. 경제 번영으로 이룩한 부를 바탕으로 법률이나 건축, 학문에서도 세계 최고의 수준을 자랑했습니다.

➜ 비잔티움 제국, 술탄, 이슬람교, 칼리프

오스트랄로피테쿠스 Australopithecus

남아프리카에서 발견된 최초의 화석 인류

오스트랄로피테쿠스는 '남쪽 지방의 원숭이'라는 뜻입니다. 오스트랄로피테쿠스의 화석을 처음 발견했을 때 학자들은 인류의 조상이라고 보지 않고 유인원(사람과 아주 비슷한 동물, 오랑우탄, 침팬지, 고릴라 등)이라고 생각했거든요. 하지만 두 발로 서서 걸었다는 것이 밝혀지면서 가장 오래된 인류의 화석이라고 인정받았어요. 약 400만 년 전~100만 년 전에 살았을 것으로 추정합니다.

오스트랄로피테쿠스는 식물이나 작은 곤충, 육식 동물이 먹다 남긴 찌꺼기를 먹으며 살았대요. 작게 무리를 지어 살면서 간단한 의사소통을 했고, 도구를 만들어 썼어요.

오시리스 Osiris

이집트 신화에 등장하는 저승의 신

오시리스는 땅의 신 게브와 하늘의 신 누트의 아들이에요. 누이동생 이시스와 결혼해서 세상을 다스렸지요. 동생 세트는 악의 신인데, 오시리스를 질투해서 갈기갈기 찢어 죽였대요. 이시스는 오시리스의 몸 조각을 모두 모아 그를 되살려 놓았어요. 그 뒤로 오시리스는 저승의 신이 되었어요.

오시리스는 죽은 자들의 지배자일 뿐 아니라 지하세계로부터 모든 것에 생명을 부여하는 힘을 가진 것으로 여겨져 이집트 신들 가운데 제1의 신이며 이집트인은 지배자인 파라오가 죽은 후에 오시리스 신이 된다고 생각했습니다.

오시리스의 몸 색깔인 녹색은 재물을 상징함

오아시스 Oasis

사막에서 물이 나오는 비옥한 땅

오아시스는 사막 안에 있는 낮은 웅덩이에서 지하수가 솟아나와 물이 괸 것을 말해요. 건조한 사막에 사는 사람들에게는 소중한 보금자리고 사막을 지나가는 장사꾼들에게는 쉬어 가는 곳이 되지요.

중국 명사산 안의 작은 오아시스 월아천

5호 16국 五胡十六國 304~439

중국 화북 지역에 북방 민족이 들어와 살던 시대를 일컫는 말

5호 16국은 '다섯 오랑캐가 세운 열여섯 개의 나라'라는 뜻인데, 흉노·갈·선비·저·강이라는 북방 민족이 세운 나라가 흥망을 거듭하던 100여 년 동안을 일컫습니다. 한족이 아닌 이민족이 최초로 중국 대륙을 다스린 시대였지요. 한족이 세운 진나라를 양쯔강 이남으로 쫓아내고 화북 지역을 차지했어요. 이후 전진과 전연 둘로 나뉘었다가 선비족이 세운 북위로 통일됩니다. 강남에는 송이 건국되어 남북조 시대가 시작됩니다.

➜ 강남, 위진 남북조 시대, 북방 민족, 송

올림피아 제전 기원전 776~기원전 393

고대 그리스에서 4년마다 열렸던 제사와 경기

독립된 도시 국가들로 이루어진 고대 그리스에서는 4년에 한번 제우스 신을 섬기는 제사를 지내고, 제사가 끝난 뒤 큰 경기 대회를 열었어요. 제전이 열리는 기간에는 모든 전투가 중지되었지요. 연설, 시 낭송 등과 함께 멀리뛰기, 달리기, 창던지기, 원반던지기, 레슬링, 경마, 전차 경기가 열렸습니다. 그리스의 여러 도시 국가 사람들은 올림피아 제전을 통해 하나의 언어를 쓰는 같은 민족임을 확인하고 평화를 추구하고자 했어요.

올림피아 제전의 달리기 경기가 그려진 토기

➜ 스파르타, 아테네, 폴리스

왕가의 계곡 Valley of the Kings

이집트 나일강 서쪽에 있는 골짜기

이집트 신왕국 시대의 왕릉이 모여 있어서 왕가의 계곡이라는 이름이 붙었습니다. 고왕국 시대에 만든 피라미드는 사람들 눈에 잘 띄어 도굴당하기 쉬웠기 때문에, 신왕국 시대에는 도굴을 막기 위해 인적이 드문 골짜기나 절벽을 뚫어 비밀 왕릉을 만들었습니다. 이렇게 해도 대부분 도굴당했지만, 1922년에 투탕카멘 왕릉이 도굴당하지 않은 채로 발견되었어요. 투탕카멘 왕릉에서 나온 화려한 부장품은 이집트의 문화 수준을 알려 줍니다.

왕가의 계곡(이집트)

➡ 투탕카멘, 피라미드

왕권신수설 王權神授說 Divine right of Kings 17세기

국왕의 권리는 신에게서 받은 절대적인 것이므로 백성들은 왕에게 절대 복종해야 한다는 정치 이론

17세기 영국에서는 이전과 달리 백성들의 저항이 거세지고 왕과 신하 간의 대립이 심해졌어요. 그래서 영국 국왕 제임스 1세는 왕권신수설을 주장했어요. 왕권신수설은 절대주의 국가의 정치 이론으로 국왕이 교황이나 신성 로마 제국의 황제, 신하들을 누르고 왕권을 강화하는 뒷받침이 되었어요.

➡ 교황, 신성 로마 제국, 절대주의

왕안석 王安石 1021~1086

신법을 주장하며 개혁을 추진했던 송나라의 정치가

왕안석은 개혁을 원하고 있던 송나라의 신종 황제에게 뽑혀 정책을 추진하게 됩니다. 우선 옛 인물들은 모두 쫓아내고 강남 출신의 젊은 관리들을 뽑아 썼어요. 이 관리들은 새로운 법, 즉 '신법'을 개발하는데, 농업 기술을 개발해 생산을 더욱 늘리고 새로운 농지를 더 많이 만들려고 했지요. 또 상업을 발달시키고 군사 제도도 개혁해서 강한 송나라를 꿈꿉니다.

이에 적극 참여했던 사람들을 '신법당'이라 해요. 신법은 농민과 중소 상인을 보호하는 법이라 대지주와 대상, 관료들이 반대파인 '구법당'을 만들어 저항했으나 황제의 지지를 받아 신법을 시행했어요. 왕안석이 너무 강하게 신법을 밀어붙인 탓에 왕안석이 죽은 이후에도 신법당과 구법당의 대립은 계속됐고 이는 당파 싸움으로 이어져 송나라가 무너지는 원인을 제공하기도 했어요.

➔ 송

왕희지 王羲之 307~365

중국 동진의 유명한 서예가

왕희지는 서예 글씨체의 하나인 예서를 잘 썼고 행서, 해서, 초서와 같은 붓글씨를 예술로 승화시켜 완성했어요. 당나라 태종은 왕희지의 글씨를 사랑해 자기가 죽을 때 관에 함께 넣어 묻게 했습니다. 그래서 지금 남아 있는 왕희지의 작품은 모두 원본이 아니지요. 왕희지의 글씨는 우아하고 귀족의 기품을 지닌 것으로 유명해요.

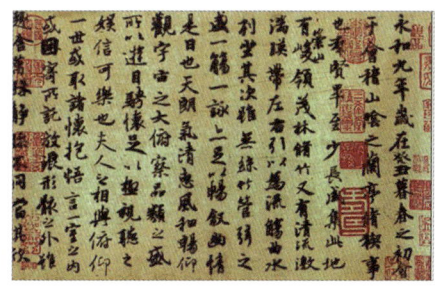

황희지가 쓴 〈난정서〉

➔ 당 태종

요 遼 916~1125

거란족이 세운 중국의 왕조

유목민이었던 거란족의 지배자 야율아보기(耶律阿保機)가 나누어져 있던 부족들을 통합하고 상경을 수도로 정해 세운 나라예요. 926년에 발해를 멸망시키고, 만주를 모두 지배했어요. 936년에는 5대 중에서 '후진'을 세우는 데 협력한 공으로 '연운 16주'를 차지하고 '요'라는 이름을 내세웠어요. 제6대 황제 성종은 송나라를 공격해 1004년에 송이 요에게 조공을 바치기로 조약을 맺었어요. 그 뒤로 탕구트와 위구르를 정벌해 외몽골에서 파미르 고원에 이르는 영토를 가진 동아시아의 최강국이 되었어요. 그런데 왕실의 내분으로 혼란스러울 때, 만주 지역의 여진족이 세운 금나라가 송과 동맹을 맺고 공격하자 중앙아시아 서쪽으로 옮겨 가 쇠퇴합니다.

➔ 송, 5대 10국

우르남무 법전 Ur-Nammu Code 기원전 2100년

수메르의 우르남무 왕이 만든, 지금까지 알려진 인류 최초의 법전

바빌로니아의 함무라비 법전(기원전 1755년)보다 300년쯤 앞선 것입니다.

우르남무 법전이 새겨진 조각

➔ 수메르 문명, 함무라비 법전

우마이야 왕조 Umayyad dynasty 661~750

다마스쿠스를 수도로 삼아 세운 이슬람 왕조

무함마드가 죽은 뒤 이슬람 세계는 칼리프라는 이슬람의 최고 종교 지도자를 뽑았어요. 메카의 명문 우마이야 가문의 무아위야도 칼리프가 되려 했지만 무함마드의 사위였던 알리에게 밀렸어요. 그런데 알리가 암살을 당해 무아위야가 칼리프 자리에 올랐어요. 그리고 그 자리를 아들에게 물려주었어요. 이슬람 세계의 종교 지도자였던 칼리프는 마치 황제와 같은 존재가 되었지요.

우마이야 왕조는 북아프리카, 유럽, 서아시아, 북인도, 중앙 아시아까지 점령해서 대제국을 만들었어요. 커다란 제국을 유지하기 위해서는 많은 세금이 필요했지요. 아랍인이 아니면 이슬람교로 개종해도 계속 세금을 걷었는데, 이것은 이슬람 교리에 어긋나는 일이었지요. 우마이야 왕조는 비아랍계 이슬람교도의 불만을 사서 아바스 왕조에게 멸망당했습니다.

우마이야 사원(시리아 다마스쿠스)

➜ 무함마드, 아바스 왕조, 알리, 이슬람교, 칼리프

우키요에 浮世繪 14세기~19세기

일본 에도 막부 때 유행하던 목판화 그림

서민들이 살아가는 모습을 그린 그림입니다. 전쟁이 끊이지 않던 전국 시대가 끝나고 평화로운 시대가 이어지면서 무사, 상인, 기녀, 일반 백성들의 모습이 그림의 주제가 되었지요. 대상을 그릴 때 세밀한 묘사보다는 간략하게 표현하길 즐기고, 색은 원색 위주로 화려하게 칠합니다. 유럽에까지 전해져 고흐, 드가, 모네가 우키요에를 본떠 그리는 등 인상파에 큰 영향을 주었습니다.

가쓰시카 호쿠사이의
〈가나가와 앞바다의 거대한 파도〉

➜ 에도 막부

움집 dugout hut

신석기 시대에 30cm~1m 정도 땅을 파서 지은 반지하식 집

여름에는 시원하고 겨울에는 따뜻하지만, 습기가 많은 것이 흠입니다. 신석기 시대에 가장 흔했던 집짓기 방법입니다.

➜ 신석기 시대

워털루 전투 Battle of Waterloo 1815

나폴레옹 1세의 지배를 완전히 끝맺은 싸움

1814년 영국과 러시아, 프로이센, 오스트리아 연합군은 파리를 점령하고 나폴레옹을 엘바 섬에 가두었어요. 나폴레옹은 이듬해 엘바 섬을 탈출해 파리로 가서 다시 황제가 되었습니다. 그러나 벨기에 남동쪽의 워털루에서 영국과 프로이센 군대를 맞아 싸우다 져서 완전히 항복했어요. 다시 나폴레옹은 대서양의 세인트 헬레나 섬에 갇혀 그곳에서 죽음을 맞이합니다.

워털루 전투 장면

➡ 나폴레옹

원 元 1271~1368

몽골 민족이 세운 중국의 통일 국가

중국 북쪽 초원 지대에 흩어져 살던 몽골 유목민을 13세기에 칭기즈 칸이 통합했어요. 칭기즈 칸의 손자인 쿠빌라이 칸은 몽골의 강력한 군사력을 바탕으로 농경 사회인 중국의 화북 지방을 점령하고 원나라를 세웁니다. 수도는 베이징으로 옮겼지요. 1279년 남송을 멸망시켜 북방 민족인 몽골족이 중국 대륙을 차지했어요. 몽골 민족은 대륙 서쪽에 세운 네 개의 한국(汗國)과 더불어 유라시아 대륙을 전부 차지하고 세계 최대의 제국을 건설합니다. 한국에 대해 지배력을 행사하려던 원나라에 사한국이 함께 도전한 일도 있었지만, 나중에는 서로 많은 교류가 이루어져 동서 문화가 한데 어우러지는 데 많은 도움을 주었어요.

➔ 몽골 제국, 원, 칭기즈 칸

원자 폭탄 原子爆彈 atomic bomb

원자핵 분열로 얻어지는 에너지를 이용한 폭탄

무시무시한 파괴력으로 한꺼번에 수십만 명을 죽일 수도 있어요. 한번 폭발하면 후유증도 오래가서 원자 폭탄이 터지는 걸 멀리서 보기만 해도 암에 걸리거나 기형아를 낳을 확률이 높아져요. 1942년 미국에서 개발했는데, 1945년 일본의 히로시마와 나가사키에 떨어뜨려 제2차 세계 대전을 끝냈지요. 원자 폭탄의 무시무시한 위력에 놀란 소련, 영국, 프랑스도 서둘러 원자 폭탄을 개발했어요. 지금은 원자 폭탄을

원자 폭탄으로 발생한 버섯구름

전쟁에 사용할 경우 지구가 멸망할지도 모른다는 두려움 때문에 더 이상 개발하지 못하게 막고 있습니다.

➜ 제2차 세계 대전

위진 남북조 시대 魏晉南北朝時代 221~589

한나라가 멸망할 때부터 수나라가 통일할 때까지 중국의 분열기

한나라가 멸망하자 중국은 위·촉·오 세 나라로 갈라졌어요. 이때를 삼국 시대라 합니다. 촉을 멸망시킨 위나라를 빼앗은 진나라는 오를 멸망시켜 잠시 중국을 통일합니다. 북쪽에 살던 북방 민족들이 남쪽으로 내려와 화북을 차지하고 5호 16국을 세우자 진나라는 남쪽으로 내려가 동진을 세웁니다. 화북 지방은 북위가 통일하고, 강남 지방에는 여러 나라가 계속 바뀌는데, 이 시대를 남북조 시대라고 합니다. 삼국 중에 가장 강했던 위나라와 잠시 통일했던 진나라를 뽑아서 '위진 남북조 시대'라고 일컫는 것입니다. 360년이 넘는 긴 분열기는 양견이 세운 수나라가 통일을 이룩하면서 끝이 납니다.

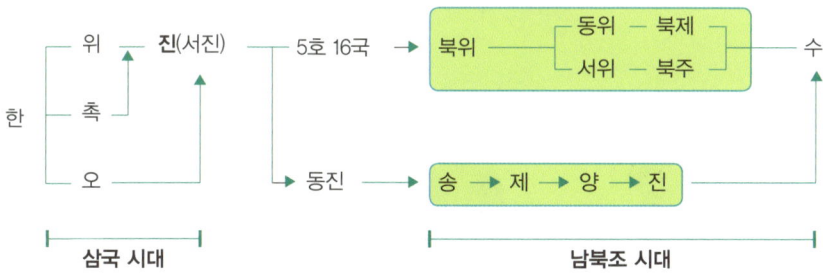

➜ 북방 민족, 수, 5호 16국, 한

유대교 기원전 4세기~

유일신 야훼를 믿는 유대인의 민족 종교

신은 이 세상을 만든 '야훼'(여호와)뿐이며, 유대인은 야훼의 선택을 받은 민족이라고 믿습니다. 유대교의 경전인 《구약 성서》는 유대인에게는 역사책과 같아요. 유대교에서 크리스트교가 갈라져 나옵니다. 로마 가톨릭에서 또 교구인 로마 가톨릭과 신교인 프로테스탄트로 나누어집니다.

유대교는 크리스트교와 달리 예수를 하느님(야훼)의 아들로 인정하지 않아요. 유대교 신자들이 함께 예배하는 곳은 '회당'이라고 하고 예배를 이끄는 사람은 '랍비'라고 해요. 랍비들이 율법에 대한 자신들의 해석을 모아 책으로 엮은 것이 '탈무드'입니다.

➡ 그리스 정교, 로마 가톨릭 교회, 이슬람교, 크리스트교, 프로테스탄트

유방 劉邦 기원전 256~기원전 195

한나라의 시조

중국을 최초로 통일한 진나라가 망해 가던 시기에 항우가 초나라를 세우고, 세력이 약했던 유방은 항우와 연합했습니다. 이 둘은 각자의 군대를 이끌고 진나라를 멸망시켰어요. 항우는 진을 멸망시킨 뒤 함께 싸웠던 사람들에게 땅을 나누어 주고 다스리게 했어요. 하지만 그의 처분에 만족하지 못한 제후들이 유방을 앞세워 항우를 상대로 전쟁을 일으켰어요. 약 5년 동안 싸움이 계속되었고, 결국 유방이 이겨 한나라를 세웠습니다.

이 전쟁과 관련된 고사성어로 '사면초가'(四面楚歌)가 있어요. 수적으로 열세인 유방의 군대가 항우의 군대를 둘러싸고 초나라 노래를 불렀다는 내용인데, 이 노래를 듣고 고향 생각을 하던 초나라 사람들이 울적해진 마음 때문에 싸움을 제대로 하지 못해 유방의 군대가 이겼다는 이야기입니다.

➔ 시황제, 한, 항우

유럽 연합 European Union 1993~

유럽의 정치·경제 통합을 실현하기 위해 유럽 여러 나라가 참가한 연합 기구

유럽 여러 나라는 1957년에 유럽 경제 공동체를 만들었어요. 프랑스나 독일 같은 곳은 나라가 작았기 때문에 미국이나 소련처럼 큰 나라에 비해 불리한 점이 많다고 생각했지요. 그래서 유럽의 여러 나라가 경제적 이익을 얻고자 단결한 것입니다.

유로화

지금은 유럽 정상 회담을 열어 정치적인 통합도 꾀하고 있어요. 유로라는 화폐를 만들어 유럽 연합 가입국이 함께 쓰고 있습니다. 하지만 2020년 1월 31일부로 영국이 국민 투표를 통해 유럽 연합에서 처음으로 탈퇴하면서 유럽 연합에 변화가 생기고 있어요.

유스티니아누스 대제 Justinianus I 483~565

비잔티움 제국의 전성기를 이끌었던 황제

유스티니아누스 대제는 옛 서로마 제국의 영토를 대부분 회복하고 국내의 상공업을 크게 발달시켰어요. 그는 부인 테오도라의 의견을 많이 따랐고 통솔력이 뛰어났다고 해요. 콘스탄티노플에 아름다운 성 소피아 성당을 세우고 《유스티니아누스 법전》을 편찬했습니다. 이 법전은 로마의 법률을 모두 모아 완성시킨 것으로 근대법의 뿌리가 되었어요.

시종을 거느린 유스티니아누스 대제

황후 테오도라는 귀족 출신이 아니라 천민 출신이었지만 위기가 닥칠 때마다 유스티니아누스 대제를 도와주었어요. 황제만큼이나 존경받는 황후가 되었답니다.

➔ 비잔티움 제국, 성 소피아 성당

율령 律令

법률과 행정에 관한 법칙

중국 한나라 때 형식을 갖추기 시작해 당나라 때 완성되었어요. 우리나라와 일본 그 밖의 동아시아 여러 나라에 영향을 주었어요. 나라를 다스릴 때 권력자 마음대로 하는 것이 아니라 확실한 법과 규칙을 따라야 한다는 원칙을 세운 것이에요. 형법인 율(律), 행정법인 령(令), 임시 법률인 격(格), 시행 규칙인 식(式)으로 이루어져 있습니다.

➔ 당, 한

의화단 운동 義和團運動 1900

중국 청나라 말기에 일어난 외세 반대 운동

19세기에 청나라는 서양의 여러 강대국에게 문을 열고 무역과 외교를 시작했어요. 그런데 영국과 프랑스 같은 서양의 나라들은 발달된 무기와 과학 기술을 앞세워 무력으로 중국의 자원을 뺏어 갔고, 서양 물건을 비싼 값에 팔았어요. 더욱 살기 힘들어진 사람들은 서양 국가들을 미워했어요.

의화단

의화단은 무술을 연마하며 종교 활동을 함께 하는 비밀 조직이었어요. 그러나 서양의 침략이 심해지자, '청을 도와 서양을 물리치자'(부청멸양)고 주장하면서 외세와 크리스트교를 반대했어요. 점점 많은 사람이 모여 세력이 커진 의화단은 서양과 전쟁을 하겠다고 선포하고, 서양인과 그들의 건물을 닥치는 대로 부숩니다. 결국 의화단이 수도 베이징까지 점령하자, 위기를 느낀 미국, 프랑스, 영국을 포함한 8개국은 군대를 조직해 의화단을 진압했습니다. 이후 외국 군대가 베이징에 머무르게 되었고, 서양 세력에 대한 청나라 사람의 반감은 쉽게 사그라들지 않았습니다.

이백 李白 701~762

시선(시의 신선)이라 일컬어지는 중국 당나라의 시인

이태백이라고도 합니다. 젊은 시절부터 떠돌아다니길 좋아했는데, 워낙 시를 잘 써서 당나라 현종과 양귀비의 궁정 시인이 되었어요. 하지만 곧 그만두고 다시 떠돌아다니다 안녹산의 난에 가담해 체포되기도 했습니다. 그의 방랑 생활은 죽을 때까지 계속됩니다. 술과 자연을 벗삼아 인간의 풍류를 노래한 시가 많아서, 같은 시기에 유명했던 두보와 자주 비교가 됩니다. 두보가 생활에 충실한 인간의 고뇌와 마음을 노래했다면 이백은 인간 세계를 초월한 자유를 읊었어요. 술을 워낙 좋아하여 강 위에 배를 띄워 놓고 술을 마시던 중 강에 비친 달그림자를 잡으려다 물에 빠져 죽었다는 전설이 만들어질 정도였어요. 1천 편이 넘는 작품이 남아 있습니다.

달이 세 개구나! 하늘에 뜬 달, 물에 비친 달, 내 술잔에 비친 달.

➜ 당 현종, 안녹산의 난, 양귀비

이란 혁명 1979

팔레비 왕조를 무너뜨리고 이란 이슬람 공화국을 탄생시킨 혁명

이란의 팔레비 왕조는 미국의 지원을 받았습니다. 왕족은 풍부한 석유 자원을 미국에 팔아서 호화로운 생활을 했지요. 하지만 국민은 더욱 가난해졌습니다. 왕족들이 왕에게 불만을 품은 사람이 없나 비밀경찰을 시켜 국민을 늘 감시했기 때문에 국민들은 언제나 공포에 떨어야 했습니다.

이란 국민은 대부분 시아파 이슬람교도였습니다. 시아파의 지도자 호메이니는 순수한 이슬람 신앙으로 돌아가자고 주장하면서 왕을 몰아내야 한다고 주장했습니다. 많은 국민이 여기에 호응해서 팔레비 왕조를 무너뜨리고 이란 이슬람 공화국을 세웠습니다. 이란 혁명은 민중의 투쟁으로 독재 정권을 물러나게 한 시민 혁명이라는 의의가 있습니다.

이란 시내에 걸린 호메이니 그림

호메이니는 이란의 종교가이자 정치가로 이란 혁명 이후 '이맘'(교주)이라는 칭호를 받으며 이란 최고 지도자가 되었어요.

➜ 시아파, 이슬람교, 팔레비 왕조

이븐 바투타 Ibn Baṭṭūṭah 1304~1368

세계 각지를 여행하고 기행문을 남긴 이슬람 여행가

이븐 바투타는 아프리카 북쪽 모로코에서 태어났어요. 이슬람교도라면 누구나 일생에 한 번 이상 성지 메카를 순례해야 할 의무가 있습니다. 이븐 바투타도 20세가 넘자 메카를 순례하기 위해 집을 나섰지요. 이븐 바투타는 한 번 간 길로는 두 번 지나가지 않는다는 원칙을 세워서 세계 각국을 여행하면서 성지를 순례했습니다.

그가 지나간 지역은 이집트, 시리아, 이라크, 페르시아, 중앙 아시아, 인도, 중국, 사하라 사막 등이었습니다. 이 모든 지역에 이슬람교도가 살고 있었기에 이븐 바투타는 그들의 도움으로 여행을 할 수 있었습니다. 이븐 바투타는 30년에 걸쳐 12만km나 여행을 했습니다. 그리고 여행을 마친 뒤 그동안 보고 들은 것을 《여행기》라는 책을 써서 남겼습니다. 이븐 바투타의 기록은 정확하고 자세해서 14세기 세계 각국의 생활상을 보여 주는 중요한 자료가 되고 있습니다.

➜ 메카, 이슬람교

이븐 시나 Ibn Sina 980~1037

페르시아 출신의 이슬람 철학자이며 의사

18세에 모든 학문에 통달했다는 평을 들을 만큼 뛰어난 학자였습니다. 이슬람 철학자들은 그리스 철학, 그중에서도 아리스토텔레스의 철학을 열심히 연구했습니다. 이븐 시나는 아리스토텔레스와 플라톤의 철학을 한 단계 발전시켜 철학의 최고봉이라는 평가를 받았습니다. 의학에도 뛰어나 '의학의 신'이라는 별명도 얻었습니다. 그가 쓴 《의학정전》은 17세기까지 유럽 의과 대학의 교재로 쓰일 정도였습니다. 그의 철학과 의학은 이슬람뿐 아니라 중세 유럽에도 많은 영향을 주었습니다.

➡ 아리스토텔레스, 페르시아, 플라톤

이슬람교 Islam Mohammedanism

7세기 초 아라비아의 예언자 무함마드가 창시한 종교

이슬람은 아랍어로 '순종과 평화'라는 뜻을 가지고 있어요. 유일신(알라)을 절대 믿고 따른다는 뜻이지요. 이슬람교도는 신 앞에서 모든 신자가 평등하다고 생각합니다.

지금 이슬람교도는 동남아시아, 중앙아시아, 서아시아, 아프리카에 많이 살고 있고, 전체 신자 수는 10억이 넘습니다. 이슬람교도는 하루 다섯 번 메카를 향해 예배를 합니다. 1년에 한 달은 해가 떠 있는 동안 단식을 하고(라마단), 일생에 한 번은 메카를 순례해야 합니다.

메카에 모인 이슬람교도

➔ 메카, 무함마드

이오니아 학파 Ionian school 기원전 6세기경

이오니아 지방에서 활동한 철학의 학파

이오니아는 소아시아의 서쪽으로 지중해와 에게해를 바라보고 있는 지방입니다. 기원전 10세기에 고대 그리스의 한 종족인 이오니아인이 이주해 식민 도시를 여러 개 건설했어요. 기원전 6세기 즈음 이 지방에 철학이 발달해 그리스 최고의 철학자들을 배출했는데, 그들을 통틀어서 '이오니아 학파'라고 합니다. 자연을 문제 삼아 탐구하는 자연철학파였어요. 그들은 자연 현상이 일어나는 원인을 '신' 때문이라 생각하지 않고 자연 자체에서 찾음으로써 논리적으로 생각하는 길을 열었습니다. 그들은 이 세상의 다양한 모습을 하나의 원리로 설명하려는 최초의 철학자들이었어요. 탈레스, 아낙시만드로스, 아낙시메데스, 헤라클레이토스 같은 이들이 있었고, 이오니아족 도시의 이름을 따 '밀레토스 학파'라고도 합니다.

이자성의 난 1639~1644

명나라 말기에 이자성이 이끈 농민 반란

명나라 말기에는 농민 봉기가 끊임없이 일어났어요. 명나라 지배 세력이 너무 부패해서 농민의 삶이 힘들어졌기 때문이에요. 농민 봉기에 참가하게 된 이자성은 정부군과 싸워 공을 세우고 농민의 지도자가 되었어요. 1641년에는 뤄양을 정복하고 1643년에는 대순이라는 나라를 세워 왕위에 올랐습니다.

농민군을 이끌고 명나라 수도 베이징을 포위하자 명의 마지막 황제 숭정제가 스스로 목을 매 죽고 명나라는 멸망합니다. 베이징을 차지한 이자성은 스스로 황제라고 칭했지만, 청나라에 투항한 명나라 장수 오삼계에서 쫓겨 후퇴해, 이자성의 난은 실패로 끝났어요. 이후 만주족이 세운 청나라가 중국을 통일합니다.

➜ 명, 청

이콘 icon

크리스트교 성인의 그림을 작은 나무판이나 금속판에 그린 것

가톨릭 교회에서는 예수나 마리아의 조각상을 만들어요. 그러나 그리스 정교에서는 비잔티움 제국의 레오 3세가 성상 숭배 금지령을 내린 뒤로 이콘만을

썼습니다. 이콘은 예수와 마리아뿐 아니라 성인들도 사실대로 그리지 않고 상징을 그린 것이에요. 성경의 주제를 정확하게 전달하는 것이 목적이었거든요. 이콘은 정해진 모양과 색깔에 따라 만들었습니다.

➜ 그리스 정교, 로마 가톨릭 교회, 비잔티움 제국, 성상 숭배 금지령, 크리스트교

인권 선언 Declaration of Rights of Man and of the citizen 1789

프랑스 혁명의 정신이 담긴 문서(원래 제목은 '인간과 시민의 권리 선언')

1789년 프랑스에서 대혁명이 시작되었습니다. 대부분의 프랑스 시민이 속해 있던 제3신분 대표들은 그들이 국민의 진정한 대표라고 주장하며 국민 의회를 만들었어요. 국민 의회는 봉건 귀족의 특권을 폐지한다고 선언하고, '인간과 시민의 권리 선언(인권 선언)'을 발표합니다. 인권 선언은 인간은 태어나면서부터 자유롭고 평등한 권리가 있으며, 주권은 국민에게 있음을 밝힌 문서입니다. 그래서 '봉건 체제의 사망 진단서'라고도 합니다.

➜ 프랑스 대혁명

인더스 문명 Indus civilization 기원전 2500~기원전 1500

인도의 인더스강 근처에서 발달했던 청동기 문명

세계 4대 문명의 발상지 중 하나입니다. 대표 유적으로는 모헨조다로와 하라파가 있습니다. 구운 벽돌로 만든 건축물이 발굴되었고, 넓은 도로도 발달되어 있었어요. 건물 사이에 하수도가 연결되고 한데 모여 강으로 흘러들게 만들었습니다. 보통 개인 집은 이층집이고, 욕실과 수세식 화장실이 있었습니다. 모두 진흙으로 만들었어요. 매우 잘 짜여진 발달된 도시라는 걸 알 수 있어요.

고대 인더스 사람들은 옆쪽에 발달한 메소포타미아 문명권 사람들과 교역을 했기 때문에 농사와 함께 상업도 발달했어요. 중요한 유물로는 여러 동물을 새겨 놓은 인장이 있습니다. 이는 무역이나 통행 등에 쓰였던 것으로 추측하고 있어요. 이렇게 발달했던 인더스 문명은 아리아인의 침입으로 무너졌다고 짐작됩니다.

➔ 메소포타미아 문명

인도 국민 회의 Indus Naional Congress 1885

영국의 주도로 결성된 인도의 정당

인도를 식민 통치하던 영국은 인도인의 반발을 없애려고 인도 국민 회의를 만들었어요. 영국이 인도를 지배하는 것이 옳다고 생각하는 인도의 중상류층을 중심으로 만들었지요. 그들은 영국의 통치 정책에 적극 협조하며 인도인에게 영국의 지배를 받아들이라고 설득하려 했습니다.

하지만 1905년에 영국이 벵골 분할령을 발표하자 인도 국민 회의도 영국에 반대하는 민족 운동을 벌였어요. 스와라지와 스와데시가 많이 알려져 있습니다. 제1차 세계 대전 뒤부터는 간디의 지도에 따라 불복종 운동을 벌이고, 제2차 세계 대전 뒤에는 영국과 독립 협상을 해서 1947년에 인도가 200년에 걸친 영국의 식민 통치에서 벗어났습니다. 지금도 인도 국민 회의는 인도의 주요 정당으로 활동하고 있습니다.

인도 국민 회의 창립식 사진

➔ 간디, 스와라지 스와데시, 제1차 세계 대전, 제2차 세계 대전

인도차이나 전쟁 Indochina wars 1946~1954

프랑스가 베트남, 라오스, 캄보디아의 독립을 막으려고 일으킨 전쟁

베트남, 라오스, 캄보디아는 19세기 말부터 프랑스의 식민지였어요. 제2차 세계 대전이 한창일 때 일본군이 이 지역을 공격했어요. 세 나라에서는 프랑스가 무너진 틈을 타서 일본 세력을 등에 업고 왕이 다시 등장했습니다. 하지만 제2차 세계 대전은 일본의 패배로 끝났어요.

이때 베트남에서는 호찌민이 왕을 무너뜨리고 '베트남 민주 공화국'을 세웠어요. 라오스와 캄보디아도 독립을 선언했습니다. 하지만 프랑스는 이들을 다시 식민지로 삼으려고 전쟁을 일으켰어요. 겨우 찾은 독립을 지키기 위해 베트남, 캄보디아, 라오스는 프랑스 군대에 저항했어요. 프랑스는 쫓겨난 왕을 다시 세우고, 미국마저 전쟁에 끌어들였지만 싸울 때마다 세 나라에게 졌어요. 국제 여론까지 프랑스에 불리해지자 결국은 세 나라의 독립을 인정할 수밖에 없었지요.

베트남 독립 동맹군의 사진

➜ 제2차 세계 대전, 호찌민

인디오 Indio

아메리카 대륙에 살던 원주민

1492년에 콜럼버스가 아메리카 대륙에 도착했지만, 콜럼버스는 죽을 때까지 그곳을 인도라고 생각했어요. 그래서 그곳에 살고 있던 원주민도 인도 사람이라는 뜻으로 '인디오'라고 했지요. 잘못 붙인 그 이름이 지금까지 그대로 이어져 아메리카 원주민을 인디오라고 합니다. 그들은 마야 문명, 잉카 문명, 아즈텍 문명, 그 밖의 발달한 그들만의 문명이 있었지만, 총이나 칼과 같은 철기 문명은 발달하지 않았어요.

16세기 남아메리카의 원주민은 포르투갈과 에스파냐가 개발한 금광에 끌려가 일을 했는데 전염병과 고된 노동으로 그 수가 엄청나게 줄었어요. 18세기에는 북아메리카 원주민이 많이 학살당했습니다. 그리고 남아메리카에서는 백인과 원주민의 혼혈(메스티소), 흑인과 원주민의 혼혈(물라토)이 많이 생겼습니다.

➜ 마야 문명, 아즈텍 문명, 아메리카, 잉카 제국, 콜럼버스

인클로저 운동 (울타리 치기 운동) enclosure 16세기, 18세기

함께 이용할 수 있는 땅에 울타리를 쳐서 남이 쓰지 못하게 하고 자기 땅으로 삼는 것

16세기 영국에서는 모직물 공업이 발달해 그 원료가 되는 양털이 많이 필요했어요. 영주와 젠트리는 농민을 내쫓고 농사짓는 땅에 울타리를 둘러 양을 길렀습니다. 이것을 인클로저 운동이라고 합니다. 18세기 산업 혁명 때 또다시 이 운동이 일어납니다. 인구가 빠르게 늘어나 곡식의 가격이 오르자, 지주가 소작인이 경작하던 땅이나 마을 주민이 함께 쓰던 땅을 다 뺏어서 대규모 농장을 만들어 곡식을 생산했어요. 이 과정에서 농사지을 땅을 잃은 농민은 임금을 받고 일하는 농업 노동자나 도시의 공장 노동자가 되었어요.

➡ 산업 혁명, 젠트리

일본서기 日本書紀 720

일본 나라 시대에 만든 역사책

일본 나라 시대까지 일본에는 고대사에 관한 공식적인 역사책이 없었어요. 그래서 천황의 명령으로 여러 학자와 정치가가 만든 고대사 책이 바로 일본서기예요. 720년에 완성된 이 책은 당시 중국과 한반도의 역사책과 사람들에게 전해지고 있는 이야기와 전설을 참고해서 만들었어요.

일본의 역사책이지만 한반도와 관련된 기록이 많아, 신라 통일 이전 우리나라 고대사의 모습도 엿볼 수 있어요. 하지만 일본 입장에서 서술하였고 신공 황후의 이야기처럼 신화적인 성격이 강해 다른 역사 자료와 비교하여 판단해 볼 필요가 있어요.

일조편법 一條鞭法 16세기 말

명나라 말기에 세금을 은으로 내게 한 제도

명나라 때 백성들은 세금을 쌀, 비단 같은 물건으로 내거나 직접 노동(부역)으로 대신했어요. 15세기 들어 화폐를 많이 쓰게 되면서 은으로 세금을 내도록 했어요. 하지만 물건이나 노동의 값어치를 은으로 바꾸는 과정은 복잡하고 불편했어요. 지배층은 소유한 땅의 크기와 가족 수를 기준으로 세금을 매기고 물건 대신 은으로 내게 했습니다. 은을 받아 황실에서 필요한 물품을 시장이나 상인에게서 사면 되니까요. 청나라에서는 이 제도를 조금 변화시켜 세금을 매기는 기준을 백성이 소유한 땅의 크기로 정한 '지정은제'(地丁銀制)를 시행합니다.

➡ 명, 청

입헌 군주제 constitutional monarchy

왕이 있지만 실제 정치는 의회가 제정한 법에 따라 이루어지는 정치 형태

입헌 군주제는 영국에서 먼저 시작했어요. 명예 혁명 뒤 영국 왕은 상징적인 존재가 되고 의회와 내각이 정치의 중심이 되었습니다. 제2차 세계 대전 뒤 일본과 벨기에도 영국과 같이 왕은 있지만 실제 정치에는 참여하지 않는 입헌 군주제를 하고 있어요.

왕은 군림하나 통치하지 않는다!

➜ 명예 혁명, 제2차 세계 대전

잉카 제국 Inca empire 13세기~16세기 초

남아메리카의 중앙 안데스 지방(페루·볼리비아)을 지배한 고대 제국

13세기에 만코 카팍이 페루 고원에 세웠다고 전해집니다. '잉카'는 국왕이라는 뜻이지요. 쿠스코 주변을 다스리던 잉카인들은 15세기에 국력이 크게 강해졌어요. 그 뒤로 100여 년 동안 정복 활동을 벌여 안데스 지방까지 지배하는 남북으로 4천km에 이르는 거대한 제국이 되었습니다. 3만km가 넘는 도로와 발달된 행정 기구로 넓은 지역을 다스렸지요.

잉카 제국에는 총과 같은 철기와 문자는 없었지만 토기, 청동기 기술이 발달했으며 특히 건축 문화가 뛰어났어요. 하지만 1533년 에스파냐 사람 피사로의 침입으로 멸망했습니다.

➔ 마추픽추

나는 반역은 좋아하지만 반역자는 싫어한다.
_ 율리시스 시저

자금성 紫禁城

중국 베이징에 있는 명, 청 시대의 궁궐

1407년 명나라의 영락제가 난징에서 베이징으로 수도를 옮기면서 짓기 시작해 1420년에 완공했어요. 청나라에서도 황제의 궁으로 사용했어요. 자금성은 자주색의 금지된 성이란 뜻입니다. 옛날 중국 사람들은 우주의 중심인 북극성을 자주색으로 알고 있어 황제의 성을 자주색으로 꾸몄습니다. 일반 백성의 출입은 금지되었던 황제의 공간이었습니다. 자금성의 방 개수는 9999개라는 이야기도 있지만 실제로는 8886개입니다. 560년 동안 명나라 황제 15명과 청나라 황제 9명이 살았고, 희귀한 유물들이 보관되어 있습니다.

자금성 입구

➜ 명, 영락제, 청

자본주의 資本主義 capitalism

이윤 추구가 목적인 자본이 지배하는 경제 체제

오늘날 서유럽, 미국, 우리나라를 비롯한 많은 나라가 자본주의 체제를 채택해 살고 있지요. 자본주의의 특징은 개인의 재산 소유를 인정하고, 모든 상품과 서비스에 가격이 매겨져 있다는 것이에요. 물건뿐 아니라 노동력도 상품으로 다룹니다. 기업은 이윤을 얻으려고 투자하고 정부는 시장에 간섭하지 않는 것이 제일 좋다고 여겼어요. 하지만 불평등 독점 등 자본주의의 문제점이 많이 나타나서 지금은 자본주의의 모순을 해결하고자 정부가 적극 나서고 있습니다.

자위대 自衛隊

일본이 1954년 치안 유지를 위해 창설한 군대

일본은 제2차 세계 대전을 일으켰지만 연합군에게 져서 항복했지요. 연합군은 전쟁 범죄국인 일본에게 앞으로 다시는 군대를 만들지 말라고 했어요. 일본은 절대로 군대를 갖지 않겠다고 선언했습니다.

그런데 1950년 한국에서 전쟁이 일어났어요. 일본은 한국 전쟁을 계기로 경찰 예비대를 만들었어요. 그리고 1954년에 자위대('스스로를 지키는 군대'라는 뜻)라고 이름을 바꾸었습니다.

지금도 일본의 헌법에는 어떤 군대도 가질 수 없다고 씌어 있습니다. 그래서 일본의 헌법을 '평화 헌법'이라고 해요. 하지만 일본은 여러 가지 핑계를 대며 자위대를 군대처럼 만들어 왔습니다. 자위대는 육·해·공군을 다 갖추었고, 최신 무기로 무장하고 있습니다. 일본은 미국에 이어 세계에서 두세 번째로 군사비를 많이 지출하고 있어요. 최근에는 평화 헌법에 대한 해석을 달리하여, 2015년에는 평화 헌법에 어긋나는 안보법을 통과시킴으로써 사실상 자위대가 다른 나라의 군대와 다름없는 역할을 수행할 수 있도록 했습니다.

➜ 제2차 세계 대전

자유의 여신상 Statue of Liberty

미국 뉴욕항의 리버티섬에 서 있는 커다란 여신상

처음 이 여신상의 이름을 '세계를 비추는 자유'라고 했어요. 프랑스 국민이 미국 독립 100주년을 기념해서 미국인에게 선물로 준 것입니다. 1884년 프랑스에서 완성해 뉴욕 리버티섬으로 옮겼어요. 오른손에 횃불을 들고 왼손에는 '1776년 7월 4일'의 날짜가 적힌 미국의 독립 선언서를 들고 있습니다.

➜ 미국 독립 선언서

자유주의 自由主義 liberalism

인간이 그 어떤 것에도 매이지 않고 자신의 행복과 안전을 얻기 위해 자유롭게 판단하고 행동할 수 있어야 한다는 사상입니다. 르네상스와 종교 개혁이 일어난 뒤, 봉건 신분 제도와 종교의 구속에서 벗어나려 한 근대 유럽의 사상이자 운동입니다. 시민 계급이 절대 왕정을 무너뜨리는 과정에서 발전했어요. 시민 혁명을 시작으로 언론, 출판의 자유나 선거권을 얻기 위한 투쟁으로 이어집니다.

➜ 르네상스

잔 다르크 Jeanne d'Arc 1412~1431

백년 전쟁에서 활약한 프랑스의 소녀

백년 전쟁이 일어난 뒤 프랑스는 영국에 계속 밀리고 있었어요. 1429년의 어느 날, 열일곱 살의 소녀 잔 다르크는 '영국으로부터 오를레앙을 구하고 태자를 프랑스 왕으로 즉위시켜라.' 하는 신의 음성을 들었습니다. 황태자를 만나 군대를 얻은 잔 다르크는 전쟁에 나가 영국군을 무찔렀어요. 그러자 흰 갑옷을 입고 앞장 선 잔 다르크의 모습만 보고도 영국군은 도망을 쳤습니다. 잔 다르크의 활약으로 프랑스는 승리할 수 있었지만, 잔 다르크는 1430년 영국군의 포로가 되어 종교 재판을 받고 이단으로 선고받아 화형을 당했어요.

잔 다르크

➜ 백년 전쟁

장건 張騫 ?~기원전 114

서역으로 가는 길을 개척한 한나라 사람

한 무제의 명령을 받아 대월지(大月氏)와 동맹하려고 기원전 139년에 장안을 출발했습니다. 대월지와 한나라가 동맹을 맺어 그 당시 가장 강했던 흉노를 공격하는 것이 목표였어요. 하지만 장건은 대월지로 가는 도중에 흉노에게 붙잡혀 그곳 여인과 혼인하고 아이까지 낳고 10년을 살았어요. 감시가 소홀해진 틈에 겨우 탈출해 기원전 129년에 대월지에 도착했지요. 하지만 대월지는 흉노를 공격할 뜻이 없어서 한나라와 동맹은 이루어지지 않았습니다. 장건은 허탈하게 귀국길에 올랐는데, 오는 길에 또다시 흉노의 포로가 되고 말았어요. 하지만 흉노 내부에 분란이 일어난 틈을 타 다시 탈출했고, 기원전 126년, 고국을 떠난 지 13년 만에 한나라로 돌아왔습니다.

비록 대월지와 동맹을 맺는 데는 실패했지만 오랜 세월 흉노와 함께 생활한 덕분에 장건은 흉노에 대한 중요한 정보를 많이 알고 있었어요. 그래서 한나라가 흉노를 토벌하는 데 큰 도움을 주었어요. 또 장건이 다녀왔던 길이 개발되어 교역로로 이용되면서 중국과 중앙아시아, 서아시아, 로마는 활발히 교역을 하게 되었습니다. 비단길도 여기에서 시작된 것입니다.

➡ 비단길, 한, 한 무제

장미 전쟁 薔薇戰爭 Wars of Roses 1455~1485

영국의 랭커스터 가문과 요크 가문 사이에 벌어졌던 왕위 쟁탈전

백년 전쟁이 끝난 뒤 영국에서는 왕위 쟁탈전이 벌어졌어요. 많은 귀족과 기사들이 두 편으로 나뉘어 싸웠습니다. 랭커스터 가문의 헨리 튜더가 요크 가문의 리처드 3세를 물리치고 헨리 7세로 왕위에 오르면서 30년에 걸친 장미 전쟁은 끝나고 그때부터 튜더 왕조가 시작되었어요. 헨리 7세는 요크 가문의 엘리자베스와 결혼해 화합을 꾀했습니다. 이 전쟁으로 귀족과 기사들의 세력이 꺾이고 영국은 절대주의 시대로 접어들었어요. 랭커스터 왕가는 붉은 장미 문장을, 요크 가문은 흰 장미 문장을 사용했기 때문에 '장미 전쟁'이라고 해요.

튜더의 장미

➡ 백년 전쟁, 엘리자베스 1세, 절대주의

장원 莊園 manor

중세 유럽에서 영주와 농노가 살아가던 농촌 공동체

중세 사람들은 대부분 장원 안에서 생활하면서 필요한 것을 스스로 마련해 썼습니다. 영주는 자기 장원 안에서 왕과 같은 존재였어요. 농노들에게서 세금을 걷었으며 재판도 담당했지요. 장원의 가운데에는 영주의 저택인 성과 교회가 있었고 그 주변에 농노의 집과 대장간, 방앗간 같은 시설이 있었어요.
농토는 모두 영주의 땅이었으며 농노는 땅을 빌려 농사를 짓고 생산물의 일부를 영주에게 바쳤어요. 봄에 농사짓는 땅과 가을에 농사짓는 땅, 쉬는 땅으로 나누어 돌려 짓는 삼포제 방식으로 농사를 지었습니다.

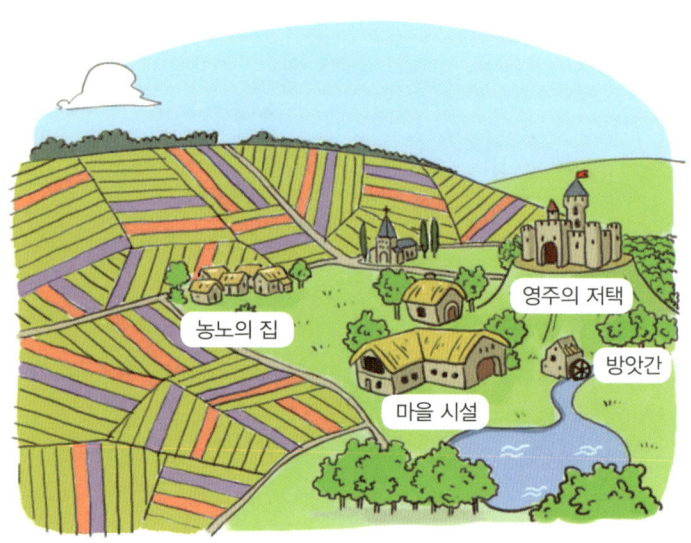

➜ 삼포제

장제스 蔣介石 1887~1975

중국의 군인이며 정치가

장제스는 쑨원이 죽은 뒤 국민당의 혁명군 총사령관이 되었어요. 그 시절 중국은 서양 세력과 손을 잡고 국민을 괴롭히는 군벌들 때문에 혼란스러웠습니다. 국민당과 공산당은 손을 잡고(국·공 합작) 군벌을 토벌했는데 이를 '북벌'이라고 합니다. 마침내 장제스는 모든 군벌의 항복을 받고 중국을 통일했어요. 그리고 이번에는 공산당과 싸움을 시작했습니다.

때마침 일본이 중국을 침략해서 중일 전쟁이 일어났어요. 하지만 장제스는 일본군보다 공산당을 물리치는 것이 우선이라면서 일본군과 싸우지 않고 공산당을 계속 공격했어요. 중국인들은 적이 쳐들어왔는데 같은 민족끼리 싸운다며 장제스를 못마땅하게 여겼습니다. 결국 장제스는 일본군을 물리치기 위해 다시 공산당과 손을 잡을 수밖에 없었어요(제2차 국·공 합작).

제2차 세계 대전이 끝나고 일본군이 물러가자 다시 공산당과 전쟁을 벌였지요. 미국의 지원을 받아서 처음에는 장제스가 우세했지만, 농민의 지지를 얻은 공산당에게 밀려 타이완으로 쫓겨갔습니다. 그곳에서 중화민국을 세우고 총통이 되어 타이완을 다스렸어요.

장제스

➡ 쑨원, 제2차 세계 대전, 중일 전쟁

적벽대전 赤壁大戰 208

중국 후한 말기에 손권, 유비의 연합군과 조조가 양쯔강의 적벽에서 싸운 전투

망해 가던 후한의 황제를 손에 넣은 조조는 세력을 점점 넓혀 가면서 손권과 유비가 연합한 군대를 공격하려 했어요. 중국을 통일하려는 꿈을 갖고 80만 대군을 이끌며 양쯔강의 적벽에서 손권·유비 연합군과 대치하고 있었지요. 그런데 때마침 불어온 동남풍을 이용해 손권의 장수 황개가 화공(불로 공격함) 작전을 펴서 조조의 군대의 배를 모조리 태워 버립니다. 당황한 조조는 남은 1만 군인을 이끌고 후퇴했어요.

이로써 손권이 강남 지방을 지배하게 되고, 유비는 호남성 서부를 다스리게 되어 삼국 시대가 시작됩니다. 유비와 손권의 군대가 자신들보다 열 배나 많은 조조의 군대를 전멸시키는 이 장면은 나관중의 소설 《삼국지연의》 중에서도 가장 멋진 대목으로 꼽힙니다.

➜ 삼국지

전제 정치 傳制政治 despotism

지배자가 어떠한 제한 없이 마음대로 권력을 행사하는 정치

지배자가 국가의 모든 권력을 차지하여 국민의 뜻이나 법률에 관계없이 마음대로 다스릴 수 있는 정치를 전제 정치라고 합니다. 대부분 한 사람의 군주나 귀족, 독재자가 전제 정치를 하지만, 계급이나 정당이 전제 정치를 할 수도 있습니다. 민주주의, 입헌주의, 공화제에 반대되는 개념으로, 국민이 정치에 참여할 수 없으며 자유권도 없고, 의회가 없거나 있어도 힘을 발휘하지 못합니다. 중국의 황제 정치, 러시아의 차르 정치, 히틀러의 나치즘이 대표적입니다.

➜ 나치스

전체주의 全體主義 totalitarianism

개인보다 사회·집단·국가와 같은 전체의 중요성을 강조하는 사상

개인의 이익보다 집단의 이익을 강조하여 민족이나 국가의 이익을 위해 개인의 자유를 희생해야 한다는 사상입니다. 집단의 발전을 위해 강한 국가 권력으로 개인의 경제·사회·문화 생활을 통제해야 한다고 주장하죠. 개인주의에 반대되는 개념으로 이탈리아의 파시즘이나 독일의 나치즘이 대표적입니다.

➔ 나치스, 파시즘

절대주의 絶對主義 absolutism 16세기~18세기

왕이 절대 권력을 가진 유럽의 정치 형태

왕은 절대 권력을 강화하기 위해 관료 제도와 상비군을 두었어요. 상비군은 주로 돈을 받고 일하는 용병이었고, 관료들은 시민 계급이었는데 역시 급료를 받았어요. 이를 유지하는 데 드는 돈은 시민 계급이 내는 세금으로 해결했습니다. 대신 왕은 시민 계급의 상공업 활동을 도와주었지요. 왕은 상공업을 보호하는 중상주의 정책을 실시했어요. 한편 봉건 귀족은 정치적 힘은 줄었지만 여전히 여러 가지 특권을 누렸습니다. 이론적으로는 왕권신수설이 절대주의를 뒷받침해 주었어요.

➔ 관료 제도, 상비군, 왕권신수설, 중상주의

정통 칼리프 시대 632~661

선출된 칼리프가 이슬람 세계를 지배하던 시대

무함마드가 죽고 나서 이슬람교도를 이끈 최고 종교 지도자를 칼리프라고 합니다. 칼리프는 '예언자의 후계자'라는 뜻입니다. 처음에는 이슬람교도들이 뜻을 모아 칼리프를 선출했어요. 이렇게 뽑힌 칼리프가 정통 칼리프입니다.

이 시대에 이슬람 세력은 아라비아 반도를 넘어 시리아, 이라크, 이집트를 지배했습니다. 이 지역에는 크리스트교도나 조로아스터교도가 살고 있었습니다. 칼리프는 이들이 정해진 세금을 내면 자신의 종교와 전통을 지키며 살 수 있다는 원칙을 정해 주었지요. 이슬람교도는 다른 종교를 믿는 사람들에게 이슬람교로 개종하라고 강요하지 않았고, 또 다른 종교인들을 박해하지 않았습니다.

한편으로는 반란이 잇달아 일어나 정통 칼리프 중 세 사람이나 암살을 당하는 혼란을 겪기도 했습니다. 마지막 정통 칼리프가 바로 무함마드의 사위였던 알리였어요. 알리가 죽은 뒤 칼리프가 된 무아위야는 칼리프를 선출하는 제도를 없애 버리고 자기 아들에게 칼리프 자리를 물려주었어요. 그때부터 우마이야 왕조가 시작되었고, 정통 칼리프 시대는 끝났습니다.

칼리프는 '신의 사도의 대리자'라는 뜻이에요.

➜ 무함마드, 알리, 우마이야 왕조, 조로아스터교

정한론 征韓論 19세기

메이지 유신 이후 일본 정치가들이 한반도를 정벌하자며 내세운 주장

메이지 유신이 성공을 거두자 일본은 서양 강대국들의 뒤를 이어 근대 국가로 발전해 나갔습니다. 하지만 처음 미국과 맺은 불리한 조약 때문에 일본의 경제 사정이 나빠지고 있었어요. 게다가 아직 지방에 남아 있던 막부 세력들이 메이지 정부에 불만을 가지고 있어 일본 전체가 하나로 통합되기가 어려웠지요.

이러한 상황을 극복하려고 일본과 가장 가까운 조선을 정벌해 식민지로 삼자는 논의(정한론)가 제기됩니다. 사이고 다카모리라는 일본 정치가가 앞장섰습니다. 그러나 일본 내부의 혼란을 먼저 수습하기로 결정하여 정한론은 취소되었어요. 하지만 정한론을 반대한 온건파도 조선 침략이 아직 이르다고 여겼을 뿐 조선 침략 자체를 반대한 것은 아니었어요. 결국 일본은 운요호 사건을 일으켜 조선을 개항시켰어요.

> 운요호 사건은 일본의 군함이 강화 해협에 불법으로 침입해 발생한 한일간의 포격 사건이에요.

➜ 메이지 유신, 후쿠자와 유키치

정화 鄭和 1371~1433

동남아시아와 서남아시아의 30여 개국에 원정했던 명나라의 무장

1405년부터 1433년까지 명나라 황제 영락제의 명을 받아 일곱 차례에 걸쳐 대선단을 이끌고 동남아시아와 서남아시아의 여러 나라를 원정했어요. 복종하지 않는 지역은 무력으로 굴복시켰고, 여러 나라와 국교도 맺었지요. 물론 명나라 물품과 다른 나라의 물품을 교환하거나 사고파는 무역으로 이익도 많이 남겼습니다. 늘 2만 명이 넘는 사람들을 이끌고 다닐 정도로 규모가 아주 컸습니다.

정화의 원정으로 중국인은 남쪽 지역에 대한 지식을 늘릴 수 있었고, 동남아시아 곳곳에 화교(중국인 교포)가 자리 잡을 수 있는 바탕도 마련했어요. 정화의 원정은 유럽의 신항로 개척보다 100년을 앞선 사건이었고, 규모도 훨씬 더 컸으며, 항해 기술도 더 발달해 있었어요.

정화 동상

➜ 명, 신항로 개척, 영락제

제갈량 諸葛亮 181~234

중국 삼국 시대 촉한의 정치가이며 사상가이자 전략가

제갈공명(諸葛孔明)이라고도 합니다. 후한 말의 어지러운 정세를 피해 벼슬을 하지 않았지만 '와룡 선생'(臥龍先生 : 누워 있는 용과 같은 분)이라 알려질 만큼 뛰어난 지략을 가진 사람이었어요. 207년에 유비가 찾아와 삼고초려(三顧草廬 : 누추한 초가집에 세 번 찾아와 머리를 조아리고 모셔 감)의 예를 갖추자 유비를 돕기로 결심합니다. 위, 촉, 오가 천하를 똑같이 셋으로 나누어 다스려야 한다는 방책을 전달하고 유비를 도와 적벽대전에서 조조를 물리치는 큰 승리를 거두었어요. 이후에도 많은 공을 세워 한이 망하고 유비가 촉한의 황제가 되자 재상의 지위에 올랐습니다. 유비의 뒤를 이은 유선을 보필하여 오와 연합하고 위와 싸웠지만 강력한 위에게 지고 말았어요. 제갈량이 위나라의 장군 사마의와 싸우러 갈 때 쓴 《출사표》는 천 년에 하나 나올까 말까 한 뛰어난 문장으로, 이것을 읽고 울지 않으면 사람이 아니라는 말까지 나왔습니다. 사마의와 전투를 하던 중에 병으로 죽었습니다.

➜ 적벽대전

제1차 세계 대전 第一次世界大戰 First World War 1914~1918

사라예보 사건을 계기로 시작된 제국주의 전쟁

19세기 말에서 20세기 초에 유럽의 여러 나라는 식민지를 넓히려고 경쟁을 벌였어요. 이러한 나라를 '제국주의 국가'라고 합니다. 제국주의 국가들은 몰래 신식 무기를 만들고 서로서로 비밀 동맹을 맺으면서 전쟁을 준비했어요. 그 시대 유럽은 식민지 경쟁에다 민족 갈등까지 겹쳐서 분위기가 몹시 어수선했지요.

그러다가 보스니아의 수도인 사라예보를 방문한 오스트리아의 황태자 부부가 세르비아 청년에게 암살되는 '사라예보 사건'이 일어났습니다. 이 사건을 계기로 오스트리아는 세르비아에게 선전 포고를 했어요. 오스트리아와 비밀 동맹을 맺었던 독일이 오스트리아를 거들고 나서자 러시아가 세르비아 편을 들면서 전쟁에 끼어들었어요. 이번에는 러시아를 견제하던 오스만 투르크가 오스트리아 편을 들고, 독일과 경쟁 관계이던 영국과 프랑스도 잇달아 세르비아 편을 들며 전쟁에 참가했지요. 결국 전쟁이 시작된 지 일주일 만에 이탈리아를 뺀 유럽의 모든 나라가 전쟁에 휩쓸렸습니다. 그리고 유럽의 식민지였던 아시아와 아프리카까지 전쟁에 동원되면서 세계 대전으로 확대되었어요.

많은 물자와 사람이 끌려 들어갔고 기관총, 전투기, 탱크, 잠수함, 화염 방사기, 독가스 같은 새로운 무기가 등장했어요. 군인이 아니더라도 전쟁 물자를 만드느라 온 국민이 전쟁에 동원되었습니다. 이전의 전쟁과는 비교가 안 될 정도로 많은 돈이 들어가고 많은 사람이 죽었습니다. 제1차 세계 대전으로 죽은 사람이 900만 명, 다친 사람이 2200만 명이나 됩니다.

➡ 사라예보 사건

제2차 세계 대전

第二次世界大戰
Second World War 1939~1945

독일·이탈리아·일본 같은 전체주의 국가와 영국·프랑스·소련·미국을 비롯한 연합국이 벌인 전쟁

히틀러가 지배하는 독일이 폴란드를 침략하자 영국과 프랑스가 독일에게 선전 포고를 하면서 시작되었어요. 처음에는 독일·이탈리아가 영국·프랑스·소련 연합군과 유럽에서 주로 전쟁을 하다가, 일본이 하와이의 진주만을 기습 공격하면서 미국도 연합군으로 참가해 태평양 전쟁으로 확대되었습니다.

마침내 1943년에 이탈리아가 제일 먼저 항복하고 1945년 5월에 독일도 항복했어요. 그러나 일본이 항복하지 않고 버티자 연합군은 그해 8월에 일본의 히로시마와 나가사키에 원자 폭탄을 터뜨립니다. 결국 일본이 항복하면서 제2차 세계 대전은 끝났습니다.

이 전쟁을 하는 동안 히틀러의 유대인 학살, 일본의 난징 대학살 같은 민간인 학살도 많이 일어났고 원자 폭탄의 후유증도 심했습니다. 제2차 세계 대전 이후로 인류는 전쟁의 무서움을 깊이 느껴 전쟁을 막기 위해 여러 가지 노력을 하고 있습니다.

➡ 아우슈비츠 수용소, 전체주의, 히틀러

제3세계 第三世界 Third World

냉전 시대에 사회주의와 자본주의 어느 쪽에도 가담하지 않은 국가들

제2차 세계 대전이 끝난 뒤 세계는 미국이 주도하는 자본주의 국가와 소련이 주도하는 사회주의 국가로 나뉘었어요. 우리나라처럼 분단되어 한쪽은 자본주의, 한쪽은 사회주의 국가가 된 경우도 있었지요. 1950년대에 미국과 소련이 이끄는 세계 질서에 포함되기 싫어서 어느 쪽에도 가담하지 않겠다고 선언하는 나라들이 등장했어요. 인도, 인도네시아, 이집트처럼 식민지 경험이 있는 아시아와 아프리카의 나라들이지요. 이들을 제3세계라고 합니다.

➡ 냉전, 반둥 회의, 사회주의, 자본주의, 제2차 세계 대전

제자백가 諸子百家 기원전 8세기~기원전 3세기

중국 춘추 시대에 등장해 전국 시대까지 활약한 다양한 학문과 학자들을 통틀어 일컫는 말

제자는 '여러 스승'이라는 뜻이고, 백가는 '수많은 학파'라는 뜻입니다. 곧, 제자백가는 '스승을 따르는 수많은 학파'입니다. 유가(儒家)·도가(道家)·음양가(陰陽家)·법가(法家)·명가(名家:論理學派)·묵가(墨家)·종횡가(縱橫家)가 있어요. 모두 다 춘추 시대의 혼란기를 극복하고 중국 천하를 통일시킬 방법과 통일된 나라를 어떻게 다스려야 할 것인가를 연구했습니다.

학파	인물	주장
유가	공자·맹자	어질게(인·仁) 예(禮)로써 백성을 다스리는 도덕 정치를 하자
도가	노자·장자	자연의 법칙에 따라 인위적인 구속을 없애자
법가	상앙·한비자	명확하고 엄격한 법과 규칙을 세워 다스리자
묵가	묵자	차별 없이 사랑하고 평화를 실천하자

시황제는 이중 법가 사상을 채택해 사람들을 엄격하게 다스렸어요.

➜ 시황제, 춘추 전국 시대

젠트리 Gentry

중세 후기 영국에서 생긴 지주층

원래는 '가문이 좋은 사람들'이라는 뜻인데, 일반적으로 귀족 아래 신분으로 땅을 가지고 그 수입으로 살아가는 지주들을 말해요. 이들은 인클로저 운동으로 세력을 키워, 하원에 진출해 정치에 참여하거나 지방 행정을 담당했습니다. 이들이 중심이 되어 청교도 혁명이 일어납니다.

➡ 인클로저 운동, 청교도 혁명

조공 무역 朝貢貿易

한 지역의 강대국과 근처의 작은 나라들 사이에 이루어지던 무역

중국과 주변국 사이에서 많이 이루어졌던 무역입니다. 땅이 넓고 물자가 풍부한 중국은 주변의 작은 나라들과 사대 관계(작은 나라가 큰 나라를 섬김)를 맺고 서로 교류했어요. 작은 나라들은 새해나 동지 같은 특별한 행사가 있을 때 자기 나라의 특산물을 바치려고 중국을 찾아갔어요. 이렇게 바치는 물품을 조공이라고 합니다.

갈 때는 조공으로 바칠 물건뿐 아니라 다양한 물건을 팔거나 사고자 하는 상인들을 데리고 갑니다. 가지고 간 물건을 황제에게 바치면 황제는 그 답례로 중국의 물자를 하사했어요. 또 조공 바치는 관리와 같이 간 상인들이 중국의 물품을 사들였고요. 이로써 고려나 조선, 일본, 안남(지금의 베트남) 같은 중국 주변의 작은 나라들은 필요한 물품을 구할 수 있었습니다.

➜ 중화 사상

조로아스터교 Zoroastrianism

불을 신성시하고 유일신을 믿는 고대 페르시아의 종교

기원전 6세기에 조로아스터가 창시했어요. 조로아스터는 이 세상은 선과 빛의 신 아후라 마즈다와 악과 어둠의 신 아리만이 투쟁하는 곳이라고 했어요. 사람들은 자신의 의지대로 선과 악 중에서 하나를 선택할 수 있습니다. 세상의 종말이 다가오면 사람들은 모두 부활해서 최후의 심판을 받게 된다고 해요. 선을 택한 사람은 천국에서 영원히 살 수 있지만 악을 택한 사람은 지옥에서 고통을 받게 된다고 믿어요.

조로아스터교는 세계 제국인 페르시아의 힘 덕분에 서아시아 여러 지역으로 퍼졌어요. 서아시아에서 유대교, 크리스트교, 이슬람교, 마니교, 불교에 많은 영향을 끼친 고대 종교입니다.

➜ 마니교, 불교, 유대교, 이슬람교, 크리스트교, 페르시아

주 周 기원전 1046~기원전 771

하나라, 상나라와 더불어 중국의 고대 왕조 중 하나

기원전 11세기 주나라 무왕(武王)이 상(商)나라를 멸망시키고 수도를 호경(鎬京: 서안 근처)에 정하여 주 왕조를 세웠습니다. 무왕은 나라의 기초를 굳히기 위해 왕실의 가족과 공신을 나라의 요지에 두어 다스리도록 하는 봉건 제도를 실시했습니다. 공자는 태평성대였던 요(堯)·순(舜) 시대와 함께 주나라를 이상 국가로 생각해서 늘 주나라의 제도를 본받아야 한다고 주장했어요. 봉건 제도는 300년 정도 이어지다가 결국 지방 세력이 분열하면서 무너지고, 춘추 전국 시대가 시작됩니다.

➜ 봉건 제도, 상, 춘추 전국 시대

주종 관계 主從關係

중세 유럽 기사들 사이에서 주군과 신하 관계를 맺는 제도

주군은 신하에게 토지를 주고 신하를 보호해 줍니다. 이때 주는 토지를 '봉토'라고 하고 신하를 '봉신'이라고 합니다. 봉신은 토지를 받은 대가로 주군에게 충성을 맹세하고 주군을 위해 전투에 참가합니다. 중세 유럽의 기사들은 서로 주군과 봉신 관계로 맺어져 있었습니다.

➜ 봉건 제도

중동 전쟁 中東戰爭 Arab-Israeli wars

아랍의 여러 나라와 이스라엘의 대립으로 일어난 몇 차례의 전쟁

제2차 세계 대전이 끝난 뒤, 중동 지역은 전쟁과 갈등이 끊이지 않았어요. 큰 전쟁도 네 번이나 일어났습니다. 거기에는 긴 역사적 배경과 복잡한 국제 관계가 얽혀 있습니다. 2000년 전에 팔레스타인 지역에 살았던 유대인은 나라가 멸망한 뒤 세계 곳곳에 흩어져 살고 있었어요. 그동안 이 지역은 이슬람 국가가 지배했고 이슬람교도들이 살아왔습니다. 팔레스타인 지역의 도시 중 예루살렘은 유대인뿐 아니라 이슬람교도에게도 중요한 성지지요.

제1차 세계 대전이 한창일 때 영국은 팔레스타인 사람들에게 도와 달라고 했어요. 전쟁에서 이기면 오스만 투르크로부터 독립할 수 있도록 도와줄 테니 영국 편이 되어 전쟁을 도와 달라고 했지요(맥마흔 선언, 1915년). 팔레스타인 사람들은 영국의 약속을 믿고 전쟁에 참가했어요.

하지만 몇 년 뒤 영국은 계속되는 제1차 세계 대전에서 유대인의 도움을 받기 위해 맥마흔 선언에 모순되는 밸푸어 선언을 했어요. 제2차 세계 대전에서 영국이 포함된 연합군이 이기자 팔레스타인 사람들은 자기 나라에 독립 국가를 세웠습니다. 하지만 곧 유대인들이 그 땅으로 들어와 이스라엘을 세우면서 충돌이 시작되었지요. 미국과 영국 같은 나라들은 약속을 어기고 부유한 유대인의 나라인 이스라엘 편만 들었습니다. 네 차례에 걸친 중동 전쟁은 영국과 미국의 도움을 등에 업은 이스라엘의 승리로 끝났지요. 그 결과 100만 명이 넘는 팔레스타인 사람들이 자기 나라에서 쫓겨나 난민이 되었습니다. 이 갈등은 지금도 끝나지 않고 있습니다.

이스라엘 검문소

➔ 밸푸어 선언, 오스만 투르크 제국, 팔레스타인 해방 기구

중상주의 重商主義 mercantilism 16세기~18세기

절대 군주가 다스리는 유럽 국가들이 내세운 경제 정책

절대주의 시대에 국왕들은 강력한 권력을 행사하기 위해 관료 제도와 상비군을 마련했어요. 그러다 보니 돈이 많이 필요했지요. 유럽의 절대 군주들은 재정을 확보하기 위해 수출을 장려하는 한편, 자기 나라의 산업을 보호하기 위해 외국 상품을 수입하지 못하게 하거나 높은 관세를 매겼습니다. 그리고 싼 값에 원료를 구하고, 상품을 내다 팔기 위해 적극적으로 식민지를 차지하러 나섰습니다.

중상주의 정책을 비판한 사람이 애덤 스미스예요.

➡ 관료 제도, 상비군, 애덤 스미스, 절대주의

중일 전쟁 中日戰爭 1937~1945

중국이 영토를 침략한 일본에 맞서 싸운 전쟁

루거우차오(노구교) 사건을 계기로 일본은 선전 포고 없이 중일 전쟁을 일으킵니다. 동아시아를 자신의 세력 안에 두려 했던 일본은 난징 대학살까지 저지르면서 중국을 압박했어요. 일본의 기세에 눌려 수도까지 옮긴 중국은 패배를 거듭하고, 주요 도시를 일본에게 내주어야 했어요.

그러나 진주만 공격으로 미국이 전쟁에 참여하자 상황이 뒤집어집니다. 미국의 지원으로 위기에서 탈출한 중국은 빼앗긴 땅을 되찾았고, 1945년에 일본이 항복하자 전쟁이 끝났습니다.

중화 사상 中華思想 Sinocentrism

중국을 세계의 중심이라고 생각하는 사상

중국의 한족이 가진 사상입니다. 중국의 문화가 세계에서 가장 발전된 문화이며, 중국이 세계의 중심이고 그 둘레에 동이, 서융, 남만, 북적의 오랑캐가 살고 있다고 생각했어요. 그래서 이민족 오랑캐들은 중국의 문화를 따라 배우려면 모두 중국을 섬기고 조공을 바쳐야 한다는, 한족의 자기 민족 중심 사상입니다.

➜ 조공 무역

증기 기관 蒸氣機關 steam engine

증기가 가진 열에너지를 기계를 움직이는 에너지로 바꾸어 주는 기계

18세기 영국에서는 실을 만들거나 옷감을 짜는 공업이 발달했어요. 단순한 동작을 반복해서 일을 하기 때문에 점점 기계화되었습니다. 와트라는 사람은 끓는 물의 증기 압력을 이용해서 기계를 움직이는 증기 기관을 개량했는데, 이 증기 기관을 기계에 연결시키면서 더 빠른 시간 안에 더 많은 상품을 만들 수 있게 되었어요. 증기 기관은 배, 기차를 움직이는 데도 유용하게 쓰여 대량 생산된 물건을 빠르게 실어 나를 수 있었어요. 증기 기관 덕분에 영국에서는 산업 혁명이 일어날 수 있었습니다.

증기 기관으로 움직이는 증기 기차

➜ 산업 혁명

지동설 地動說 Copernican theory

지구가 태양 둘레를 돌고 있다는 이론

유럽 사람들은 16세기 중반까지 프톨레마이오스가 주장한 천동설, 즉 지구를 중심으로 태양을 비롯한 다른 행성이 돌고 있다는 이론을 믿고 있었어요. 그런데 폴란드의 천문학자인 코페르니쿠스가 1543년에 쓴 《천체의 회전에 관하여》라는 책에서 행성들이 일정한 속도를 가지고 태양 주위를 원처럼 돈다고 주장했어요. 중세 유럽의 우주관을 뒤엎는 엄청난 주장이었습니다.

코페르니쿠스가 죽은 뒤 갈릴레이와 케플러가 지동설이 옳다는 것을 과학으로 증명했고 케플러는 지구가 태양 둘레를 원이 아니라 타원 모양으로 돈다는 것까지 밝혀냈어요. 그러나 이런 주장이 발표되고 440년이 지나서야 로마 가톨릭은 지동설을 공식적으로 인정했습니다.

➜ 갈릴레이

리얼리스트가 되자. 그러나 가슴속에 불가능한 꿈을 간직하자.
_ 체 게바라

차티스트 운동 Chartism 1838~1848

영국 노동자들이 일으킨 참정권 요구 운동

'차트'에는 헌장, 약속, 조약이란 뜻이 있습니다. 영국 노동자들이 정치에 참여할 권리(참정권)를 요구하면서 인민 헌장(People's Chart)을 발표한 데서 나온 이름이에요. 그 내용은 노동자에게도 선거권과 투표권을 주어 자신들의 의견을 정치에 반영할 수 있도록 하자는 것이었지요.

전국에서 노동자들이 조합을 만들고 서명 운동과 집회, 시위를 벌였습니다. 1848년 프랑스 노동자들이 일으킨 2월 혁명의 성공 분위기에 힘입어 다시 570만 명의 청원서를 모아 의회에 냈지만 부결되어 결국 실패하고 말았어요.

채륜 蔡倫 ?~121?

종이를 발명한 중국 후한 시대의 환관

채륜은 후한 시대에 궁중에서 필요한 물품을 만들거나 관리하는 사람이었어요. 이때까지 사람들은 글을 쓸 때 무겁고 부피가 큰 대나무나 나무판자 또는 비싼 비단을 이용해야 했어요. 채륜은 톱밥, 헝겊, 풀 같은 것을 모아 끓인 다음, 얇게 떠서 말린 채후지(채륜이 만든 종이라는 뜻)를 처음으로 만들었습니다. 채후지 만드는 법이 발달해 나중에 닥나무로 만드는 한지가 등장합니다. 종이를 만드는 기술은 당나라와 이슬람 국가 사이의 전투인 탈라스 전투 때부터 이슬람 세계에 전해집니다.

➡ 당, 비단길, 환관

천부 인권 天賦人權 natural rights

18세기 유럽에서 주장한, 인간이라면 누구나 누려야 할 권리

'하늘이 내려 준 인간의 권리'라는 뜻으로, 어떤 이유로도 제한될 수 없고 언제 어디서나 보호해 주어야 하는 인간의 권리를 말합니다. '자연권'이라고도 하는데, 18세기 유럽의 계몽 사상을 발전시켰던 로크, 루소, 홉스 등이 주장했어요. 부당하게 신체의 자유를 구속받지 않는다는 자유권, 인간이라면 누구든 똑같이 기회를 가져야 한다는 평등권을 기본으로 하고, 인간은 모두 존엄한 존재라는 생각이 깔려 있어요. 민주주의 헌법의 기본 사상입니다.

➡ 계몽 사상, 로크, 루소

천안문 사건 天安門事件

중국 베이징 천안문에서 중국 정부가 시민을 무력으로 진압한 사건

중국 역사에서 천안문 사건은 두 번 있었습니다. 첫 번째는 1976년에 일어났는데, 그 해에 저우언라이가 죽었습니다. 저우언라이는 오랫동안 중국 혁명에 몸바쳐 왔으며 국제 무대에서 중국의 위신을 크게 높여 준 지도자였어요. 저우언라이의 죽음을 추모하기 위해 중국인들은 천안문 광장에 모였습니다. 그곳에 있는 인민 영웅 기념비에 저우언라이의 글씨가 새겨져 있었거든요. 기념비는 사람들이 바친 화환으로 뒤덮였습니다. 하지만 마오쩌둥은 저우언라이의 정책을 비판하면서 화환을 모두 치워 버렸습니다. 화가 난 중국인들이 건물과 자동차에 불을 지르면서 커다란 혼란이 일어났습니다. 이 사건은 마오쩌둥을 절대적으로 숭배하려는 중국 정부에 중국인들이 저항한 사건이었습니다.

두 번째 천안문 사건은 1989년 6월 4일에 일어났습니다. 이때 중국 공산당 정부는 개방 정책을 추진하고 있었어요. 하지만 개방에 따른 문제점도 커지고 있었습니다. 물가는 오르고, 정부의 부정과 부패는 사라지지 않았으며, 빈부 격차는 점점 커지고 있었지요. 불만에 가득 찬 사람들이 천안문 광장으로 모여들었어요. 학생, 노동자, 시민들이 모여 중국의 민주화를 요구하면서 천안문 광장에 앉아서 시위를 벌였습니다. 중국 정부는 계엄군과 탱크, 장갑차를 동원해서 이들을 해산시켰어요. 이때 시위대에게 총을 쏘아 죽거나 다친 사람이 많았습니다. 이 사건은 외국인 기자들이 전 세계로 보도하면서 중국 정부는 많은 비난을 받았습니다.

중국의 천안문 사건과 우리나라 광주 민주화 운동 모두

계엄군의 무자비한 진압에 인권이 무시되어 많은 사람이 희생되었어요.

천주실의 天主實義 1603

청나라에서 활동하던 예수회 선교사 마테오 리치가 쓴 천주교 교리책

가톨릭 철학을 공부한 서사(서양 학자)와 유학, 불교, 도교를 공부한 중사(중국 학자)가 함께 토론하는 형식으로 쓰여 있는 책이에요. 중국을 비롯한 동양에 가톨릭을 전파하려고 쓴 책이므로 당연히 서사가 중사를 설득하는 내용이었습니다. 중국 사람이 읽을 때 친숙한 느낌을 갖도록 적절하게 고사성어를 넣기도 했어요.

하느님이 있다는 것, 천국과 지옥, 인간의 본성, 하느님을 믿어야 하는 이유 등을 적었습니다. 중국에서 한자를 빌려 쓰고 있던 여러 나라에도 전파되었고, 서양인이 한자로 쓴 책 중에서는 가장 큰 영향을 끼쳤습니다.

천황(텐노) 天皇

일본의 군주를 일컫는 말

아주 오래전부터 일본에서는 천황제가 이어져 내려오고 있어요. 천황은 왕보다 더 높은 지배자란 뜻입니다. 하지만 정작 일본에서는 천황이 강한 권력을 가지고 일본을 직접 지배한 지는 얼마 되지 않습니다. 오직 일본이 통합되었다는 것을 상징적으로 보여 줄 따름이지요. 하늘의 자손인 천황이 일본을 지켜 준다는 종교적인 의미가 강했어요.

현재 일본은 입헌 군주제 국가로 천황은 상징적 존재이며, 실질적 통치는 총리가 하고 있어요.

➡ 입헌 군주제

청 淸 1636~1912

만주족이 세운 중국의 마지막 통일 왕조

본래 여진족이라 했던 만주의 유목민이 명나라가 쇠약해진 틈을 타서 화북 지역을 점령하고 세운 나라입니다. 누르하치가 부족을 통일하고 후금을 세운 뒤, 뒤를 이은 황타이지(태종)가 명을 무너뜨리고 나라 이름을 청이라 붙였어요. 이자성의 난과 같은 농민 반란이 많이 일어나 명나라가 위태로워지자 명의 관리들은 청에게 항복했습니다.

강희제, 옹정제를 거쳐 건륭제 때 중국 역사상 최대 영토를 차지하며 전성기를 맞습니다. 이후 쇠퇴하기 시작하여 19세기에 서양 여러 나라의 침입을 받아 흔들리다가 1911년 신해혁명으로 멸망합니다.

중국 마지막 황제 푸이(왼쪽)
황후 타위링(오른쪽)

➔ 누르하치, 명, 신해혁명, 이자성의 난

청교도 혁명   淸敎徒革命 Puritan Revolution 1640~1660

청교도가 중심이 되어 일으킨 영국의 시민 혁명

영국 스튜어트 왕조의 제임스 1세는 왕이 모든 법과 의회 위에 군림한다는 '왕권신수설'을 주장하면서 시민의 권리를 억누르려 했어요. 그 뒤를 이은 찰스 1세는 절대주의를 더욱 강화해 의회의 승인도 없이 세금을 거두고, 말을 듣지 않는 자는 감옥에 보냈습니다. 의회에서는 이에 반발해 왕의 권리를 줄이고 의회의 허락을 받게 하는 '권리 청원'을 요구합니다. 찰스 1세는 의회를 해산시키고, 11년간 의회 없이 정치를 했습니다.

1640년, 스코틀랜드와 전쟁을 하기 위해 돈이 필요했던 찰스 1세는 의회를 소집했습니다. 그러나 의회는 오히려 왕을 비판하고 왕의 요구를 거절하였고, 왕은 의회를 공격했습니다. 이후 왕을 지지하는 세력과 의회를 지지하는 세력이 나뉘어 전쟁이 벌어졌는데, 결국 청교도가 중심이 된 의회파의 승리로 끝났습니다. 의회파를 이끈 크롬웰은 찰스 1세를 처형하고 공화정을 세웠습니다.

공화정의 대표가 된 크롬웰은 사회를 안정시키고 해상 무역도 발전시켰으나, 독재 정치와 지나친 금욕 생활의 강요로 국민의 불만을 샀어요.

➡ 공화정, 왕권신수설, 절대주의

청년 투르크 당 Young Turks 1889~1992

술탄이 통치하는 전제 정치를 무너뜨리고 입헌 군주제를 추구한 오스만 투르크의 조직

오스만 투르크에서는 19세기부터 사회 개혁이 추진돼 1876년에는 헌법을 만들었습니다. 술탄(왕)이 마음대로 통치하는 전제 정치가 아니라 헌법에 따라 통치하는 입헌 군주제를 하고자 한 것입니다. 하지만 러시아와 전쟁을 하게 되자 술탄은 이를 기회로 헌법을 정지시켰습니다. 오스만 투르크의 젊은 장교들은 입헌 군주제를 다시 부활시키려는 비밀 조직을 만들었습니다. 바로 청년 투르크 당입니다. 1908년에 혁명을 일으켜 정권을 장악하는 데 성공했지만, 제1차 세계 대전에서 독일 편을 들었다가 전쟁 뒤에는 흩어졌습니다.

➔ 무스타파 케말, 술탄, 오스만 투르크 제국, 입헌 군주제, 제1차 세계 대전

청동기 靑銅器 Bronzeware

구리와 주석을 섞어서 만든 청동으로 된 그릇이나 가구

청동은 인류가 최초로 만들어 낸 금속입니다. 주변에서 쉽게 구할 수 있었던 돌에 비해 구리나 주석은 구하기 쉽지 않았고 두 가지 물질을 섞어야 해서 만드는 과정도 복잡했어요. 그래서 주로 지배층이 사용하는 칼이나 제사에 쓰는 방울, 거울을 만들었어요.

이처럼 청동기를 사용하는 시기에는 사회에 계층이 있고 권력을 가진 사람이 있었음을 알 수 있어요. 많은 재산과 무기를 가진 무리는 전쟁을 통해 집단의 크기를 키웠고 점차 큰 부족이 생겨나며 마침내 나라가 만들어졌어요.

청일 전쟁 清日戰爭 1894

조선의 지배권을 두고 청나라와 일본이 한반도와 중국 동북 지방에서 벌인 전쟁

청나라와 일본은 조선에 대한 지배권을 갖기 위해 조선의 내정에 간섭을 많이 했어요.

1894년 일어난 동학 농민 운동을 진압할 수 없다고 판단한 조선은 청나라에게 파병을 요구했어요. 톈진 조약(청일 양국 중 어느 한 나라가 조선에 파병하면 다른 나라에 알리기로 한 조약)에 의거 청나라가 일본에 파병 사실을 알리자 일본은 독단으로 조선에 군대를 파병했어요. 동학 농민군과 이미 휴전 협정을 맺은 조선은 이에 항의하고 철병할 것을 요구하였고 세 차례에 걸친 협의 끝에 두 나라 군대의 공동 철수에 합의했어요.

하지만 전쟁을 일으킬 명분을 찾던 일본은 선전 포고도 없이 청의 군대를 기습 공격했고 두 나라는 전쟁을 벌였어요. 일본은 청일 전쟁에서 이겨 동아시아의 패권을 차지했어요. 자주적 개혁이 좌절된 조선과 중국은 제국주의의 수탈이 시작되는 혹독한 수난의 시대를 맞이하게 되었어요.

청일 전쟁의 한 장면을 그린 일본 그림

➜ 메이지 유신, 청

체르노빌 원자력 발전소 사고 1986

소비에트 연방 우크라이나 공화국의 체르노빌 원자력 발전소에서 일어난 방사능 누출 사고

원전 폭발 사고로 발전소에서 일하던 사람들, 사고를 수습하던 소방대원, 해체 작업에 동원되었던 노동자, 근처에 살고 있던 민간인 등 많은 사람이 방사능 피폭으로 목숨을 잃거나 암과 같은 병에 걸렸습니다. 방사성 물질은 유럽뿐 아니라 지구 전역의 생태계를 오염시켰어요. 이 사고로 전 세계 많은 국가가 원자력 발전에서 안전이 얼마나 중요한지 알게 되었어요.

초원길 Steppe Road

동양과 서양을 이어주던 아시아 초원 지대를 가로지르는 길

아시아와 유럽을 잇는 동서 교역로로 가장 먼저 이용되던 길이에요. 스키타이인들이 많이 다녔는데, 이 지역에서 발굴되는 신석기 유물은 그 성분으로 보아

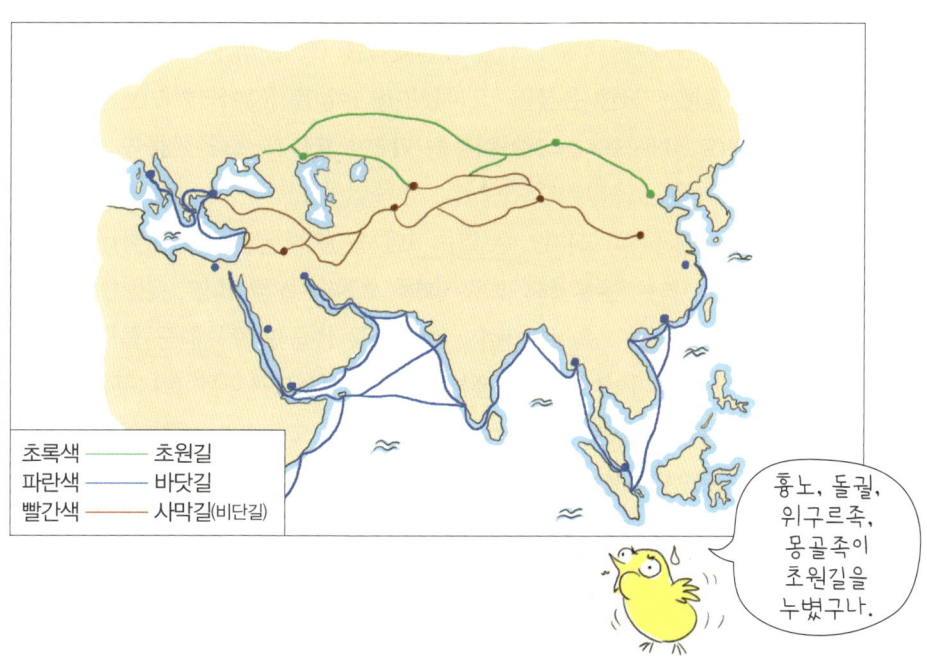

한반도나 일본 열도의 유물과 같은 종류입니다. 다시 말하면 중앙아시아와 동아시아가 초원길로 연결되었다는 것이지요. 또 그리스나 페르시아의 청동기 문명이 동아시아로 전파되는 길이기도 했습니다. 기원전 3세기부터 기원후 2세기까지는 흉노(훈족)가 이 길을 따라 유럽으로 나아갔어요. 그 뒤에는 돌궐(투르크인)과 위구르족, 몽골족이 이 길을 이용해 서쪽으로 영역으로 넓혔지요.

➜ 비단길, 페르시아, 청동기, 훈족

춘추 전국 시대 春秋戰國時代 기원전 770~기원전 221

중국의 고대 국가인 주나라가 쇠약해지고 여러 나라가 생겨 다투던 시대

쇠퇴하던 주나라가 수도를 호경에서 낙양(뤄양)으로 옮긴 뒤 초·오·진·제·월 나라가 생겼던 때를 춘추 시대(기원전 770~기원전 403), 춘추 시대 초기에 100여 개의 제후국이 말기에 10여 개국이 되고 연·조·제·위·한·초·진이 세워졌을 때를 전국 시대(기원전 403~기원전 221)라고 합니다. 중국 최초의 통일 국가인 진나라가 통일할 때까지 다양한 나라가 끊임없이 다투며 번성하던 중국 역사상 후대에 많은 영향을 끼친 시대입니다. 저마다 부국강병을 이루려고 여러 가지 노력을 기울였는데, 나라의 발전 방법을 논의하면서 등장한 것이 제자백가입니다. 다양한 논쟁과 이론이 발달하면서 중국의 학문이 발달하기 시작했던 때이지요. 또 철제 농기구를 사용하면서 농업 생산량이 늘어났어요.

《춘추》는 원래 공자가 이 시대의 역사를 기록한 역사책 이름입니다. '전국' 시대는 말 그대로 전쟁이 계속되는 시대라는 뜻이죠. 일본에도 전국 시대가 있어요.

➜ 제자백가, 주

측천무후 則天武后 624~705

당나라 고종의 황후로 중국 역사상 유일한 여성 황제

당나라 태종의 후궁이 되었다가 태종이 죽자 새로 즉위한 고종의 눈에 들어 황후가 되었어요. 고종이 병이 들자 대신 정치를 맡아 보았는데, 귀족층을 몰아내고 새로운 관리를 뽑아 쓰며 세력을 넓혔습니다. 고종이 죽자 자신의 아들인 중종과 예종을 차례로 즉위시켰고, 690년에는 스스로 황제가 되어 나라 이름을 주(周)로 고쳤어요.

황제로 있었던 15년 동안 주나라의 법에 따라 제도를 정비하고 사회적 지위와 관계없이 인재를 중용하여 개혁 정치를 펼쳐 백성들에게 널리 지지를 받았어요. 그러나 나이가 든 측천무후가 충신들의 간언을 무시하자, 705년 '장간지의 난'으로 황제 자리에서 쫓겨났습니다.

장간지의 난이란?
재상 장간지가 문무 대신들을 거느리고 궁궐에 들어가 측천무후의 환관 장역지, 장창종 형제를 없애고, 중종을 복위시키고 국호를 다시 당(唐)으로 회복시킨 사건을 말해요.

➜ 당

치외법권 治外法權 extraterritoriality

외국인이 지금 살고 있는 국가의 법에 따르지 않아도 되는 권리

흔히 외국인은 그 사람이 지금 살고 있는 국가의 법에 따라 살게 됩니다. 예를 들어 도둑질을 했다면 그 나라의 법에 따라 재판과 처벌을 받는 거지요. 그러나 특별한 경우에는 자신이 저지른 죄에 대해 자기 나라의 법에 따라 처벌을 받을 권리가 있는데, 이것이 치외법권입니다. 주로 19~20세기에 유럽 강대국들이 다른 나라와 조약을 맺으면서 요구했던 조항입니다. 약소국을 침략하면서 약소국에서 지내는 자기 국민을 보호하려는 의도였지요.

조선이 일본과 맺은 강화도 조약에도 치외법권을 인정하는 조항이 있어서 일본인은 조선에서 잘못을 하더라도 조선의 법으로 처벌받지 않았어요. 이처럼 약소국에게는 매우 불리한 조항이었어요.

7월 혁명 1830

자유와 권리를 얻기 위해 1830년 7월 프랑스에서 일어난 시민 혁명

나폴레옹이 몰락한 뒤 다시 돌아온 프랑스의 왕실은 "혁명에서 아무것도 배우지 않았으며, 혁명 전의 아무것도 잊지 않았다."라며 절대 왕정으로 돌아가려고 했습니다.

1830년 7월 26일 샤를 10세는 '7월 칙령'을 발표해 하원 의회를 해산하고, 출판의 자유와 선거권을 빼앗았습니다. 그러자 7월 27일부터 3일 동안 파리 중심부에서 수공업자, 소상인, 학생들의 항의를 시작으로 시민들은 바리케이드를 치고 왕의 군대와 대립합니다. 불리해진 왕실은 타협하려 했지만 부르주아지는 루이 필리프를 새 왕으로 추대했어요. 노동자와 학생들은 공화정을 요구했지만 부르주아지들은 입헌 군주정을 선택합니다.

바스티유 광장에 서 있는 '7월의 기둥'에는 1830년 혁명과 1848년 혁명 때 희생된 사람들의 이름이 새겨져 있어요.

➜ 나폴레옹, 부르주아지, 입헌 군주제, 절대주의

칭기즈 칸 成吉思汗 Chingiz Khan 1155~1227

몽골 제국을 세운 몽골족의 지도자

원래 이름은 테무친(鐵木眞)입니다. '칭기즈'는 몽골족의 광명의 신에서 따온 이름이고, '칸'은 우두머리, 왕을 뜻하는 말이에요. 케레이트 부족 아래서 세력을 키우고 1189년에 몽골 씨족 연합의 맹주로 추대되어 '칭기즈 칸'이라는 호칭을 받았습니다. 1206년에 몽골 초원을 통일하고 지금까지 내려오던 씨족을 모두 없애고 새롭게 '천호'(千戶)를 만들었는데, 천 개의 가족을 하나로 묶어 행정 단위이자 군대 조직으로 보았어요. 이로써 뿔뿔이 흩어져 살던 몽골족은 하나로 통합되어 강력한 군사력을 발휘했어요.

중국 영토를 지배하며 서쪽으로 정벌을 시작해 카스피해와 크림반도까지 차지하고 아라비아까지 진출했습니다. 칭기즈 칸은 넓어진 몽골 제국의 영토를 아들들에게 나누어 주어 사한국(四汗國)을 이룩하였고, 몽골 본토는 막내아들 툴루이에게 주었습니다. 서쪽으로 정벌 가기를 거부했던 툴루이는 서하를 정벌하러 갔다가 병으로 죽었어요. 칭기즈 칸도 이때 다쳐서 1227년에 죽습니다. 툴루이의 아들 쿠빌라이 칸이 송나라를 멸망시킨 뒤 중국 본토에 원나라를 세웠습니다.

칭기즈 칸 초상화

몽골을 몽고라고 하기도 했는데, 이는 중국 사람이 몽골을 얕잡아서 이르는 잘못된 이름이에요. 그러니 우리는 몽골이라고 해야겠지요.

➜ 몽골 제국, 원

> 네 자식들이 해 주기 바라는 것과 똑같이 네 부모에게 행하라.
> _ 소크라테스

카노사의 굴욕 Humiliation at Canossa 1077

교황과 황제가 성직자의 임면권을 두고 대립한 사건

중세 유럽에서는 대주교나 수도원장 같은 성직자는 황제나 제후가 임명했어요. 그러다 보니 성직을 사고파는 사람도 생겨나고 성직자들이 타락했어요. 교회 개혁 운동을 주도했던 클뤼니 수도원 출신의 그레고리우스 7세는 교황이 되자 성직자의 임면권(직무를 임명하고 해임할 수 있는 권한)을 빼앗으려 했습니다. 이에 반발한 하인리히 4세가 성직자 임면권을 다시 요구하자 교황은 황제를 파문했습니다. 파문이란 황제가 더 이상 하느님의 자식이 아니라는 선언으로, 가톨릭 신자의 자격을 없애 버린 것입니다.

중세 시대에는 가톨릭 신자가 아니라는 말은 인간이 아니라는 말과 같은 뜻이어서, 하인리히 4세는 황제로서 권위조차 인정받을 수가 없었어요. 황제권을 강화하던 하인리히 4세에게 반발한 제후들은 모두 교황의 편을 들었고, 위기에 빠진 하인리히 4세는 교황에게 용서를 빌었습니다. 교황은 눈 덮인 카노사의 성에서 사흘 동안 맨발로 무릎 꿇고 비는 하인리히 4세를 용서해 주었습니다. 그 시대에는 교황의 권력이 황제의 권력보다 더 강했음을 보여 주는 사건입니다.

➜ 교황, 신성 로마 제국

카롤루스 대제 Charlemagne 재위 : 742~814

서로마 제국 황제가 된 프랑크 국왕

'샤를마뉴 대제'라고도 불리며, 주변 지역(현 독일, 프랑스, 이탈리아)을 정복해 이베리아 반도(현 스페인)를 뺀 서유럽의 대부분을 차지했습니다. 프랑크 왕국 곳곳에 교회를 세워 크리스트교를 전파하고, 외적의 침입을 받은 교황 레오 3세를 도와주었습니다. 레오 3세는 카롤루스 대제를 서로마 제국 황제로 임명했습니다. 이제 로마 교황은 비잔티움 제국 황제의 간섭에서 벗어나게 되었습니다. 카롤루스 대제는 학교를 세우고 학문을 발전시켰어요. 이 시기를 '카롤링거 르네상스'라고 하는데 고대 로마 문화와 크리스트교 문화, 게르만 문화가 융화되어 중세 유럽 문화의 기틀이 마련되었어요.

카롤루스 대제

카롤루스 대제와 샤를마뉴 대제는 다른 사람인가요?

라틴어인 '카롤루스'를 프랑스어로 말하면 '샤를'이 됩니다. 독일어로는 '카알', 영어로는 '찰스'가 됩니다. 칼롤루스 대제는 게르만족이었지만, 라틴어 사용을 권장해서 '카롤루스'라는 라틴어로 표기한 것입니다.

➜ 비잔티움 제국, 크리스트교, 프랑크 왕국

카스트 caste

인도의 신분 제도

아리아인이 인도를 침입해 지배했던 기원전 1300년경에 만들어졌어요. 아리아인은 자신들은 종교나 정치 활동을 맡고 원래 인도에 살던 드라비다인에게는 육체 노동을 하도록 했습니다. 직업과 가문, 인종에 따라 네 개의 신분을 만들었는데, 브라만(승려), 크샤트리아(왕족, 무사), 바이샤(평민, 농민, 장인, 상인), 수드라(수공업자, 노동자)였어요.

브라만교에서는 수드라를 뺀 다른 세 신분은 다시 태어날 수 있는 특권이 있다고 말합니다. 어떤 신분으로 태어나는가는 전생에 어떤 업을 쌓았느냐에 따라 결정된다고 했어요. 카스트의 직업은 대대로 물려지고, 다른 신분과 결혼하는 것은 엄격히 금지되어 있었어요. 사람은 누구나 태어날 때부터 카스트에 속하게 되어 대대로 이어진다고 믿고 있습니다.

수드라 아래에는 '불가촉천민'이라는 계층이 또 있는데, 이들은 카스트 제도 안에도 들이지 않을 정도로 천대하는 사람들입니다. 현재는 많은 사람들의 노력으로 불가촉천민에 대한 박해가 법으로 금지되고 있지만, 결혼과 같은 일상생활의 많은 부분에서 여전히 카스트의 영향을 받고 있어요.

➡ 브라만교

카이사르 Caesar 기원전 100~기원전 44

로마의 정치가이자 장군

기원전 60년쯤 폼페이우스, 크라수스와 함께 로마의 삼두 정치를 이끌었던 장군입니다. 당시 로마의 영토는 매우 넓어졌고 사회는 혼란스러웠어요. 카이사르는 원로원을 해산하고 1인 지배자가 되어 여러 가지 개혁을 했습니다. 넓어진 영토를 다스리려면 1인 독재가 더 좋다고 생각했거든요. 그러다가 공화정 지지자들에게 죽임을 당합니다. 영어로는 '시저', 독일에서는 '카이저', 러시아에서는 '차르'라고 했는데 모두 '황제'를 뜻하는 말이 되었어요.

주사위는 던져졌다?
갈리아 정복을 끝낸 카이사르에게 "군대를 해산하고 로마로 돌아오라."라는 원로원의 결정이 전달되었어요. 고민을 하던 카이사르는 "주사위는 던져졌다."라고 하면서 군대를 이끌고 로마로 돌아와 권력을 차지해 버립니다. 곧, 이 말은 '결정을 내렸다'는 뜻입니다.

왔노라, 보았노라, 이겼노라?
동방 원정을 나간 카이사르는 아주 쉽게 승리를 했어요. 승리를 알리는 보고서를 로마에 보냈는데, 보고서에는 단 세 마디 "왔노라, 보았노라, 이겼노라."(Veni, vidi, vici.)라고 써 있었다고 합니다.

➡ 삼두 정치, 갈리아 전쟁, 공화정

칼리프 caliph

이슬람 제국의 주권자

무함마드가 죽은 뒤 이슬람교도를 이끈 지도자를 가리키는 말입니다. 무함마드의 '대리인'이라는 뜻을 가지고 있습니다. 처음에는 정치적, 군사적, 종교적 지배자로 이슬람 세계를 다스렸어요. 우마이야 왕조나 아바스 왕조처럼 세계 제국을 건설한 뒤에는 '황제'라는 의미로도 쓰였지요. 11세기에 셀주크 투르크에게 술탄이라는 칭호를 주고 정치 지배권을 빼앗긴 다음에는 종교 지도자라는 권위만 남게 되었습니다.

➜ 무함마드, 셀주크 투르크조, 술탄, 아바스 왕조, 우마이야 왕조

칼뱅 Calvin 1509~1564

예정설을 주장한 프랑스의 종교 개혁가

칼뱅은 독일의 사제 루터로부터 시작된 종교 개혁을 유럽 각지로 확대하고 정착시켰습니다. 그가 말한 예정설은 인간이 죽은 뒤에 구원받을 수 있는가 없는가는 인간의 노력으로 이루어지는 것이 아니고, 하느님의 뜻으로 미리 정해진다는 주장입니다. 인간은 자신이 구원받을 수 있다는 믿음을 갖고 부지런히 일하며 검소하게 살아야 한다고 말합니다. 그 결과 부자가 된다면, 그것은 신의 축복이라고 했어요. 돈을 버는 직업을 가진 상인과 수공업자들이 칼뱅을 지지했습니다.

칼뱅은 가톨릭 교회의 미사를 없애고 예배를 설교 중심으로 만들었으며 교회 제도도 바꾸었습니다. 칼뱅의 사상은 스위스뿐 아니라 유럽 여러 나라에 전해졌습니다.

➜ 프로테스탄트

KKK단 Ku Klux Klan 1866~

미국에서 남북 전쟁 뒤에 조직된 인종 차별 조직

원래 명칭은 '쿠 클럭스 클랜'이에요. 남북 전쟁에서 북부군이 이기고 난 뒤 공화당은 흑인에게도 정치 권력을 나눠 주었습니다. 이것을 못마땅하게 여긴 백인들이 폭력과 살해, 테러를 무기로 흑인들을 없애려고 케이케이케이(KKK)단을 만들었어요. 이들은 백인 우월주의자로 유색 인종을 멸시하고 심지어 죽여도 된다고 생각합니다.

하얀 가운에 흰 복면을 쓰고 십자가를 불태우며 흑인을 테러했어요. 흑인들은 아무런 까닭도 없이 끌려가 시체가 되어 돌아오곤 했습니다. 이들의 폭력은 점점 심해져서 1870년에는 법으로 테러를 금지했어요. 그러자 잠깐 해체되었다가 1900년대 초에 다시 나타나 인종, 종교, 민족 면에서 소수인 사람들(흑인, 동양인, 유대인, 라틴 아메리카인)을 폭행하거나 죽였어요. 지금도 미국에서 활동하고 있습니다.

➔ 남북 전쟁

코란(꾸란) Koran

이슬람교의 경전

이슬람교를 연 무함마드는 619년에 유일신(알라)의 계시를 처음 받았습니다. 632년에 그가 죽을 때까지 신의 계시는 계속되었습니다. 무함마드는 사람들에게 신이 내린 계시를 이야기해 주었습니다. 무함마드가 죽은 뒤 입에서 입으로 전해지던 계시를 모아서 정리한 것이 바로 《코란》입니다.

《코란》은 아랍어로 되어 있어요. 처음 신의 말씀이 아랍어로 내려왔기 때문에 번역을 하면 뜻이 제대로 전달되지 않을까 봐 다른 나라 언어로 번역할 수 없도록 했습니다. 덕분에 이슬람교가 세계로 퍼져 나가면서 아랍어도 세계적인 언어가 되었습니다. 《코란》은 이슬람교도의 종교 생활뿐 아니라 경제, 사회생활까지 자세히 규정하고 있는 기본 경전이 되었어요.

코란

➡ 무함마드, 알라, 이슬람교

코민테른 Comintern 1919~1943

국제 공산당(Communist International)을 줄인 말로 공산주의자들의 국제 조직

레닌은 전 세계에서 러시아처럼 사회주의 혁명이 일어나길 바랐어요. 그래서 1919년에 30개 나라의 공산당과 공산주의자들을 모스크바에 모아서 코민테른을 만들었어요. 코민테른은 제국주의에 반대하는 노동 운동을 지원하고 식민지 해방 운동도 도와주었어요. 우리나라처럼 식민지 상태에 있던 여러 나라의 독립 운동가들이 코민테른의 지원을 받아 공산당을 만들었지요. 레닌이 죽은 뒤 제2차 세계 대전 때 소련이 연합군에 참여하면서 해체되었어요.

➜ 레닌, 사회주의, 제2차 세계 대전

콘스탄티누스 대제 Constantinus I 274~337

크리스트교를 인정한 고대 로마 제국의 황제

콘스탄티누스 대제는 로마 제국의 혼란을 정리하고 황제의 권력을 강화했어요. 비잔티움으로 수도를 옮기고 수도 이름도 자신의 이름을 따 '콘스탄티노플'(터키, 이스탄불)로 바꿨어요. 밀라노 칙령(313)을 발표하며 크리스트교를 인정하고 니케아 공의회를 열어 크리스트교의 교리를 정했습니다. 로마 제국을 되살리려 했으나, 그가 죽은 뒤 제국은 비잔티움(동로마) 제국과 서로마 제국으로 나뉘었습니다.

➜ 크리스트교

콜럼버스 Columbus 1451~1506

대서양을 서쪽으로 항해해서 아메리카 대륙에 도착한 이탈리아의 탐험가

그 시대에 유럽 사람들은 동쪽의 이슬람 국가(오스만 투르크 제국)를 거치지 않고 인도와 직접 무역을 하고 싶어 했어요. 콜럼버스는 '지구가 둥글다면 유럽의 서쪽으로 배를 타고 계속 가도 인도 동쪽에 도착할 수 있다'고 주장했어요. 포르투갈 · 영국 · 프랑스 국왕에게 항해 계획을 제안했지만 모두에게 거절당했지요. 결국, 에스파냐 이사벨 여왕의 후원을 받아 인도를 찾아 항해를 떠났어요. 출발한 지 두 달이 지나서 육지에 도착했는데, 그는 당연히 그곳을 인도의 동쪽이라고 생각했어요. 하지만 그곳은 그때까지 유럽인에게 알려지지 않았던 새로운 땅이었어요(1492). 바로 현재의 아메리카 대륙이지요. 콜럼버스의 항해 이후 아메리카 대륙은 유럽인에게 약탈당하기 시작했습니다.

콜럼버스는 죽을 때까지 자기가 도착한 곳이 인도라고 믿었죠. 오늘날 이곳을 '서인도 제도'라고 합니다.

➤ 신항로 개척, 아메리카, 오스만 투르크 제국

콜로세움(원형 경기장) Colosseum 80년 완공

이탈리아 로마에 있는 원형 경기장

원래 이름은 플라비우스 원형 경기장이에요. 약 5만 명의 관중이 들어갈 수 있는 콜로세움에서는 검투사들의 시합, 맹수의 연기, 모의 해전 같은 것을 보여 주었어요. 둘레 527m, 높이 48m의 4층으로 된 거대한 경기장을 만들 수 있었던 것은 로마의 아치 기술 덕분이에요. 아치는 로마 건축 기술 중 가장 빛나는 업적이라 할 수 있어요.

콜로세움(로마)

콜로세움은 로마의 베스파시아누스 황제가 자신을 황제로 인정해 준 로마 시민에게 감사하기 위해 지은 것입니다.

➡ 글라디아토르

쿠데타 coup d'État

국민의 의사와 관계없이 무력 등의 비합법적인 수단으로 정권을 빼앗으려는 정치 활동

국가의 정치 체제를 바꾸려는 것이 아니라 단지 지배자를 바꾸려는 것이 목적입니다. 혁명은 국민의 지지를 받아야 하지만 쿠데타는 그렇지 않습니다. 국민 몰래 계획해서 갑자기 정부를 공격하지요. 군대를 이끌고 가서 자기들에게 반대하는 사람들을 체포하거나 정부 주요 인사를 납치하거나 암살합니다. 또 중요한 정부 기관이나 언론 기관을 점령해 국민의 자유와 권리를 빼앗습니다. 쿠데타로 정권을 잡은 사람으로 프랑스의 나폴레옹, 이탈리아의 무솔리니가 있습니다. 쿠데타는 '국가에게 입히는 타격'이라는 뜻이에요.

쿠바 혁명 Cuban Revolution 1953~

카스트로가 주도해 쿠바에서 일어난 혁명

쿠바는 16세기 중반부터 에스파냐의 식민지였어요. 1902년에 독립했지만 실제로는 미국의 지배를 받고 있었지요. 미국과 손을 잡은 독재 정권은 국민의 어려움을 돌보지 않고 심하게 횡포를 부렸습니다. 국민이 정부에 항의하면 정부는 미국의 도움을 받아 잔인하게 짓밟았어요. 카스트로와 체 게바라는 군대를 만들어서 게릴라(적의 뒤나 옆을 기습하여 적을 교란하고 파괴하는 소규모 비정규 부대) 활동으로 정부를 공격했습니다. 드디어 1959년 1월 1일 혁명에 성공해서 카스트로가 쿠바의 정권을 잡았지요. 그 뒤 쿠바는 사회주의 국가가 되었어요.

아르헨티나에서 태어난 체 게바라는 남아메리카가 미국에게서 독립하기를 바라서 쿠바 혁명에도 참여해 큰 공을 세웠어요.

➜ 사회주의

쿠산 왕조 Kushan Dynasty 기원 전후~5세기

북서 인도와 중앙아시아 일부를 지배했던 인도 왕조

중국의 서북쪽에서 커다란 세력을 형성하던 대월지는 기원전 3세기 무렵 흉노에 밀려 서쪽으로 이동하여 서투르키스탄과 아프가니스탄 북부를 지배했습니다. 이때 제후국을 다섯 개 세웠어요. 그중 하나였던 쿠샨에서 발전한 왕조예요. 쿠줄라 카드피세스 왕 때 다른 제후국들을 쓰러뜨리고 힌두쿠시 남쪽으로 진출해 간다라 지방을 차지했어요.

카니슈카 왕이 사방으로 영토를 넓히면서 쿠샨 왕조는 전성기를 맞이했습니다. 간다라 미술도 이때 크게 발달했고, 대승 불교가 발달해 동아시아로 전파되었어요. 카니슈카 왕 이후 점차 쇠퇴하다가 사산 왕조 페르시아가 이란에서 발달해 쿠샨 왕조를 통합해 버렸어요. 5세기 후반에 중앙아시아의 유목 민족인 에프탈에게 멸망당합니다.

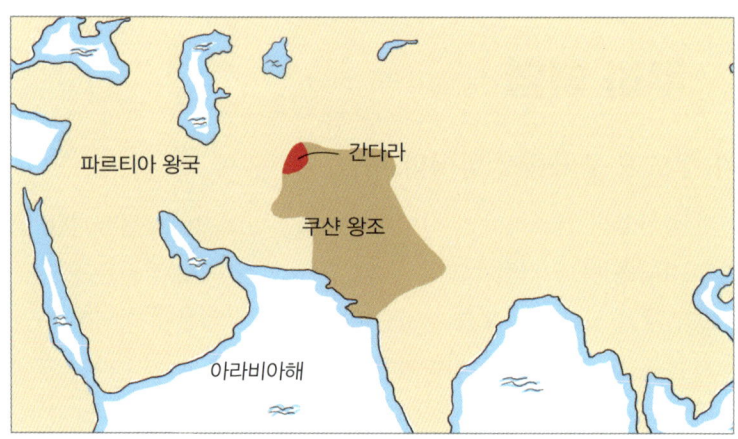

➜ 간다라 미술, 사산 왕조 페르시아

크로마뇽인 Cro-Magnon man 약 4만 년 전

현생 인류에 속하는 선사 시대 인류

1868년 프랑스의 크로마뇽 동굴에서 발견된 최초의 현생 인류입니다. 170cm가 넘는 큰 키와 깊숙한 눈, 두개골의 생김새로 보아 지금 유럽인의 조상으로 보여요. 유럽 곳곳에서 후기 구석기 유물과 함께 뼈가 발견되었어요.

크로마뇽인(왼쪽)
네안데르탈인(오른쪽)

크리스트교 Christianity 1세기~

예수 그리스도를 인류의 구원자로 믿는 종교

유대교에서 갈라져 나온 종교로 예수는 누구든지 하느님을 진심으로 믿고 따르면 구원받을 수 있다고 주장했어요. 예수가 십자가에 못 박혀 죽은 뒤 크리스트교가 생겨 로마 제국 여러 곳에 퍼졌습니다. 크리스트교는 그리스·로마 문화와 함께 오늘날 서양 문명의 뿌리가 되었어요.

세계 3대 종교는 불교, 이슬람교, 크리스트교예요!

➜ 그리스 정교, 로마 가톨릭 교회, 유대교, 프로테스탄트

크림 전쟁 Crimean War 1853~1856

크림반도와 흑해를 둘러싸고 일어난 전쟁

그리스 정교를 믿고 있던 러시아는 이슬람교를 믿는 오스만 투르크가 지배하는 예루살렘의 관리권을 갖겠다는 구실로 오스만 투르크 제국을 공격했어요. 영국과 프랑스는 러시아가 흑해를 통해 남쪽으로 더 내려오는 것을 막으려고 오스만 투르크와 동맹을 맺었습니다.

크림반도에서 영국·프랑스·오스만 투르크·사르데냐 왕국의 연합군과 러시아가 벌인 크림 전쟁은 러시아의 패배로 끝났고 흑해는 중립 지역이 되었어요. 그 뒤에 러시아는 농노를 해방하고 근대로 나아가기 위해 개혁을 했습니다.

➔ 그리스 정교, 오스만 투르크 제국, 예루살렘, 이슬람교

클레오파트라 7세 Cleopatra VII 기원전 69~기원전 30

고대 이집트 프톨레마이오스 왕조의 여왕

클레오파트라는 이집트를 다스리는 프톨레마이오스 왕조의 마지막 여왕이에요. 원래 프톨레마이오스 가문은 알렉산드로스 대왕의 부하였어요. 알렉산드로스 대왕이 죽고 나서 이집트를 지배하게 된 그리스계 가문이지요.

그 시대에 이집트는 바다 건너 로마의 압력을 받고 있었어요. 클레오파트라는 로마의 실력자 카이사르의 도움을 얻어 이집트를 지키려고 했어요. 카이사르가 반대파에게 암살당하자 이번에는 안토니우스와 결혼해서 이집트를 지키려고 했지요. 안토니우스와 클레오파트라는 이집트를 공격한 옥타비아누스와 악티움에서 전쟁을 벌였어요. 이 전쟁에서 옥타비아누스가 이기자 안토니우스와 클레오파트라는 자살했습니다. 클레오파트라가 죽고 이집트는 로마의 지배를 받게 되었어요. 그리고 로마에서는 옥타비아누스가 지배하는 새로운 시대가 열렸지요.

카이사르와 안토니우스라는 두 영웅을 사로잡은 클레오파트라는 오늘날 미인의 대명사가 되었지만, 실제로 클레오파트라의 매력은 외모가 아니라 뛰어난 외교 수완과 교양이었다고 합니다.

클레오파트라와 안토니우스가 처음 만난 곳으로 알려진 클레오파트라의 문 (터키 중남부 이첼주)

역사상 '클레오파트라'라는 이름은 여러 명이 있어요. 우리가 잘 아는 사람은 클레오파트라 7세입니다.

➜ 알렉산드로스 대왕, 카이사르

자신의 욕망을 극복하는 사람이 강한 적을 물리친 사람보다 위대하다.
_ 아리스토텔레스

타지마할 Taj Mahal

인도 아그라에 있는 궁전 형식의 무덤

'마할의 왕관'이란 뜻으로, 무굴 제국의 황제 샤자한이 아내 뭄타즈 마할의 죽음을 슬퍼하며 아내를 기리기 위해 지은 무덤입니다. 샤자한은 아내를 무척 사랑했는데, 아내가 열네 번째 아이를 낳다가 그만 숨지고 말았어요. 황제가 얼마나 슬퍼했는지, 하룻밤 사이에 머리가 모두 하얗게 세었다고 해요. 아내에게 사랑을 바치기 위해 뛰어난 건축가들을 모아 1630년부터 건물을 짓기 시작했는데, 자그마치 22년 동안이나 지었습니다. 가운데는 인공 수로가 흐르고 흰색의 대리석으로 지은 타지마할은 완벽한 균형미와 아름다운 장식으로 지금도 전 세계인을 감탄시키고 있습니다.

왕비 뭄타즈 마할(왼쪽), 샤자한(오른쪽)

타지마할(우타르프라데시주 아그라 교외)

➜ 무굴 제국

태평천국 운동 太平天國運動 1851~1864

중국의 청나라 말기 홍수전이 일으킨 개혁 운동

홍수전은 어느 날 하늘의 상제를 만나 가르침을 받고 신도를 모으기 시작합니다. 욕망을 누르고 절제된 생활을 하면서 상제를 믿고 따르면 태평한 새 세상이 되어 행복하게 살아갈 것이란 말에 많은 농민이 그를 믿고 따랐어요. 그 시절에 청나라는 영국과 프랑스 같은 서양 강대국의 침략에 시달리고 있었어요. 말세가 왔다고 주장한 홍수전은 농민 1만 명을 모아 광시성에 새로운 나라 '태평천국'을 세웠습니다.

태평천국은 신분제를 없애고 남녀 평등을 주장했으며 토지를 모든 사람에게 골고루 나누어 주어서 많은 농민의 지지를 받았습니다. 그러나 지도부가 분열되어 흔들리다가, 우월한 군사력을 가진 서양 강대국과 청나라 향신의 군대에 무너지고 말았습니다.

➜ 청

투탕카멘 Tutankhamen 기원전 1370~기원전 1352

신왕국 시절 이집트의 왕

9세에 왕이 되어 18세에 죽은 왕입니다. 그래서 소년왕이라고도 해요. 왕으로서 막강한 권력을 휘두르지 못하고 신하들에게 의지해서 이집트를 다스렸다고 합니다. 살아생전의 업적이 무엇이었는지, 왜 젊은 나이에 죽었는지는 알 수 없습니다. 죽은 뒤 '왕가의 계곡'에 묻혔는데, 다른 왕들의 무덤과 달리 도굴당하지 않고 온전한 채로 발굴되어 이집트 왕의 권위를 보여 주는 보물들을 오늘날까지 보존할 수 있었어요.

투탕카멘의 황금 마스크

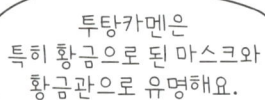

투탕카멘은 특히 황금으로 된 마스크와 황금관으로 유명해요.

➔ 왕가의 계곡, 피라미드

트루먼 선언 Truman Doctrine 1947

미국 대통령 트루먼이 공산주의 세력이 커지는 것을 막으려고 선언한 외교 원칙

제2차 세계 대전이 끝나고 많은 나라에 공산주의 정권이 들어섰어요. 위협을 느낀 자본주의 강대국 미국은 공산주의 국가가 더 늘어나지 못하게 할 방안을 짜냈어요. 그래서 1947년에 미국 대통령 트루먼이 전 세계에 '미국은 어느 나라든 공산주의에 반대하는 정부를 지원하겠다'고 선언했습니다.

이에 따라 그리스와 터키를 군사적·경제적으로 도와주고, 마셜 플랜을 세워 유럽을 지원해 주었어요. 미국과 소련의 대립, 곧 냉전을 상징하는 외교 원칙입니다.

➜ 냉전, 마셜 플랜, 자본주의

티무르 제국 Timurids 1369~1508

중앙아시아에 티무르가 세운 나라

차가타이 한국에서 태어난 티무르는 스스로 칭기즈 칸의 후손이라고 주장했습니다. 그는 칭기즈 칸처럼 짧은 시간에 거대한 나라를 세웠습니다. 티무르는 명나라를 차지하려고 군대를 이끌고 중국으로 갔지만, 도중에 병들어 죽고 말았습니다. 티무르 제국은 동서 무역로에 자리 잡고 있었기 때문에 동서 무역에 크게 이바지했습니다. 1469년 오스만 투르크 제국의 침략과 1507년 우즈베크족의 공격으로 멸망했어요

➜ 명, 오스만 투르크 제국

티토 Tito 1892~1980

유고슬라비아의 정치가이며 초대 대통령

유고슬라비아는 민족이나 종교가 복잡하게 얽혀 있는 나라입니다. 티토는 공산주의자였지만 냉전 시대에 무조건 소련 편을 들지는 않았어요. 티토는 자기 나라의 이익을 더 중요하게 생각해서 제3세계의 지도자가 되었습니다. 그 때문에 소련의 비난을 받기도 했지만, 유고슬라비아의 통일을 유지하며 나라를 잘 이끌었다는 평가를 받았습니다.

1980년대 말 공산주의 붕괴로 오늘날 유고슬라비아는 몬테네그로, 보스니아 헤르체고비나, 북마케도니아, 세르비아, 슬로베니아, 코소보, 크로아티아 총 7개국으로 나뉘었습니다.

티토 대통령 기념 우표

➜ 냉전, 제3세계

모방은 누구나 할 수 있지만 남보다 먼저 개혁하는 것은 아무나 할 수 없다.
_ 콜럼버스

파나마 운하 Panama Canal 1914년 완성

중앙아메리카 남동쪽에서 태평양과 대서양을 잇는 운하

처음에 프랑스에서 운하 건설을 시작했으나 실패하고 미국이 건설권을 구입하여 건설했어요. 약 80여 km의 운하를 건설하고 운하 운영권을 가진 미국은 라틴 아메리카 대한 영향력을 높였어요. 미국은 1914년부터 85년간 운하를 관리해 오다가 1999년 12월 31일에 파나마에게 권리를 넘겨 주었습니다.

파나마 운하

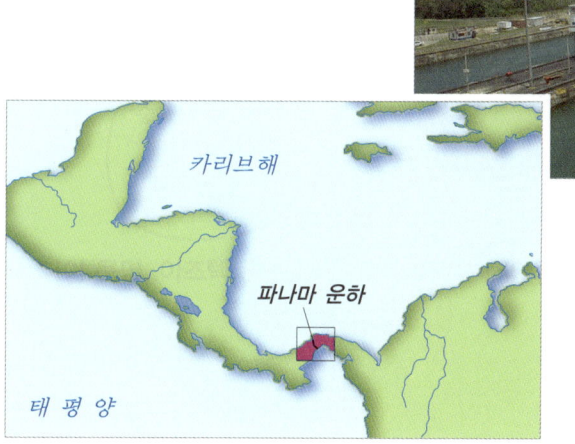

파라오 Pharaoh

고대 이집트 왕의 호칭

고대 이집트인은 태양신 '라'를 숭배했어요. 파라오는 태양신의 아들로 대접받으며 절대 권력을 누렸습니다. 살아서는 신과 같은 존재이고, 죽어서는 바로 신이 된다고 믿었어요. 신이 된 파라오가 영원히 살 수 있도록 피라미드를 만들었지요.

파리 코뮌 Commune of paris 1871

파리 시민과 노동자들이 세운 자치 정부

프랑스는 프러시아와의 싸움에서 패배하여 1871년 1월 프러시아에 항복했어요. 이에 프랑스는 알자스·로렌 지역을 독일에 넘겨주고, 50억 프랑의 배상금을 냈습니다. 프랑스의 나폴레옹 3세는 물러나고 공화정이 들어섰어요.
그러나 정부의 굴욕스러운 외교 정책에 반대한 파리의 시민과 노동자들은 대표를 뽑아 코뮌을 만들었어요. 파리 코뮌은 세계 최초의 노동자 정부였습니다. 정부는 프로이센 군대를 끌어들여 파리 코뮌을 공격했어요. '피의 일주일'이라고 기록된 항쟁 끝에 3만 명의 시민과 노동자가 죽었습니다.

➜ 공화정

파시즘 fascism

이탈리아의 무솔리니가 만든 정치주의, 혹은 정치 운동

파시즘이란 이탈리아어 '파쇼'(fascio)에서 나온 말입니다. 원래 나무 묶음을 뜻하는 단어였어요. 나무 막대 하나는 쉽게 꺾을 수 있지만 다발로 있으면 꺾기 어렵다고 해서 '단결'이라는 뜻으로 쓰였습니다. 무솔리니는 제1차 세계 대전이 끝난 뒤 어지러운 국내 분위기를 틈타 파시즘을 주장했어요. 파시즘은 국가 중심적이고, 반공·독재적인 사상이에요.

오늘날 파시즘이라는 말은 개인의 자유를 억압하고 폭력으로 자기 뜻을 이루려는 사람이나 행동까지 일컫는 말로 쓰이고 있어요. 독일의 나치즘이나 일본의 군국주의도 파시즘의 하나예요.

➜ 나치스, 전체주의

파피루스 papyrus

파피루스 풀로 만든 종이에 기록한 고문서

고대 이집트에서는 나일강 주변 갈대를 이용하여 종이를 만들었어요. 여기에 상형 문자를 새겨 수학, 문학, 철학, 의학 등 다양한 내용을 기록했어요. 파피루스에 기록하여 알맞은 조건에 보관하면 수천 년 동안 읽을 수 있는 상태로 보존되기 때문에 과학자들은 이를 '영구적인 종이'라고 부르기도 해요.

파피루스로 만든 종이

팔레비 왕조 Pahlevi dynasty 1925~1979

레자 샤가 세운 이란의 왕조

이란의 마지막 왕조예요. 팔레비 왕조는 이란의 근대화를 주장하면서 여러 개혁을 추진했지만, 제2차 세계 대전에서 패배하고 미국의 지원을 받으면서 국민의 지지를 잃었어요. 1979년에 호메이니가 이란 혁명을 이끌어 왕조는 무너지고 지금은 이란 이슬람 공화국이 되었어요.

➜ 이란 혁명, 제2차 세계 대전

팔레스타인 해방 기구 Palestine Liberation Organization 1964~

팔레스타인의 해방을 목적으로 하는 팔레스타인 사람들의 정치 조직

보통 첫 글자를 따서 'PLO'라고 합니다. 팔레스타인 사람들은 1948년에 이스라엘이 들어오기 전에 그 지역에 살고 있던 아랍인과 그 후손들이에요. 이스라엘이 세워지면서 보금자리에서 내쫓기고 생명까지 위협받고 있습니다. 팔레스타인 해방 기구는 팔레스타인 국가 건설을 목적으로 삼고 있습니다.

처음에는 자신들을 내쫓고 나라를 세운 이스라엘을 없애야 한다고 주장했지만, 1988년부터는 이스라엘을 인정하고 자신들도 인정을 받으며 평화롭게 살기로 목적을 바꾸었습니다. 1993년에 두 나라 사이에 평화 협정이 맺어졌지만, 여전히 갈등이 계속되고 있습니다.

➜ 밸푸어 선언

페니키아 Phoenicia 기원전 3000~기원전 64

시리아·레바논 해안 지대에 살았던 고대 민족

페니키아는 여러 도시 국가로 이루어져 있었습니다. 이들은 지중해에서 해상 무역을 하던 사람들이에요. 배 만드는 기술이나 항해술이 뛰어나 메소포타미아, 이집트, 크레타섬을 누비며 장사를 했습니다.

페니키아 사람들 덕분에 지중해의 여러 지역이 서로 문화를 주고받을 수 있었어요. 메소포타미아와 이집트의 고대 문명을 유럽에 전해 준 사람들이라고 합니다. 이들이 쓰던 문자는 오늘날 알파벳의 기원이 되었습니다.

페니키아 유적지

➜ 메소포타미아 문명

페르시아 Persian Empire 기원전 550~기원전 330

서아시아에 있었던 고대 대제국

인더스강에서 에게해에 이르는 넓은 영토를 차지하고 다양한 민족을 통치한 나라였어요. 전성기 시절의 왕은 다리우스 1세인데, '왕의 길'이라는 도로를 닦고 '왕의 귀'라는 감찰관을 파견해서 전국을 강력하게 통치했습니다. 자신들이 정복한 이민족이 공납을 바치면 그들의 종교나 전통을 지키며 살 수 있도록 허용하는 너그러운 통치 정책을 썼기 때문에 200년 넘게 번영할 수 있었지요. 왕의 무덤이나 중요한 건물에는 조로아스터교의 최고 신 아후라 마즈다를 새겨 두었습니다. 왕의 권위는 신에게서 오는 것이라고 믿었지요. 페르시아의 뛰어난 문화와 효율적인 통치 방식은 그 뒤에 생기는 다른 대제국에게 큰 영향을 끼쳤습니다.

➜ 다리우스 1세, 조로아스터교

페리클레스 Perikles 기원전 495?~기원전 429

고대 그리스 아테네의 민주 정치를 이끈 정치가이며 군인

기원전 460년쯤 아테네의 권력을 잡은 페리클레스는 평민도 공직을 맡을 수 있도록 하고 민회에서 법을 만들게 했어요. 추첨으로 관리를 뽑고 관리에게 급료를 주었지요. 델로스 동맹을 이끌면서 아테네를 발전시킵니다. 파르테논 신전을 세우고, 건축과 토목을 발전시켰어요. 그가 살던 때 아테네는 그리스의 학술과 예술, 문화의 중심지가 되었어요.

파르테논 신전(그리스 아테네)

기원전 443년부터 해마다 장군직에 선출되어 '지상의 제우스'라는 별명이 붙었어요.

➡ 델로스 동맹, 아테네

포에니 전쟁 Poeni War 기원전 264~기원전 146

카르타고와 로마가 벌인 세 차례의 전쟁

페니키아의 식민 도시 카르타고는 지중해 서쪽 바다를 오가는 무역을 독차지하고 있었어요. 이탈리아 반도를 통일한 로마는 바다로 눈을 돌렸고, 카르타고와 부딪치게 되었습니다.

포에니는 '페니키아 사람'이라는 뜻을 가진 라틴어예요. 카르타고와 로마는 100년 넘게 세 차례에 걸쳐 전쟁을 했어요. 카르타고의 한니발, 로마의 스키

피오가 활약했습니다. 이 전쟁에서 이긴 로마는 지중해를 차지하고, 지중해를 둘러싼 지역을 지배하는 세계 제국이 되었어요.

➜ 페니키아

폴리스 polis 기원전 8세기~기원전 4세기

고대 그리스의 도시 국가

그리스는 평야가 적고 산으로 둘러싸인 분지가 많아 작은 폴리스가 발달했어요. 성벽을 두른 폴리스에는 신전이 있는 아크로폴리스와 아고라 광장, 그리고 시가지가 있었지요. 폴리스들은 서로 정치적으로 독립되어 있어서 통일을 이루지는 못했어요. 대표적인 폴리스로는 아테네와 스파르타가 있습니다.

➜ 아테네, 스파르타

표트르 대제 Pyotr I 1672~1725

서유럽화 정책을 추진해 러시아를 유럽의 강대국으로 만든 황제

표트르 대제 시대에 러시아는 후진국에서 강대국으로 탈바꿈했어요. 그는 서유럽에 사신을 보내면서 자신도 변장해 따라갔어요. 서유럽 여러 나라를 여행하고, 직접 공장에서 일하면서 기술을 익히기도 했습니다. 러시아로 돌아온 표트르 대제는 러시아인의 옷차림에서 수염을 기르는 습관까지 모두 서유럽식으로 바꿉니다. 그리고 '서쪽으로 가는 창'이라는 별명이 붙은 새 도시 '상트페테르부르크'를 세워 수도로 삼았어요. 서유럽에서 배운 대로 상비군을 만들고 산업을 발전시켰습니다.

> 옛날식으로 수염을 기르겠다고? 그럼 수염세를 내.

➜ 상비군, 절대주의

프라하의 봄 Prague Spring 1968

체코슬로바키아에서 일어난 민주 자유화 운동

공산주의 국가였던 체코슬로바키아는 1960년대 경제 개혁을 실시하여 정치적으로도 공산당의 권한을 제한하는 개혁을 추진했습니다. 1968년 공산당 서기장이 된 둡체크는 '사람의 얼굴을 가진 사회주의'를 내세우며 언론의 자유를 인정했습니다. 이런 민주 자유화 운동을 체코슬로바키아의 수도인 프라하의 이름을 따서 '프라하의 봄'이라고 합니다. 소련은 이런 개혁을 사회주의 체제에 대한 도전이라고 생각해서 군대를 동원해 체코슬로바키아를 점령하고 둡체크를 비롯한 개혁파 지도자들을 소련으로 잡아갔습니다.

➜ 사회주의

프랑스 혁명 French Revolution 1789~1799

'대혁명'이라고도 하는, 절대 왕정과 봉건 신분 제도를 무너뜨린 프랑스의 시민 혁명

18세기에 프랑스에는 신분이 세 가지 있었는데 신분에 따라 차별이 심했어요. 이를 '앙시앵 레짐'(구제도의 모순)이라고 하는데, 이 때문에 프랑스 혁명이 일어난 것이기도 해요.

프랑스 국왕 루이 16세가 세금을 더 걷으려고 삼부회를 열자, 제3신분인 평민 대표들이 자신들이 진짜 국민의 대표라고 주장하면서 국민 의회를 만들었습니다. 국왕은 군대를 보내서 국민 의회를 해산시키려고 했고, 화가 난 파리 시민은 1789년 7월 14일에 바스티유 감옥을 공격했어요. 이 사건으로 불붙은 프랑스 혁명은 전국으로 퍼져 나갔습니다. 국민 의회는 인권 선언을 발표하고 개혁을 추진했어요. 그 뒤 국민 공회는 외국으로 도망가려다 잡힌 루이 16세를 처형하고 공화정을 세웁니다. 권력을 차지한 로베스피에르는 귀족과 성직자의 모든 특권을 완전히 없애는 과감한 개혁을 했어요.

그러나 공포 정치가 계속되자 시민의 불만도 커져 로베스피에르도 처형되었습니다. 혼란이 계속되는 가운데 나폴레옹이 쿠데타를 일으켜 정권을 차지했어

요. 프랑스 혁명 정신은 유럽에 널리 퍼져 유럽이 봉건 시대를 끝내고 근대 사회로 발전하도록 이끌었어요.

〈혁명의 주요 사건〉

1789. 5.	삼부회 소집
1789. 6.	테니스 코트의 서약
1789. 7. 14.	바스티유 감옥 습격 – 프랑스 혁명 기념일
1789. 8.	인권 선언 발표
1792. 4.	혁명 전쟁 시작
1792. 9.	국민 공회, 제1공화정 선포
1793. 1.	루이 16세 처형
1793. 6.	로베스피에르의 공포 정치 시작
1795. 10.	총재 정부
1799. 11.	나폴레옹 쿠데타, 통령 정부
1804~1814	나폴레옹 황제

➜ 공포 정치, 공화정, 나폴레옹, 로베스피에르, 삼부회, 앙시앵 레짐, 인권 선언

프랑크 왕국 Frankenreich 481~843

프랑크족이 세운 왕국으로 서유럽 문화의 기틀을 마련함

게르만족이 이동하면서 서로마 제국이 멸망하고 게르만족 국가가 여러 개 세워졌어요. 그중에서 갈리아(지금의 프랑스) 지방에 프랑크족이 프랑크 왕국을 세웠습니다. 프랑크 왕국은 로마 가톨릭을 받아들이고 서유럽의 대부분을 통일했습니다. 카롤루스 대제 때가 전성기로 이때 서유럽에는 로마 문화와 크리스트교, 게르만 문화가 섞인 새로운 문화가 만들어졌어요. 베르됭 조약으로 프랑크 왕국은 세 개로 나뉘었는데, 오늘날의 독일, 프랑스, 이탈리아의 기원이 되었습니다.

➜ 게르만족, 베르됭 조약, 카롤루스 대제

프로테스탄트 Protestant 16세기~

종교 개혁의 결과로 로마 가톨릭에서 갈라져 나온 크리스트교

독일의 루터에 이어 스위스의 칼뱅이 크리스트교를 개혁했습니다. 영국에서는 영국 국교회(성공회)가 만들어지지요. 종교 개혁의 결과 로마 가톨릭 교회에서 갈라져 나온 크리스트교를 '프로테스탄트'라고 해요. '신교', '개신교'라고도 합니다.

'프로테스탄트'라는 말은 '저항'이라는 뜻인데, 루터를 지지했던 제후와 도시들이 로마 가톨릭의 억압에 저항한 데서 유래했습니다.

➡ 로마 가톨릭 교회, 루터, 영국 국교회, 칼뱅

프롤레타리아트 Proletariat

자본주의 사회에서 노동력을 팔아 생활하는 자산이 없는 계급

마르크스는 자본주의 사회는 부르주아지와 프롤레타리아트로 나뉜다고 주장했어요. 부르주아지는 땅이나 공장 같은 생산 수단과 자본을 가지고 있고, 프롤레타리아트는 자본가에게 고용되어 노동력을 판매하고 임금을 받아 살아가는 계급이라고 했습니다.

부르주아지는 적은 임금을 주고 긴 시간 노동을 시키며 프롤레타리아트를 착취하기 때문에 프롤레타리아트는 혁명을 일으켜 자본주의 사회를 없애고 사회주의 국가를 만들어야 한다고 주장했어요.

➡ 부르주아지, 사회주의, 자본주의

플라톤 Platon 기원전 427?~기원전 347

고대 그리스의 철학자

소크라테스의 제자입니다. 스승을 닮아 이야기하는 방식으로 책을 썼어요. 플라톤은 변하지 않는 진짜 실체인 '이데아'가 있다고 생각했습니다. 이 세상에서 눈에 보이는 모습들은 이데아가 만들어 낸 그림자이며, 이데아를 보려면 영혼을 갈고닦아야 한다고 했어요. 플라톤은 '아카데미아'라는 학교를 만들어 제자를 길렀는데, 세계 최초의 대학이라고 할 수 있습니다. 《소크라테스의 변명》, 《국가론》 같은 책을 남겼어요.

플라톤

➔ 소크라테스

피라미드 pyramid

돌 또는 벽돌로 만든 정사각뿔 모양의 건조물

이집트, 수단, 에티오피아, 멕시코에 남아 있습니다. 이집트에서는 왕과 왕비의 무덤으로 만들었지요.

이집트 피라미드

> 현명한 사람은 기회를 찾지 않고, 기회를 창조한다.
> _ 프란시스 베이컨

하렘 harem

이슬람 사회에서 부인들이 거처하는 곳

'금지된 장소'라는 뜻입니다. 이슬람 사회에서는 남녀를 엄격히 구분하는 풍습이 있어 하렘에는 가족이 아닌 일반 남자의 출입을 금지했어요. 보통은 궁궐 안에 여성이 모여 사는 곳을 가리키나 일반 가정에도 여성만 쓰는 구역이 있었어요.

➜ 히잡

한 漢 기원전 202~기원후 220

유방이 건국한 중국의 통일 왕조

진(秦)이 멸망한 뒤 항우가 세운 초나라를 누르고 중국을 통일한 왕조입니다. 유방이 나라를 세운 뒤 태평성대를 누리고 있었는데, 왕망이라는 사람이 반란을 일으켜 신(新)나라를 세웁니다(8~24년). 하지만 왕망은 귀족 세력을 억압하는 정책을 폈다가 반란이 일어나 멸망합니다.
이때 유방의 후손인 유수가 한나라를 다시 세웠는데, 이 사람이 바로 광무제예요. 왕망의 신나라 전에 있었던 한나라를 전한이라 하고, 광무제가 세운 한

나라를 후한이라고 해요. 후한은 '황건적의 난'으로 순식간에 쇠퇴하다가 위·촉·오 삼국으로 분열됩니다. 한나라 시대에 한자가 확립되고, 오늘날까지 이어지는 중국의 전통이 시작되었습니다.

➜ 유방, 항우, 황건적의 난

한 무제 漢武帝 재위:기원전 141~기원전 87

중국 전한의 제7대 황제

유학자 동중서를 재상으로 삼고 유학을 발전시켰어요. 아들들을 제후로 삼아 지방을 다스림으로써 중앙 집권 체제를 강화했습니다. 장건을 월지국으로 파견해 비단길을 개척했고 흉노(훈족)와 싸워 이겼어요. 중앙아시아와 서역까지 나아가 많은 조공을 받았고, 계속 전쟁을 일으켜 동남아시아 지역까지 진출했어요. 더 많이 필요했던 군사비는 소금과 철을 국가에서 전매해 충당했지요. 균수법을 시행해 백성의 생활을 안정시키기도 합니다.

➜ 비단길, 장건, 훈족, 한

한자 동맹 Hanseatic League 13세기~15세기

독일 북부 해안 지방과 발트해 근처의 여러 도시끼리 맺은 동맹

도시들은 뱃길의 안전을 지키고 적이 쳐들어오는 것을 막기 위해 정치·군사 동맹을 맺었어요. '한자'라는 말은 '상인 조합'이라는 뜻이에요. 한자 동맹은 함대와 요새도 가지고 있었어요. 1370년쯤에는 한자 동맹에 가입한 도시가 90개가 넘었어요. 한자 상인들은 가죽, 벌꿀, 생선, 곡식, 목재, 양털 같은 것을 사고팔았습니다. 뤼베크, 브레멘, 함부르크, 쾰른이 주요 도시였지요. 16세기에 영국, 네덜란드에 밀려 점차 쇠퇴했습니다.

함무라비 법전 Code of Hammurabi 기원전 1750

고대 바빌로니아의 함무라비 왕이 만든 성문법(문자로 적어 나타내고, 문서의 형식을 갖춘 법률)

1901년 프랑스의 발굴대가 페르시아의 수사에서 발견한 이 법전은 기원전 1800년경 함무라비 왕에 의해 편찬되었어요. 높이가 약 2미터, 지름이 약 60센티미터의 딱딱한 돌기둥에 새겨져 있어요.

당시의 사회가 지배 계층(사제 및 세속 귀족), 일반 시민 계층(상인 및 농민), 최하위 계층(노예)으로 이루어져 있다는 것을 알려줘요. 따라서 지은 죄가 같아도 법이 각 계층에 다르게 적용되었어요. '눈에는 눈, 이에는 이'라는 말로 유명합니다. 수메르의 옛 법을 모아서 만든 것으로 나중에 만들어지는 로마법에 영향을 끼치지요.

➡ 수메르 문명, 쐐기 문자

함무라비 법전이 새겨진 돌기둥

항우 項羽 기원전 232~기원전 202

한나라의 유방과 중국 통일을 두고 다투던 초나라의 왕

명문가 출신인 항우는 태산을 뽑을 정도로 힘이 세고 군사 작전도 잘 짰다고 합니다. 스스로 '서초패왕'(西楚覇王)이라 하며 따르는 자들을 모아 진나라를 토벌했어요. 협력한 사람들을 제후로 삼고 자신은 왕이 되었어요. 한나라를 세운 유방과 싸우다가 협상을 벌여 홍구 동쪽은 초나라가, 서쪽은 한나라가 차지하기로 하고 휴전을 합니다.

그러나 유방이 한신, 팽월과 힘을 합쳐 초나라를 다시 공격하고, '사면초가'(四面楚歌) 작전을 펼쳤어요. 점차 커져 가는 초나라 노래를 들으며 항우는 자신의 마지막 날이 왔음을 알고 사랑하는 우희와 슬퍼하고 있었어요. 이때 우희가 항우의 칼을 뽑아 자결합니다. 항우는 하루에 천 리를 간다는 오추마를 타고 마지막 전투를 치릅니다. 혼자 몸으로 수백 명의 한나라 병사를 벤 항우는 결국 숨지고, 이로써 유방이 중국을 통일했습니다. 이러한 항우의 죽음은 중국의 시와 소설의 소재로 많이 사용되었어요.

➜ 유방, 한

향료 무역 香料貿易

인도를 중심으로 동양과 서양을 이어 주는 구실을 하던 향신료 무역

향신료는 음식에 매운맛이나 향기로운 맛을 더하는 조미료입니다. 인도와 동남아시아, 중국의 남쪽 지방에서 생산되는 후추, 정향, 육두구 같은 것이 유명해요. 고대 그리스인과 로마인은 1년 동안 후추를 120척의 배에 실을 만큼 사 갔어요. 후추는 소화를 돕고 식욕을 돋우는 식품이었거든요.

7세기에 이슬람 세력이 커지자 서남아시아가 후추 무역을 주도합니다. 유럽 사람은 십자군 전쟁이 끝난 뒤 동양의 향신료에 관심을 갖게 되었고, 향신료를 중계 무역했던 이탈리아 상인들이 돈을 많이 벌었어요. 유럽인은 향료 무역을 직접 하고 싶어서 인도로 가는 새로운 뱃길을 찾게 되었어요. 이는 콜럼버스 항해의 계기가 됩니다.

➜ 동방 무역, 바닷길, 비단길, 신항로 개척

헤이마켓 사건 Haymarket affair 1886

미국 시카고에서 노동자와 경찰이 충돌한 사건

1886년 5월 1일 시카고의 노동자들은 1주일 중에 6일만, 하루 8시간씩만 일하게 해 달라고 주장하며 파업을 시작했어요. 그때 미국의 노동자는 하루 12시간에서 16시간 정도 일을 하면서 임금은 아주 조금밖에 받지 못했거든요. 파업한 지 사흘째 되는 날인 5월 3일 경찰이 쏜 총에 맞아 노동자 여섯 명이 죽었어요. 그중에는 어린 여자아이도 있었지요.

1886년 5월 4일 30만 명의 노동자와 시민이 헤이마켓 광장에서 집회를 열었어요. 그런데 갑자기 폭탄이 터져 여러 사람이 죽고 다쳤습니다. 경찰은 폭탄을 던진 혐의로 노동 운동 지도자들을 체포해 사형시켰어요.

그러나 그 일은 7년 뒤에야 자본가들이 꾸민 일이라는 것이 드러났어요. 1890년에 이 사건을 기념해 5월 1일을 '노동자 단결의 날'로 정했어요. 그 뒤로 세계 여러 나라에서 이 날을 노동자를 위한 국제 기념일로 정했는데, '노동절' 또는 '메이데이'라고 합니다.

헤이안 시대 平安時代 794~1185

헤이안쿄(平安京, 지금의 교토)를 수도로 삼았던 일본의 한 시대

718년 천황이 된 간무 천황은 수도를 헤이안쿄로 옮기고 당나라 문화를 받아들였어요. 더불어 율령 제도를 강화하고 중앙과 지방의 정치 제도를 정비했습니다. 그러나 당나라가 멸망하자 점차 '국풍'(國風)이라 하는 일본 특유의 문화가 발달하고, 조금씩 당나라 문화는 사라지면서 일본 고유의 문화가 자리를 잡았어요. 가나 문자도 이때부터 만들어 썼습니다. 여자들은 머리를 바닥에 끌릴 정도로 길게 기르고 햇빛을 보지 않고 지내는 풍습이 있었어요. 셋칸 정치 시대를 지나고 인세이 정치(천황에게 왕위를 넘겨준 뒤에도 상황이 계속 정권을 쥐고 다스리던 정치 형태) 시기가 되면서 왕의 권한은 약해졌어요. 귀족들은 정치 권력을 사이에 두고 천황과 상황(후계자에게 자리를 물려준 천황)의 두 편으로 나뉘어 전쟁을 벌였어요(헤이지의 난, 1159년). 난을 진압한 무사들은 정권을 잡았어요. 이로써 최초의 무사 정권인 가마쿠라 막부가 생깁니다.

➜ 가나 문자, 당, 율령, 천황, 헤이지의 난

헤이지의 난 平治의 亂 1159년

일본 헤이안 시대의 천황과 상황의 갈등으로 일어난 반란

고시라카와 천황과 스토쿠 상황은 정치 권력을 사이에 두고 갈등하다가 결국 두 파로 나뉘어 전쟁을 벌입니다. 이때 무사 집안인 겐지 가문과 헤이시 가문이 천황 편에서 앞장서 싸웠어요. 싸움에서 이긴 겐지 가문의 미나모토 요시토모와 헤이시 가문의 다이라노 기요모리가 다시 대립해 일으킨 것이 '헤이지의 난'인데, 결국 다이라노 기요모리가 이겼어요. 헤이시(平氏) 가문이 정권을 잡은 지 20년이 지난 뒤에 다시 미나모토 요시토모가 전쟁을 일으켜 헤이시 가문 사람을 모두 죽입니다. 그런 다음 세운 것이 일본 최초의 무사 정권인 가마쿠라 막부입니다.

헤지라 Hegira 622

예언자 무함마드가 메카에서 메디나로 옮겨 간 것을 가리키는 말

무함마드는 이슬람교를 만든 뒤 고향인 메카에서 박해를 받았습니다. 그 무렵 야드립에서는 부족들끼리 전쟁을 벌였는데, 이를 해결하려고 무함마드를 지도자로 초청했습니다. 무함마드는 몇몇 신도와 함께 야드립으로 옮겨 가서 이슬람 종교 공동체를 세웁니다. 그때부터 야드립의 이름이 '메디나'(예언자의 도시)로 바뀌었습니다. 이슬람 세계에서는 헤지라가 이슬람 발전의 중요한 계기였다고 해서 이 해를 이슬람 원년으로 삼고 있습니다.

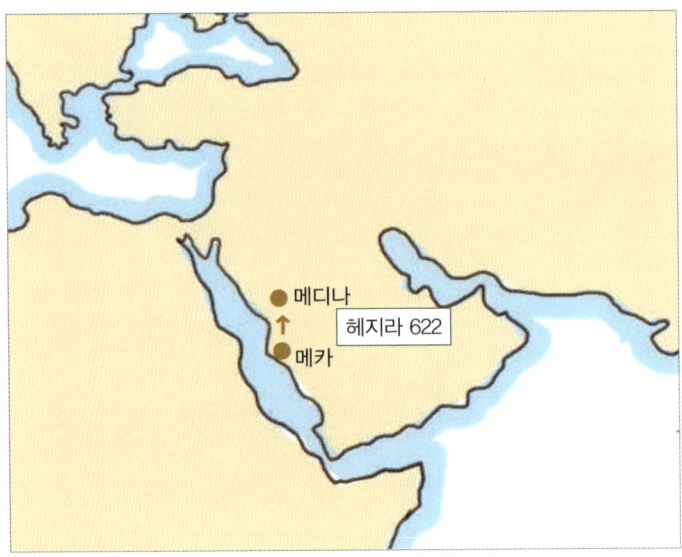

➔ 메카, 무함마드, 이슬람교

헬레니즘 Hellenism 기원전 334~기원전 30

그리스 고유의 문화와 오리엔트 문화가 융합하여 이루어진 문화

알렉산드로스 대왕이 동방 원정을 시작한 때부터 로마가 이집트를 차지할 때까지를 헬레니즘 시대라고 합니다. 알렉산드로스 제국 안에서 그리스 문화와 오리엔트 문화가 서로 영향을 주고받아 새로운 문화가 나타났어요. 세계화된 그리스 문화라고 할 수 있겠지요. 자연 과학도 아주 발달했어요. 헬레니즘은 서쪽으로 로마에 흘러들어가 서양 문화의 큰 줄기가 되고, 동쪽으로는 인도에까지 이르러 간다라 미술에 영향을 주었어요.

헬레니즘 문화의 대표적인 유물인 제우스 신전의 제단(독일 베를린 페르가몬 박물관)

➔ 간다라 미술, 알렉산드로스 대왕, 오리엔트

현장 玄奘 602?~664

인도 여행기인 《대당서역기》(大唐西域記)를 쓴 당나라의 승려

불교의 이치와 경전을 연구하던 현장은 공부하다 생긴 의문을 풀고 경전도 구하려고 인도로 여행을 떠납니다. 현장이 16년 동안 여행하면서 보고 들은 것을 제자인 변기(辯機)가 정리해 적은 《대당서역기》는 지금도 그 시대를 연구하는 데 소중한 자료가 되고 있어요. 이 책에 소개된 나라는 138개나 되고, 나라마다 나오는 특산물, 정치, 풍속, 전설을 적었습니다. 명나라 때 오승은이 쓴 《서유기》에 나오는 삼장법사는 현장을 모델로 썼다고 합니다.

➡ 당, 불교

호모 Homo

라틴어로 사람이라는 뜻

'인간의~'라는 뜻의 라틴어로 주로 학명을 붙일 때 쓰입니다. 화석 인류의 학명에 붙이기도 하고 인간의 기본 특징을 따서 붙이기도 해요.

호모 하빌리스	Homo habilis	손을 쓰는 사람
호모 사피엔스	Homo sapiens	생각하는 사람
호모 에렉투스	Homo erectus	서서 걷는 사람
호모 루덴스	Homo ludens	놀이하는 사람
호모 파베르	Homo faber	도구를 만드는 사람
호모 폴리티쿠스	Homo politicus	정치적 인간
호모 에코노미쿠스	Homo economicus	경제적 인간

호메로스 Homeros 기원전 800?~기원전 750

유럽 문학 최고의 서사시인 《일리아스》와 《오디세이아》를 쓴 사람

《일리아스》와 《오디세이아》는 트로이 전쟁을 둘러싼 영웅들의 모험 이야기입니다. 이 이야기를 바탕으로 유럽에서는 수많은 예술 작품이 만들어졌어요. 사람들은 호메로스가 이야기하는 트로이 전쟁이 단지 신화일 뿐이라고 생각했지만, 독일의 고고학자 하인리히 슐리만은 진짜 있었던 사실이라고 믿었어요. 결국 그는 트로이 유적지를 찾아내서 발굴했습니다.

호족 豪族

지방에 근거지를 가지고 권력을 누리던 사람과 그 가족

땅과 재산을 많이 가졌고 지방에 살고 있는 농민에 대한 지배력이 강해서 중앙 정부가 이들 때문에 곤란을 겪기도 했어요. 정치 상황이 혼란할 때는 농민들을 끌어 모아 반란을 일으키기도 했습니다.

호찌민 胡志明 1890~1969

베트남의 혁명가이자 베트남 민주 공화국의 초대 대통령

젊은 나이에 프랑스로 건너가 베트남 독립운동에 참가했습니다. 제1차 세계 대전이 끝난 뒤 프랑스 베르사유에서는 전쟁 뒤처리를 하기 위해 국제회의가 열렸지요. 호찌민은 베트남 대표로 회의에 참석해서 '베트남 인민의 요구'라는 문서를 내놓으며 베트남을 독립시켜 달라고 요구했습니다. 그는 공산당의 도움을 받아 세계 각지를 돌아다니며 조국의 독립을 위해 노력하기도 했어요.

제2차 세계 대전이 끝난 뒤에도 프랑스가 베트남의

호찌민

독립을 인정하지 않자 베트남 독립 동맹회를 중심으로 일어나서 왕조를 뒤엎고 베트남 민주 공화국의 독립을 선언했습니다. 그리고 직접 프랑스군과 맞서 싸웠습니다. 1954년에 디엔비엔푸에서 프랑스군을 크게 무찌르고 베트남의 독립을 지켜 냈습니다.

미국이 베트남을 공격했을 때도 호찌민의 지도 아래 베트남 사람들은 끝까지 저항해서 베트남의 통일을 이루었어요. 길고 긴 외세의 침략을 모두 물리쳐 베트남 사람의 존경을 받고 있습니다.

➜ 베르사유 체제, 베트남 전쟁, 제1차 세계 대전, 제2차 세계 대전

홍건적 紅巾賊 14세기 후반

중국 원나라 말기에 나타난 한족(漢族) 반란군

원나라 말기에 유행하던 백련교를 믿으며 한족 농민들이 중심이 되어 반란을 일으켰어요. 그들은 머리에 붉은 수건을 동여매 '홍건적'이라는 별명을 얻었어요. 한족이었던 그들은 몽골족이 세운 원을 멸망시키고 다시 한족의 나라를 세우자고 주장했지요. 1355년에는 나라 이름을 원나라에 의해 멸망한 '송'에서 빌려 '송'(宋)이라 하며 소명왕(小明王)을 왕으로 모셨어요.

그 뒤 중국 곳곳과 주변 지역을 점령하며 전성기를 누렸어요. 원나라 말기에 지나친 세금과 수탈에 허덕이던 농민들은 그들을 환영했습니다. 홍건적의 한 사람이었던 주원장은 납치된 소명왕을 구출하면서 두각을 나타내기 시작해 영토를 넓혀 나가다가 소명왕을 죽이고 새로운 나라인 명(明)을 건국합니다.

➜ 명, 몽골 제국, 송, 원

홍콩 香港 Hong Kong

중국 남동부에 있는 특별 행정구

아편 전쟁에서 청나라가 영국에게 진 뒤 청과 영국은 난징에서 '난징 조약'을 맺었어요. 영국은 홍콩을 식민지로 달라고 하고, 전쟁 배상금도 요구했지요. 이때부터 홍콩은 영국의 식민지가 되었습니다. 제2차 세계 대전 때는 일본군에게 점령되었고, 일본이 패망하자 다시 영국의 손에 넘어갔어요. 1949년에 공산 정권이 들어섰지만, 1950년 1월에 영국이 공산주의 중국을 공식 국가로 인정하는 조건으로 다시 영국이 지배권을 갖게 되었어요.

1984년 12월 19일에 영국과 중국이 홍콩 반환 협정을 맺어 1997년 7월 1일에 비로소 중국 땅이 되었어요. 그날은 155년의 식민 지배가 끝나는 날이었습니다. 중국은 홍콩에서 자본주의 체제를 유지할 것을 약속했고, 지금도 홍콩은 서양과 동양을 이어 주는 무역 관문이 되고 있어요.

홍콩의 야경

➡ 아편 전쟁, 제2차 세계 대전, 청

환관 宦官

황실에서 황제와 그 가족을 곁에서 모시던 관리

거세된 남자로 황실 가장 가까이 있으면서 권력을 누리기도 했습니다. 환관의 폐해가 가장 심했던 시대는 후한, 당, 명나라 때였어요. 후한 때는 어린 나이에 황제가 된 사람이 많아 황제의 어머니인 태후가 황제 대신 정치를 했는데, 남성 관리들과 만나는 일을 피하고자 환관이 중간에서 서로의 뜻을 전달해 주다가 그 세력이 아주 강해졌어요.

당나라 현종 때도 환관이 세력을 얻어 오히려 환관이 황제에게 정치를 지시하는 일까지 생겼지요. 그래서 당시 황제가 환관의 학생 같다는 '문생천자'(門生天子)라는 말이 유행하기도 했어요. 명나라 영락제 이후에는 환관의 권세가 대단해져 황제에 뒤지지 않는 호사를 누렸다고 합니다. 종이를 만든 채륜, 《사기》를 쓴 사마천, 남해 원정을 한 정화도 환관이었어요.

➔ 당, 당 현종, 명, 사기, 정화, 채륜

활판 인쇄 活版印刷

납, 구리 등의 금속으로 글자 모형을 만들어 책을 찍어 내는 방법

인쇄술은 같은 책을 여러 권 만들어 내기 위해 발달했어요. 6세기쯤 중국에서는 나무에 글자를 새겨서 먹물을 칠한 뒤 종이를 덮어 찍어 내는 목판 인쇄를 시작했어요. 그러나 목판의 경우 모든 글자를 쪽마다 새겨야 하기 때문에 시간과 노력이 많이 들었어요. 그래서 만들어 낸 것이 활판 인쇄술입니다. 금속으로 글자 모형을 만든 다음, 책에 필요한 글자를 판에 꽂아서 찍어 내는 방법이지요. 금속 활자로 찍어 낸 책으로 남아 있는 것 중, 세계에서 가장 오래된 것은 우리나라 고려 시대에 만든 《직지심체요절》(1377)입니다. 서양에서는 구텐베르크가 1452년쯤에 금속 활자를 발명했어요.

황건적의 난 黃巾賊의 亂 184

후한 말기에 농민이 중심이 되어 일으켰던 반란

후한 말기에는 환제, 영제 같은 능력 없는 황제들 때문에 외척과 환관의 권력 다툼이 끝없이 일어났습니다. 권력을 장악한 환관은 관리를 제멋대로 등용하고 농민이 낸 세금으로 사치를 부렸고 민심은 흉흉했습니다.

이때 도가 사상에 바탕을 둔 새로운 종교가 나왔는데 장각(長角)이 그 우두머리가 되었습니다. 장각은 여러 차례 과거 시험에서 떨어지고 상심하던 중에 새로운 세상을 열어 줄 도를 터득했다고 합니다. 그는 주술과 약으로 농민들의 병을 고쳐 주어 따르는 사람이 많아졌습니다.

결국 장각은 '태평도'라는 새로운 종교를 만들어 폭정에 시달리던 농민 세력을 끌어 모았어요. 음양오행설에 따르면 화(火 : 붉은색)의 기운을 가진 후한은 토(土 : 황색)의 기운을 가진 세력에게 멸망할 것이라 주장하며 황색의 수건을 머리에 두르고 반란을 일으켰어요. 그래서 황건적(노란 수건을 두른 도적들)이라고 합니다. 처음에는 계속 싸움에서 이기다가 유비와 조조의 군대에게 토벌되었어요.

아, 황건적의 난이 일어나서 《삼국지》의 영웅들이 나타난 거구나!

➜ 환관

황소의 난 黃巢의 亂 875~884

중국 당나라 말기에 일어난 농민 반란

당나라 말기에는 지방 세력의 수가 늘어나고 중앙 관리의 당쟁과 환관의 횡포가 심해져서 정부의 지배력이 약해졌습니다. 백성을 수탈하는 정도도 심해져서 농민과 호족들은 당나라 황실에 반감을 가졌어요. 게다가 전국에 흉년이 들어 농민은 더욱 살기가 힘들어졌어요. 이때 산둥성의 왕선지와 황소가 난을 일으켰는데, 왕선지가 죽은 뒤에는 황소가 농민의 지도자가 되었어요. 그가 880년에 뤄양(낙양)·창안(장안)을 함락하자, 황제인 희종은 쓰촨(사천)으로 망명합니다. 황소는 장안에 '대제'(大齊)라는 새로운 나라를 세우고 연호를 '금통'(金統)이라 했어요. 하지만 돌궐계 장군 이극용(李克用)이 당나라를 도와 황소를 토벌하러 오자 동쪽으로 후퇴하다가 이듬해 산둥의 태산 부근에서 자결했습니다. 하지만 황소의 난으로 큰 타격을 입은 당나라는 얼마 뒤에 멸망하고 맙니다.

➡ 당, 호족, 환관

황허 문명 黃河文明

중국 황허강 유역에서 발생한 고대 문명

기원전 2000년경에 중국 황허강 유역에서 발생한 고대 문명이에요. 황허강 둘레는 농사짓기에 알맞은 비옥한 토지가 있어 신석기 시대부터 농경 문화가 발전했습니다. 이렇게 농경이 발달하면서 사람들이 모여 살아서 도시가 되었고, 그곳에서 국가와 제도가 발달하기 시작했어요. 점차 국가가 발달해 하(夏), 상(商), 주(周) 삼국이 차례로 발전했습니다. 하나라는 유적과 기록이 발굴되지 않아 아직 신화 속의 나라로 남아 있어요.

➡ 상, 주

후우마이야 왕조 Umayyad dynasty of Cordova 756~1031

이베리아 반도에 있던 이슬람 왕조

이슬람 세계를 지배하던 우마이야 왕조는 750년 아바스 왕조에게 멸망당했습니다. 우마이야가의 왕족인 라흐만은 겨우 탈출할 수 있었습니다. 그는 아바스 왕조의 추적을 피해 북아프리카를 거쳐 이베리아 반도(오늘날 스페인)까지 갔습니다. 그곳에서 지지자를 모아 코르도바를 점령하고 후우마이야 왕조를 세웠지요. 후우마이야 왕조는 유럽에 이슬람 문화를 전해 주었습니다.

➜ 아바스 왕조, 우마이야 왕조

후쿠자와 유키치 福澤諭吉 1835~1901

메이지 유신의 사상적 기반을 마련한 일본의 사상가이자 정치가

어려서 난학과 네덜란드어를 배우고 미국과 유럽을 방문한 뒤 서유럽 문명을 일본에 소개했습니다. 게이오 대학을 세워 새로운 문물과 새로운 사상을 보급하고자 했으며, 민주주의와 자본주의를 따르는 데 앞장섰어요. 일본의 급진적인 근대화 개혁인 메이지 유신의 원칙과 방향을 제시했고 조선과 중국을 일본의 속국으로 만들어 아시아 국가들이 서로 도울 것을 주장했어요.

이런 사상은 결국 조선을 일본의 식민지로 만드는 데 영향을 주었습니다. 일본의 만 엔짜리 지폐에 그려져 있는 인물로, 일본에서는 일본 근대화의 영웅으로 존경하고 있습니다.

1만 엔의 화폐 인물인 후쿠자와 유키치

➜ 메이지 유신

훈고학 訓古學

언어를 연구해 문장을 바르게 해석하여 고전 사상을 이해하려는 유학의 한 갈래

옛날에 쓴 책을 읽는 것은 어느 시대에나 어려운 일이지만, 특히 중국은 진시황제의 분서갱유, 한나라 초기의 혼란 들로 많은 책이 사라지거나 오랫동안 금지되어 후대 사람이 옛 책을 읽는 것이 더욱 어려웠어요. 그래서 책에 나오는 문자를 하나하나 분석하고 밝혀 읽는 훈고학이 발달했지요. 그러나 뜻과 맥락보다는 글자 자체의 뜻에 지나치게 집착해 오히려 원래 뜻을 잃게 한다는 단점도 있었습니다.

➜ 분서갱유, 시황제, 한

훈족 Hun

중앙아시아의 초원 지대에 살던 투르크계 유목 기마 민족

4세기에 유럽으로 이동하여 게르만족의 한 갈래인 동고트족을 굴복시키고 서고트족을 압박했어요. 서고트족의 일부는 훈족을 피해 동로마로 이주했는데 이를 게르만족의 대이동이라고 합니다. 434년 훈족의 왕이 된 아틸라는 흑해 북안에서 라인강에 이르는 제국을 수립하고 동로마 제국과 이탈리아를 공격했어요. 아틸라 왕의 갑작스런 죽음 뒤 세력이 약해져 제국은 나누어지고 훈족은 역사 속에서 사라졌어요.

훈족은 중국 진나라와 한나라를 괴롭혔던 흉노의 일족이에요.

➜ 게르만족

휴머니즘 Humanism

인문주의·인본주의라고도 하는, 인간다움을 존중하는 사상

르네상스 시대에 이탈리아에서 시작되어 유럽에 널리 퍼진 사상입니다. 신과 교회의 권위에서부터 인간을 해방시키려는 사상이었어요. 그리스·로마의 고전 문화를 연구해 인간의 존엄성을 되찾고 문화를 발전시키려고 노력했어요.

➔ 르네상스

흑사병(페스트) Black Death(Pest) 14세기 중엽

페스트균에 감염되어 생기는 급성 전염병

1347년부터 시작되어 유럽 전체에 퍼져 나가 유럽 인구의 3분의 1이 죽었습니다. 사람들은 원인을 몰라 공포에 떨며 악마의 소행이라 생각하고 서로 경계하며 배척하기도 했어요. 흑사병으로 일할 사람이 부족해지자 영주들은 살아남은 사람들에게 엄청난 세금을 물리기도 했어요. 이에 반발한 농민들은 자유민이 되어 도시로 가기도 했어요. 이렇게 삶에 대해 새롭게 생각하는 사람들이 많아지자 중세 시대를 유지하던 농노 제도는 서서히 무너졌어요.

공기를 통해 전염되는 폐 페스트는 치사율이 100%래요. 온몸이 검게 변해 죽기 때문에 흑사병(Black Death)이라고 했어요.

희망봉 Cape of Good Hope 喜望峰 1488년 발견

남아프리카 공화국 남서쪽 끝을 이루는 곳

유럽이 신항로를 발견하기 전까지는 유럽에서 지중해를 거치지 않고 아시아에 가려면 아프리카를 한 바퀴 빙 돌아서 가야 했어요. 포르투갈의 바르톨로메우 디아스가 1488년에 아프리카의 가장 남쪽 희망봉에 도착했고, 1497년 바스코 다 가마가 희망봉을 돌아 인도로 가는 항로를 개척합니다.

➡ 신항로 개척

히잡 hijab

이슬람 여성이 머리와 상반신을 가리기 위해 쓰는 가리개

이슬람 여성이 쓰는 가리개는 히잡, 부르카, 차도르가 있습니다. 히잡은 스카프나 두건처럼 생겼는데 머리와 가슴 일부을 가리는 것이지요. 부르카는 눈만 내놓고 머리와 몸 전체를 덮는 것이고, 차도르는 두건이 달린 망토 모양입니다. 요즘에는 여성을 억압하는 수단이라는 비난을 받으면서 히잡을 쓰지 않는 사람도 많습니다. 하지만 대부분의 이슬람권에서는 여성의 노출을 금하기 때문에 이런 전통 의상을 많이 입지요.

히잡과 부르카를 쓴 이슬람 여성

➡ 이슬람교

히타이트 Hittite 기원전 약 2000년

최초로 철기를 사용한 서아시아의 민족

강력한 철제 무기, 말이 끄는 전차, 용감한 군인들 덕분에 넓고도 복잡한 서아시아를 통일하고 광대한 제국을 건설했어요. 철은 단단하지만 쉽게 녹이 슬어 무기로 쓰기 어려웠는데, 히타이트인들은 철을 다루는 기술을 처음으로 개발해서 강력한 군사력을 갖출 수 있었습니다. 이들에 의하여 메소포타미아에 철기 문화가 전해졌어요. 또한 히타이트인은 쐐기같이 생긴 설형 문자를 만들어 점토판에 자신들의 기록을 남기기도 했습니다.

➡ 람세스 2세

힌두교 Hinduism

브라만교와 불교, 인도의 민간 신앙이 결합해 생긴 종교

인도를 점령한 아리아인은 자신들의 전통 종교인 브라만교를 발전시켰어요. 인도 원주민은 원래 자기들이 믿던 신들을 브라만교와 결합시키고, 석가모니가 창시한 불교까지 받아들였습니다. 힌두교에는 아주 많은 신이 있지만, 창조의 신 브라흐마, 유지의 신 비슈누, 파괴의 신 시바가 가장 중요한 신으로 여겨집니다.

브라만교와는 달리 신전과 성상을 만들어 숭배하며, 전생에 따라 현생의 삶이 결정된다고 믿어 카스트 제도를 인정합니다. 윤회와 업에서 벗어날 수 있는 방법으로는 출가 고행과 요가 수행을 권합니다.

인도 찬델라 왕국의 수도 카주라호에 있는 힌두교 사원

➜ 불교, 브라만교, 석가모니, 시바, 카스트

한눈에 보는 세계사 연표

세기	세계사		시대	
	연대	주요 사항	중국	서양
B.C.	3500년경	메소포타미아 문명이 시작되다	춘추 전국	고대 사회
	3000년경	이집트 문명이 시작되다		
	2500년경	황허 문명이 시작되다		
		인더스 문명이 시작되다		
	1800년경	함무라비 왕이 메소포타미아를 통일하다		
	7세기경	석가모니가 탄생하다		
	334	알렉산드로스 대왕이 동방 원정을 하다	진(秦)	
	221	진(秦)시황이 중국을 통일하다		
	202	한이 건국되다	한	
	27	로마, 제정이 시작되다		
		그리스도가 탄생하다		
A.D.	25	후한이 건국되다	삼국 시대	
	166	로마 사절이 중국에 오다		
	220	후한이 멸망하고, 삼국 시대가 시작되다		
	280	진(晉)이 중국을 통일하다		
300	313	로마, 크리스트교를 공인하다	진(晉)	
	316	5호 16국 시대가 되다		
	317	동진이 성립되다		
	325	니케아 공의회가 열리다		
	375	게르만족, 대이동을 하다		
	395	로마 제국, 동서로 분열되다		
400	439	남북조가 성립되다	남북조 시대	
	476	서로마 제국이 멸망하다		
	486	프랑크 왕국이 건국되다		
500	529	유스티니아누스 법전을 편찬하다		중세 사회
		몬테카시노 수도원을 창설하다		
	537	콘스탄티노플의 성 소피아 성당을 건립하다		
	589	수가 중국을 통일하다	수	
600	610	이슬람교가 창시되다		
	618	당이 건국되다	당	

세기	세계사		시대	
	연대	주요 사항	중국	서양
600	622	헤지라(이슬람 기원 원년)가 일어나다	당	중세사회
	645	일본, 다이카 개신이 일어나다		
	671	당의 의정이 불경을 구하러 인도를 여행하다		
700	712	당, 현종이 즉위하다		
	755	당, 안녹산의 난이 일어나다		
	771	카롤루스 대제가 프랑크 왕국을 통일하다		
800	829	잉글랜드 왕국이 성립되다		
	843	프랑크 왕국이 베르됭 조약을 맺다		
	875	당, 황소의 난이 일어나다		
900	907	당이 멸망하고, 오대가 시작되다	오대	
	916	거란이 건국되다		
	946	거란, 국호를 요라고 하다		
	960	송이 건국되다		
	962	오토 1세, 신성 로마 제국 황제가 되다		
	987	프랑스, 카페 왕조를 시작하다		
1000	1037	셀주크 투르크 제국이 건국되다	북송(요)	
	1054	크리스트교가 동서로 분열되다		
	1066	노르망디 윌리엄 공작이 잉글랜드를 정복하다		
	1077	카노사의 굴욕이 일어나다		
	1095	클레르몽 종교 회의가 열리다		
	1096	십자군 원정(~1270)이 시작되다		
1100	1115	금이 건국되다		
	1125	금이 요를 멸망시키다		
	1127	북송이 멸망하고, 남송이 시작되다		
	1152	신성 로마 제국 황제 프리드리히 1세가 왕이 되다		
	1163	프랑스, 노트르담 성당 건축을 시작하다		
	1192	일본, 가마쿠라 막부를 세우다		
1200	1206	칭기즈 칸이 몽골을 통일하다	(금)남송 원	
	1215	영국, 대헌장을 제정하다		
	1241	신성 로마 제국, 한자 동맹을 맺다		
	1271	원 제국이 건국되다		
	1279	남송이 멸망하다		
1300	1299	마르코 폴로가 《동방견문록》을 펴내다		

세기	세계사		시대	
	연대	주요 사항	중국	서양
1300	1302	프랑스, 삼부회를 만들다	원	중세 사회
	1309	교황을 아비뇽에 가두다		
	1321	단테가 《신곡》을 완성하다		
	1338	일본, 무로마치 막부를 세우다		
		영국·프랑스, 백년 전쟁이 일어나다(~1453)		
	1356	신성 로마 황제 카를 4세, 황금 문서를 발표하다		
	1368	원이 멸망하고, 명이 건국되다		
1400	1405	정화의 남해 원정이 시작되다(~1433)	명	
		명, 《영락대전》을 편찬하다		
	1429	잔 다르크가 영국군을 무찌르다		
	1436	명, 은납제를 실시하다		
	1450	구텐베르크가 활판 인쇄술을 발명하다		
	1453	비잔티움 제국이 멸망하다		
	1455	장미 전쟁이 일어나다(~1485)		
	1492	콜럼버스, 아메리카 항로를 발견하다		
	1498	바스코 다 가마, 인도 항로를 발견하다		
1500	1517	루터의 종교 개혁이 일어나다		근대 사회
	1519	마젤란이 세계 일주를 하다(~1522)		
	1536	칼뱅의 종교 개혁이 일어나다		
	1562	위그노 전쟁이 일어나다(~1598)		
	1598	낭트 칙령을 발표하다		
1600	1600	영국, 동인도 회사를 설립하다		
	1616	후금이 건국되다		
	1618	독일, 30년 전쟁이 일어나다(~1648)		
	1628	영국, 권리 청원을 제출하다		
	1642	청교도 혁명이 일어나다(~1649)		
	1644	명이 멸망하고, 청이 중국을 통일하다		
	1649	인도, 타지마할을 완성하다	청	
	1651	영국의 크롬웰이 항해 조례를 발표하다		
	1688	영국, 명예혁명이 일어나다		
	1689	청·러시아, 네르친스크 조약을 맺다		
		영국, 권리 장전을 발표하다		
1700	1740	오스트리아, 왕위 계승 전쟁이 일어나다		
	1762	루소가 민약론을 발표하다		
	1765	와트가 증기 기관을 완성하다		

세기	세계사		시대	
	연대	주요 사항	중국	서양
1700	1776	미국, 독립 선언을 하다	청	근대사회
	1789	프랑스 혁명이 일어나다		
		인권 선언을 하다		
1800	1814	빈 회의가 열리다(~1815)		
	1830	프랑스, 7월 혁명이 일어나다		
	1832	영국, 선거법을 개정하다		
	1840	청·영국, 아편 전쟁이 일어나다(~1842)		
	1848	프랑스, 2월 혁명이 일어나다		
	1850	청, 태평 천국 운동이 일어나다		
	1858	무굴 제국이 멸망하다		
	1860	청, 영국·프랑스·러시아와 베이징 조약을 체결하다		
	1861	미국, 남북 전쟁이 일어나다(~1865)		
	1863	링컨이 노예 해방을 선언하다		
	1868	일본, 메이지 유신이 일어나다		
	1869	수에즈 운하가 개통되다		
	1871	독일이 독일 제국으로 통일되다		
	1878	베를린 회의가 열리다		
	1882	독일, 오스트리아, 이탈리아가 삼국 동맹을 맺다		
	1884	청·프랑스 전쟁이 일어나다(~1885)		
	1885	청·일, 톈진 조약을 맺다		
	1894	청일 전쟁이 일어나다(~1895)		
	1896	제1회 올림픽 대회를 열다		
	1898	청, 무술 개혁이 일어나다		
		퀴리 부부가 라듐을 발견하다		
	1899	헤이그 만국 평화 회의가 열리다		
		청, 의화단 운동이 일어나다		
1900	1902	영·일 동맹을 맺다	중화민국	현대사회
	1904	러일 전쟁이 일어나다(~1905)		
	1907	삼국 협상을 맺다		
	1911	신해혁명이 일어나다		
	1912	중화 민국을 세우다		
	1914	제1차 세계 대전이 일어나다		
		파나마 운하가 개통되다		
	1917	러시아 혁명이 일어나다		
	1918	윌슨 대통령이 14개조의 평화 원칙을 발표하다		
	1919	베르사유 조약을 맺다		
		5·4 운동이 일어나다		

세기	세계사		시대	
	연대	주요 사항	중국	서양
1900	1920	국제 연맹이 만들어지다	중화민국	현대 사회
	1921	워싱턴 회의를 열다		
	1927	중국, 난징에 국민 정부를 수립하다		
	1929	세계 경제 공황이 일어나다		
	1931	만주 사변이 일어나다		
	1937	중일 전쟁이 일어나다		
	1939	제2차 세계 대전(~1945)이 일어나다		
	1941	대서양 헌장을 발표하다		
		태평양 전쟁(~1945)이 일어나다		
	1943	카이로 회담이 열리다		
	1945	포츠담 선언을 하다		
		일본이 연합군에 항복하다		
		국제 연합이 만들어지다		
	1946	파리 강화 회의를 열다		
	1947	마셜 플랜을 계획하다		
	1948	세계 인권 선언을 알리다		
	1949	나토(NATO)가 만들어지다		
	1950	국제 연합, 한국 파병을 결의하다	중국	
	1952	미국, 수소 폭탄 실험에 성공하다		
	1954	인도차이나 휴전하다		
		동남아시아 조약기구(SEATO)를 만들다		
	1956	이집트, 수에즈 운하를 접수하다		
		헝가리·폴란드, 반공 봉기가 일어나다		
	1961	소련, 유인 인공 위성을 발사하다		
	1962	미국이 쿠바를 봉쇄하다		
	1963	핵 실험 금지 협정을 맺다		
	1964	미국, 레인저 7호로 달 표면 촬영에 성공하다		
	1967	제3차 중동 전쟁이 일어나다		
	1968	체코슬로바키아 민주화 선언에 소련군이 개입하다		
	1969	아폴로 11호, 달에 착륙하다		
	1972	닉슨이 중국을 방문하다		
	1973	제4차 중동 전쟁이 일어나다		
		전 세계 석유 파동이 일어나다		
	1975	베트남 전쟁이 끝나다		
	1976	유엔, 팔레스타인 건국 승인안을 채택하다		
	1977	동남아시아 조약기구(SEATO)가 해체되다		
	1978	요한 바오로 2세가 교황에 즉위하다		
		미국·중국, 국교가 정상화되다		
	1979	이란의 회교도 혁명이 일어나다		

세기	세계사		시대	
	연대	주요 사항	중국	서양
1900		중동 평화 조약을 맺다	중국	현대 사회
		소련, 아프가니스탄을 침공하다		
	1980	이란·이라크 전쟁이 일어나다		
	1981	미국, 유인 우주 왕복선 컬럼비아호를 발사하다		
	1982	제1회 뉴델리 회의가 열리다		
	1983	미국, 유네스코를 탈퇴하다		
	1984	영국·중국, 홍콩 반환 협정을 맺다		
	1985	멕시코시티 대지진이 일어나다		
	1986	필리핀, 민주 혁명이 일어나다		
		소련, 체르노빌 원전 사고가 일어나다		
	1987	미·소, 중거리 핵전력 폐기 협정을 맺다		
	1988	이란·이라크전이 끝나다		
	1989	베를린 장벽이 무너지다		
		루마니아 공산 독재 정권이 무너지다		
	1990	독일이 통일되다		
	1991	걸프 전쟁이 일어나다		
	1992	소련이 해체되다		
		독립 국가 연합(CIS)이 탄생하다		
	1993	우루과이 라운드가 타결되다		
		북미 자유 무역 협정을 맺다		
	1994	이스라엘과 요르단, 평화 협정을 맺다		
	1995	세계 무역 기구(WTO)가 출범하다		
	1997	영국, 홍콩을 중국에 돌려주다		
	1999	포르투갈, 마카오를 중국에 돌려주다		
2000				
	2001	미국, 뉴욕 세계 무역 센터가 폭탄 테러로 무너지다		
	2003	이라크 전쟁이 일어나다		
	2004	폴란드 등 10개 나라가 유럽 연합(EU)에 가입하다		
	2005	베네딕토 16세가 교황에 즉위하다		
	2006	반기문, UN 사무총장에 선출되다		
	2007	서브프라임 모기지 사태로 세계 금융시장 냉각되다		
	2008	미국, 최초의 흑인 대통령 버락 오바마 당선되다		
	2009	전 지구촌에 신종 플루가 발생하다		
	2010	아이티 7.0 강진으로 23만여 명이 사망하다		
	2011	동일본 대지진과 후쿠시마 원전 사고 발생하다		
	2012	중국, 시진핑 시대를 시작하다		
	2013	베네딕토 16세 교황 퇴위, 프란치스코 교황 즉위하다		
	2014	에볼라 바이러스로 전 세계에 공포가 확산되다		

세기	세계사			시대	
	연대	주요 사항		중국	서양
2000	2015	IS의 파리 테러로 전 세계 테러와의 전쟁에 돌입하다		중국	현대사회
	2016	영국, 유럽연합(EU) 탈퇴를 결정하다			
	2017	도널드 트럼프, 미국 대통령에 취임하다			
	2018	미국의 보호 무역 정책으로 미·중 무역 전쟁이 시작되다			
	2019	홍콩 민주화 운동이 시작되다			
	2020	COVID-19 발생으로 전 세계적인 혼란이 야기되다			

한눈에 보는 세계의 국기

가나	남아프리카 공화국	라오스	마다가스카르	몰디브
가봉	네덜란드	라이베리아	마셜제도공화국	몰타
가이아나	네팔	라트비아	마케도니아	몽골
감비아	노르웨이	러시아	말라위	미국
과테말라	뉴질랜드	레바논	말레이시아	미얀마
그루지야	니제르	레소토	말리	미크로네시아
그리스	니카라과	루마니아	멕시코	바누아투
기니	대한민국	룩셈부르크	모나코	바레인
기니비사우	덴마크	르완다	모로코	바티칸시국
나미비아	도미니카공화국	리비아	모리타니	바하마
나우루	독일	리투아니아	모잠비크	방글라데시
나이지리아	동티모르	리히텐슈타인	몰도바	베냉

베네수엘라	브루나이	슬로바키아	아프가니스탄	예멘
베트남	사모아	슬로베니아	안도라	오만
벨기에	상투메 프린시페	시리아	알바니아	오스트레일리아(호주)
벨로루시	세네갈	시에라리온	알제리	오스트리아
보스니아헤르체고비나공화국	소말리아	싱가포르	앙골라	온두라스
보츠와나	솔로몬	아랍에미리트	에리트레아	요르단
볼리비아	수단	아르메니아	에스토니아	우간다
부룬디	수리남	아르헨티나	에스파냐(스페인)	우루과이
부르키나파소	스리랑카	아이슬란드	에콰도르	우즈베키스탄
부탄	스와질란드	아이티	에티오피아	우크라이나
불가리아	스웨덴	아일랜드	엘살바도르	이라크
브라질	스위스	아제르바이잔	영국	이란